KB174244

노래하는 한국사

노래하는 한국사

시와 노래로 만나는 우리 역사

ⓒ 조혜영 2022

초판 1쇄 2022년 11월 11일

지은이 조혜영

출판책임	박성규	**펴낸이**	이정원
편집주간	선우미정	**펴낸곳**	도서출판 들녘
편집	이동하·이수연·김혜민	**등록일자**	1987년 12월 12일
디자인진행	유예지	**등록번호**	10-156
디자인	고유단	**주소**	경기도 파주시 회동길 198
마케팅	전병우	**전화**	031-955-7374 (대표)
멀티미디어	이지윤		031-955-7381 (편집)
경영지원	김은주·나수정	**팩스**	031-955-7393
제작관리	구법모	**이메일**	dulnyouk@dulnyouk.co.kr
물류관리	엄철용		

ISBN   979-11-5925-996-8 (03910)

인문
교양
040

노래하는 한국사

시와 노래로 만나는 우리 역사

조혜영 지음

푸른들녘

오늘도 전국의 청소년 중 대다수는 학교에 가서 정해진 시간표에 맞추어 교과서를 꺼내고, 수업에 참여합니다. 주말을 보내고 새로운 한 주를 시작하는 월요일 1교시는 학생들에게도, 선생님들에게도 가장 힘든 시간입니다. 직장인들이 말하는 일명 월요병이죠. 이 월요일 1교시, 밖에 비라도 내리는 날이면 학생들의 눈에는 졸음이 가득, 교실은 잠 귀신이 휘젓고 다니기 일쑤죠. 많은 선생님이 이 월요일 1교시 수업을 어떻게 준비해야 학생들에게 좀 더 유익하고, 재미있는 수업이 될까 고민합니다. 사실 전국의 많은 선생님이 월요일 1교시뿐 아니라 매 수업 시간 배움의 의지로 가득한 학생들의 초롱초롱한 눈망울을 기대하며 수업에 대한 고민을 합니다. 저 역시 마찬가지고요.

저는 10년이 훨씬 넘게 학교에서 학생들과 함께 한국사 공부를 하고 있지만, 아직 한국사 수업에 대한 정답을 찾지는 못했습니다. 늘 고민하며 답을 찾아가는 길을 걷고 있습니다. 언젠가 그 길 위에서 학생들과 함께 재미있게 수업을 했던 경험이 있습니다. 우리나라 근현대 시기에 금지곡으로 지정되었던 노래를 수업 시간에 함께 들으며, '이 노래는 왜 금지곡이 되었을까?' '대체 그 시대에는 왜 사람들이 마음대로 노래도 못 부르게 했을까?' 하고 함께 생각해보면서, 해당 시기의 역사를 공부한 적이 있습니다. 학생들은 지금과는 스타일이 많이 다른 노래들을 들으며 신기해하기도 하고, 나름대로 가사 내용을 시대 분위기에 비추어 해석해보면서 왜 금지곡이 되었을까에 대한 자기 생각을 발표했습니다. 학생들도 저도 그 수업을 재미있고, 의미 있었던 것으로 기억하고 있습니다. 그때의 경험은 지금 이 책이 탄생할 수 있었던 기반이 되었습니다. 과거에 만들어진 노래가 역사 이야기를 풀어나가는 재미있는 소재가 될 수 있겠다는 생각이 들었습니다. 그리고 우리 학생들이 좀 더 재미있게 한국사를 접했으면 하는 생각으로 이 책을 쓰게 되었습니다.

이 책에는 한국사가 외워야 할 것만 많고, 지루하고, 따분한 과목이 되지 않았으면 하는 간절한 마음을 담았습니다. 또한 이 책을 읽으며 노래를 통해 그 시대를 이해하고, 노래를 만든 사람의 생각과 감정을 이해하면서 과거의 사람들도 우리와 다르지 않았음을,

우리 역사 속 굽이굽이마다 사람들의 숨결이 녹아 있음을 느낄 수 있었으면 좋겠습니다. 그리고 그 노래들이 단순히 과거의 흘러간 노래가 아닌 현재의 우리를 돌아보는 노래가 될 수 있길 바랍니다.

마지막으로 이 책이 세상에 나올 수 있도록 도와주시고 응원해주신 편집주간님과 이 책을 끝까지 쓸 수 있는 힘을 준 사랑하는 남편에게 감사한 마음을 전합니다.

차례

1막 고대의 노래

4막 개화기의 노래

5막 일제 강점기의 노래

6막 해방 이후의 노래

이 책을 읽기로 마음먹은 여러분은 노래를 좋아하나요? 그렇다면 '노래' 하면 가장 먼저 무엇이 떠오르나요? 많은 사람이 '노래' 하면 가수가 부르는 대중가요를 떠올렸을 것 같은데요. 사실 아래에 제시된 '노래'의 사전적 정의를 보면 생각보다 노래의 범위가 크다는 것을 알 수 있습니다.

'가곡, 가사, 시조 따위와 같이 운율이 있는 언어로 사상과 감정을 표현함. 또는 그런 예술 작품'

우리가 흔히 생각하는 가락과 리듬, 가사가 있는 노래 이외에

시, 시조 같은 것도 노래의 범위에 포함되는 것을 알 수 있죠. 그렇다면 사람들은 왜 노래를 좋아할까요? 사람에겐 누구나 자기 생각이나 감정을 표현하고 싶은 욕망이 있는데요. 여러 가지 표현 방법 중 하나가 바로 노래이기 때문입니다. 또한 노래를 만드는 사람은 노래를 통해 사적인 기쁨, 슬픔, 사랑 등의 감정을 표현하기도 하지만 자신이 살아가는 사회에 대한 생각이나 감정을 담아내기도 합니다. 그래서 어떤 노래는 그 시대를 대표하는 곡이라고 평가받기도 하죠.

역사를 공부한다는 것은 그 시대를 이해하고, 그 시대를 살아갔던 사람들을 이해하는 것입니다. 그 이해를 바탕으로 과거의 역사적 사실과 사람들의 행적에 대해 평가하고, 현재 우리는 어떠한 삶을 살아야 하는지, 어떠한 선택을 해야 하는지를 고민하는 것이 바로 역사를 공부하는 의미입니다.

우리는 이제 앞으로 펼쳐질 노래 무대를 보며 노래라는 열쇠를 가지고 과거라는 상자를 같이 열어보려고 합니다. 그리고 매번 무대가 끝나면 함께 '커튼콜'을 외치면서 더 생각해보면 좋은 문제들을 함께 나눌 것입니다. 이를 통해 우리 사회와 우리의 삶에 과거 사람들이 던져주는 메시지가 무엇인지 다시 한번 생각해볼 수 있을 겁니다. 우리의 무대 위에는 국어 교과서에 자주 등장하는 시도 올라옵니다. 국어 시간에 주로 그 시의 문학적 가치에 대해서 배웠다면 이 책에서는 그 시가 쓰인 역사적 배경을 충실하게 설명하여 여러분이 그 내용을 좀 더 깊이 이해할 수 있도록 도울 것입니다. 역사를 좀 더 쉽고 재미있게 이해하고 싶은 학생, 학교에서 교과 융합 수업을 고민하는 선생님들께도 이 책이 유용하게 활용되길 바랍니다.

이제 여러분은 노래 무대를 따라가다 보면 어느새 자연스럽게 우리 역사의 흐름 속에 몸을 맡기게 될 겁니다. 자, 지금 바로 첫 번째 무대를 만나러 가볼까요?

1막

고대의 노래

〈공무도하가 公無渡河歌〉

_ 백발의 그 남자는 왜 물속으로 들어갔을까?

이 무대는 중학교 역사 교과서 I. 선사 문화와 고대 국가의 형성 〉 1. 선사 문화와 고조선, 고등학교 한국사 교과서 I. 전근대 한국사의 이해 〉 1. 고대 국가의 지배 체제 부분을 함께 보면 좋아요!

밤의 어둠이 사라지고 해가 뜨기 직전의 어스름한 새벽녘, 백발의 한 남자가 머리를 풀어 헤친 채 술에 취한 듯 휘적휘적 강물 속으로 걸어 들어갑니다. 그의 한 손에는 호리병이 쥐어져 있습니다. 멀리서 그의 아내가 소리치며 달려옵니다. "여보! 그 강을 건너면 안 돼요!" 남자는 아내의 말을 듣지 못했던 걸까요? 무엇인가에 홀린 듯 걸음을 멈추지 않습니다. 휘적휘적 강물 속으로 걸어 들어가는 남자의 몸이 물속에 잠겨 점점 작아집니다. 결국, 아내가 강가에 다다르기 전 남자는 목숨을 잃고 말았습니다. 아내는 비통한 마음으로 가지고 있던 공후를 연주하며 노래를 부릅니다.

님이여 물을 건너지 마오 (公無渡河)

님은 결국 물을 건너시네 (公竟渡河)

물에 빠져 죽었으니 (墮河而死)

장차 임을 어이할꼬 (當奈公何)

　노래를 마친 아내는 조용히 강물 속으로 들어가 생을 마감합니다. 그리고 이 모든 광경을 지켜보았던 뱃사공 곽리자고는 집으로 돌아와 자신의 아내 여옥에게 새벽녘에 자신이 본 광경을 이야기해 주었고, 자신이 들었던 노래 〈공무도하가〉를 들려줍니다. 남편의 이야기를 들은 여옥은 슬픔에 잠겨 공후를 타면서 그 노래를 불렀습니다. 이웃 사람들도 여옥의 노래를 듣고 모두 슬퍼하였습니다.

공후. 고대 중국과 한국 등지에서 사용되었던 악기

위에 소개된 이야기는 고조선 시대의 노래로 추정되는 〈공무도하가〉와 이 노래가 만들어지게 된 배경 설화입니다. 여기서 잠깐, 고조선의 노래라고 하니 굉장히 낯설고 의아하게 느껴지죠? 아주 아주 멀게만 느껴지는, 그야말로 호랑이 담배 피우던 시절처럼 느껴지는 고조선 시기의 노래가 지금까지 남아 있다니요.

〈공무도하가〉와 그 배경 설화는 중국 진晉의 최표가 쓴 《고금주》라는 책에 실려 있었습니다. 그리고 조선 시대의 학자들이 그 내용을 옮겨 적어 현재까지 내려오는 것이지요. 여러 가지 해석이 존재하지만 학자들은 대체로 〈공무도하가〉가 고조선 시기에 만들어졌고, 사람들의 입에서 입으로 전해지다가 《고금주》에 실렸을 것으로 추측합니다. 오랜 과거의 사실을 현재의 우리가 알 수 있는 것은 바로 선조들이 남긴 '기록' 덕분이지요. 이번 장에서는 그런 기록 중 하나인 〈공무도하가〉를 통해 우리나라 최초의 국가 고조선 이야기를 해보려고 합니다.

〈공무도하가〉를 한 줄로 요약하면 '남편의 죽음을 눈앞에서 목격한 아내의 비통한 심정을 담은 서정적인 노래'라고 할 수 있겠네요. 하지만 우리는 여기서 끝낼 수 없어요. 슬픔은 잠시 접어두고, 지금부터 역사라는 돋보기를 들이대어 〈공무도하가〉와 그 배경 설화에 감추어진 의미를 찾아봅시다.

백발을 풀어헤치고 강물 속으로 걸어갔던 남자는 그 모습이며 행동이 어딘지 특이해 보입니다. 보통 사람이라면 어둠이 채 가시지 않은 새벽에 겁도 없이 강물 속으로 들어갈 리 없잖아요? 한 손에 호리병을 들고 있었다는 데에서 술을 마셔 취한 사람인가, 라는 생각이 들기도 합니다. 또 한 가지 일어나는 궁금증은 남자는 왜 아내의 만류에도 불구하고 강물 속으로 들어갔을까, 하는 점입니다. 실제로 백발의 남자는 주술 과정에서 황홀경♩에 빠진 제사장(무당)으로 해석되기도 합니다. 그렇다면 제사장(무당)은 왜 아내의 만류에도 불구하고, 무모하게 강물 속으로 들어갔을까요? 이 행동을 이해하려면 먼저 역사 속에서 제사장(무당)이 어떤 존재였는지 살펴보아야 할 것 같네요.

　고조선이라는 '국가'가 성립되기 이전의 선사 시대, 특히 신석기 시대의 사람들은 농경을 시작하게 되면서 농경과 밀접한 관련이 있는 태양, 물 등의 자연물이나 자연 현상에 신령한 기운이 있다고 생각했습니다. 이러한 믿음을 애니미즘이라고 하죠. 또한 이 시기 사람들은 제사장(무당)과 그가 행하는 주술을 믿기도 했는데요, 이를 샤머니즘이라고 합니다. 제사장(무당)은 사람들 앞에서 여러 가지 장신구를 몸에 걸치고 신비로운 몸짓과 소리(주술)로 제사 의식을 치르는 사람입니다. 사람들은 그들이 하늘의 신과 땅의 인간을

♩　황홀경이란 한 가지 특정한 무엇인가에 끌려서 정신이나 마음이 흥분되고 가라앉지 않는 상태를 뜻합니다. 여기서는 무당이 하늘에 제를 지내는 의식에 집중하여 흥분된 상태를 뜻합니다.

이어주는 신령스러운 존재라고 생각했기에 제사장(무당)은 부족 내에서 막강한 힘을 가지고 있었습니다.

신석기 시대를 지나 청동기 시대로 접어들면 사회에 많은 변화가 일어납니다. 신석기 시대 이래로 농사짓는 기술이 축적되었고, 농경을 위해 반달돌칼 등 다양한 도구들을 사용하면서 자연스럽게 수확량이 늘어났습니다. 배불리 먹고도 남을 만큼의 식량이 생산된 것이죠. 여기서부터 '내 것' '네 것', 즉 사유 재산의 개념이 생겨납니다. 더불어 많이 가진 사람과 적게 가진 사람 사이에 빈부의 차이 및 계급도 발생하게 됩니다. 더 많은 것을 갖고 싶었던 사람들의 욕망은 청동 무기를 들고 다른 부족을 침략하는 전쟁으로 이어졌는데요. 전쟁에서 승리한 사람은 넓은 땅을 차지하고, 그 땅에 살고 있던 사람들을 지배할 수 있는 정치적인 힘을 갖게 됩니다. 이러한 과정에서 우리 역사상 최초의 국가 고조선이 등장합니다.

청동기 시대를 무대로 고조선이 세워질 당시에도 제사장(무당)의 힘은 여전히 건재했습니다. 단군왕검이라는 명칭에서 그 사실을 알 수 있죠. 여러분도 한 번쯤은 단군 신화를 들어본 적이 있을 겁니다. 하늘 신의 아들인 환웅과 사람이 된 곰(웅녀)이 만나 단군왕검을 낳았고, 단군왕검이 고조선을 건국했다는 그 이야기 말이에요. 사실 많은 사람이 단군왕검을 사람의 이름으로 알고 있는 경우가 많아요. 하지만 단군왕검이라는 단어는 종교적 측면의 제사장(단군)과 정치적 지배자(왕검)가 합쳐진 단어로, 통치자를 뜻하는 보통 명사였습니다. 즉 고조선의 통치자는 정치적 지배자이기도 하지만 하늘을 향해 제사를 지내는 제사장(무당) 역할도 함께하고 있었던 것이죠. 이렇게 통치자가 정치와 종교를 모두 아우르는 것을 제정일치라고 한답니다.

처음 생겨날 당시의 고조선은 '국가'라고 말하기에는 조금 부족한 하나의 커다란 집단이었어요. 아직은 세련된 국가의 모습을 갖추지 못했고, 신석기 시대 이래로 제사장(무당)의 존재감은 여전히 살아있었죠. 하지만 초보 국가 고조선은 시간이 갈수록 점점 통치 체계를 갖추고 발전해갑니다. 이에 발맞추어 통치자도 제사장(무당)의 역할보다는 정치적 지배자의 역할에 더욱 비중을 두는 존재로 변신하고요. 시간이 지나면서 고조선의 통치자 명칭이 '왕'으로 바뀐 데서 그 사실을 알 수 있습니다. 부왕, 준왕, 우거왕이 바로 그 증거입니다. 부왕 때에는 고조선이 중국 전국시대의 7웅 중 하나인 연나라와 대립할 만큼 성장하였고, 준왕은 부왕의 아들로서 왕위를 물려받았습니다. 왕위를 세습한다는 것은 그만큼 왕의 권력이 커졌

중국 주나라 왕의 힘이 약해지자 왕 아래 있던 제후들은 천하를 차지하기 위한 경쟁을 벌이는데 이 시기를 통틀어 춘추전국시대라고 합니다. 이 중 전국시대에는 전국 7웅이라 불리는 7개의 힘 있는 나라들이 존재했고, 그중 연나라가 고조선과 인접해 있었습니다. 이 춘추전국시대의 혼란기를 끝낸 것이 중국 최초의 통일 국가인 진秦입니다. 그 뒤로 한漢이 세워지는데요, 이 한나라는 고조선과 전쟁을 치르기도 했습니다.

다는 증거죠. 왕 아래에는 상, 대부, 장군과 같은 관직도 존재했습니다. 이러한 분위기 속에서 고조선의 통치자는 하늘과 연결되는 신령한 존재로서의 권위보다는 현실의 정치적 권력을 통해 국가를 다스리게 됩니다. 제사장(무당)의 역할에서는 벗어나고 있었던 것이죠. 따라서 〈공무도하가〉와 그 배경 설화는 시대의 변화에 따라 설 자리가 좁아진 제사장(무당)을 노인을 연상케 하는 백발의 남자로, 제사장(무당)의 존재감이 사라지고 있는 상황을 물속으로 들어가 죽음을 맞이한 것으로 표현한 것입니다. 당시의 시대상을 반영한 묘사로군요.

우리는 흔히 '고조선' 하면 가장 먼저 '단군 신화'를 떠올립니다. 그러면서 '에이, 말도 안 돼, 어떻게 곰과 호랑이가 사람이 된다는 거야?'라면서 고조선을 신화 속 미지의 국가로 치부하곤 합니다. 고조선과 관련된 기록이 많지 않다는 것도 우리가 고조선을 정확하게 이해하지 못하는 요인이기도 하고요. 그런데 적게나마 남아 있는 기록과 고고학 연구를 바탕으로 고조선의 실체를 알아가다 보면, 고조선이라는 나라가 그저 신화 속의 나라가 아니었음을 알 수 있습니다. 고조선의 마지막 왕이었던 우거왕 때에는 중국의 한나라와 한반도 남쪽의 진辰국이 직접 교류하지 못하도록 중간에서 중계무역을 하며 경제적 이익을 얻기도 했습니다. 하지만 이렇게 성장하는 고조선을 중국 한나라는 곱게 보지 않았습니다. 북방의 유목민족 흉노를 견제하는 데 힘을 쏟고 있었던 한나라 황제 무제는 흉노가 고조선과 힘을 합쳐 자신들을 공격해 오지는 않을까 걱정했습니다.

　한나라 이전 진나라 때에도 흉노를 막기 위해 만리장성을 쌓았을 만큼 흉노는 결코 만만한 상대가 아니었거든요. 결국 한 무제는 흉노와 고조선의 결합을 막기 위해 고조선을 공격해 옵니다(기원전 109년). 한나라 군사에 맞서 끝까지 저항하던 고조선은 결국 내분으로 멸망하게 되는데요(기원전 108년). 비록 고조선은 한나라에 멸망했지만, 반대로 생각하면 고조선은 한나라 최고의 부흥기를 이끌었다고 평가받는 무제의 견제를 받을 정도로 존재감을 내뿜는 국가였다고 평가할 수 있겠지요?

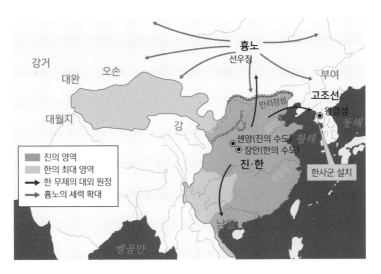

진·한 제국과 조선

#커튼콜

단군 신화와 같은 건국 신화는 우리나라에만 존재하는 것이 아닙니다. 동서양을 막론하고 많은 국가에 건국 신화가 존재하는데요, 다른 나라에는 어떤 건국 신화가 있는지 알아볼까요?

두 번째 무대

〈구지가 龜旨歌〉

_ 사람이 어떻게 알에서 태어나죠?

이 무대는 중학교 역사 교과서 I. 선사 문화와 고대 국가의 형성〉3. 삼국의 성립과 발전, 고등학교 한국사 교과서 I. 전근대 한국사의 이해〉1. 고대 국가의 지배 체제 부분을 함께 보면 좋아요!

거북아 거북아 (龜何龜何)

머리를 내어라 (首其現也)

내놓지 않으면 (若不現也)

구워서 먹으리 (燔灼而喫也)

어머나, 이게 대체 무슨 노래인가요? 거북이가 머리를 내밀지 않으면 구워서 먹어버리겠다니요! 사람들은 왜 거북이를 위협하고 있는 걸까요? 집에서 애완 거북이를 키우고 있는 사람이라면 상상도 할 수 없는 상황이네요. 대체 이런 무시무시한 노래를 누가, 왜 불렀는지 그 이유를 알아봐야 할 것 같습니다.

〈구지가〉라 불리는 이 노래도 앞장에서 본 〈공무도하가〉처럼 배경 설화를 가지고 있습니다. 고려 시대의 일연 스님이 쓴 《삼국유사》에 그 내용이 실려 있어요.

때는 기원후 42년 어느 날. 한 마을의 북쪽에 있는 구지봉이라 불리는 야트막한 동산에서 알 수 없는 소리가 들려왔습니다. 이상하게 여긴 마을 사람들은 부족장들과 함께 구지봉을 향해 몰려갔죠. 하지만 소리의 정체를 찾을 수 없었습니다. 사람들은 의아해하며 어디서 소리가 나나, 두리번거렸어요. 웅성거리고 있던 그때 갑자기 어디선가 목소리가 들렸습니다. "여기에 누가 있느냐?" 이에 마을을 다스리던 9명의 부족장이 "우리가 여기 있습니다"라고 대답했습니다. 그러자 "내가 있는 여기가 어디냐?" 하는 목소리가 다시 들렸고, 9명의 부족장은 동시에 "구지봉입니다"라고 대답했습니다. 그러자 또 "하늘이 내게 명령하기를 이곳에 와서 나라를 새로 세워 임금이 되라고 하였으니, 너희들은 구지봉의 흙을 파면서 '거북아 거북아 머리를 내어놓아라 내밀지 않으면 구워서 먹으리' 하고 노래를 부르며 춤을 추어라. 그러면 곧 하늘에서 내려주는 대왕을 맞이하게 될 것이고, 너희들은 기뻐서 춤을 추게 될 것이다"라고 하였습니다.

이에 부족장들과 마을 사람들은 신비한 목소리가 시키는 대로 노래를 부르며 춤을 추었습니다. 그러자 얼마 후 자주색 줄이 천천히 하늘에서부터 내려와 땅에 닿았습니다. 믿을 수 없는 광경에 놀란 사람들이 줄 끝을 살펴보니 붉은 보자기가 매여 있었습니다. 사람들이 조심스럽게 보자기를 풀자, 보자기에 싸여 있던 금빛 상자가 모습을 드러냈습니다. 상자 안에는 해와 같이 빛나는 둥근 황금빛 알 6개가 들어 있었죠. 사람들은 놀라는 한편, 기뻐하며 상자를 소중히 안고 봉우리에서 내려왔습니다. 그러고는 부족장 중 한 사람이 방 안 상 위에 황금 상자를 모시기로 했지요.

그로부터 12일이 지난 어느 날, 부족장들이 다시 모여 상 주변에 둘러앉았습니다. 모두 긴장한 표정으로 천천히 상자를 열어보았는데요, 이게 웬일인가요! 상자 안에 있던 알 6개가 모두 남자아이로 변해 있는 게 아니겠습니까? 이 아이들은 단 10일 만에 키가 크고 용모가 준수한 성인으로 자랐습니다. 마을 사람들은 이 중 가장 큰 알에서 태어난 이에게 수로首露라는 이름을 붙여주고 금관가야의 왕으로 추대하였습니다. 나머지 알에서 나온 사람들은 각각 다섯 가야의 왕으로 추대했고요.

위의 이야기를 읽으면서 어떤 생각을 하셨나요? 하늘에서 황금빛 알이 내려오고, 알에서 사람이 태어났다니 정말 말도 안 되는 이야기라고 생각하지요? 맞아요. 상식적으로 도저히 있을 수 없는 이야기입니다. 하지만 이 이야기를 사실 그대로 받아들이는 것이 아니라 그 속에 숨어 있는 의미를 찾아내고, 이야기 속에 등장하는 노래에 어떤 역사적 사실이 얽혀 있는지 하나하나 밝혀내는 것이 우리가 할 일이겠지요? 이제 역사 돋보기를 들어봅니다.

앞서 말했듯 이 이야기는 《삼국유사》에 기록된 것으로 가야라는 나라가 어떻게 만들어졌는지를 보여주는 '건국 설화'입니다. 〈구지가〉는 그 이야기 속에 등장하는 노래이고요.

삼국 시대의 주인공인 고구려, 백제, 신라가 각기 국가의 모습을 갖추어 갈 무렵, 현재의 경상도 지역 낙동강 중·하류 부근에서는 아직 국가의 틀을 갖추지 못한 채 부족장들이 각기 자신의 영역(소국)을 다스리고 있었습니다. 사회가 점점 발전하면서 이 지역에서도 국가가 등장하게 되었는데 그것이 바로 가야입니다. 가야는 금관가야, 대가야, 소가야, 아라가야, 성산가야, 고령가야 이렇게 6개의 가야가 연합해서 만들어진 국가였습니다. 이러한 국가 형태를 '연맹 왕국'이라고 하는데요. 6개 가야의 중심이 바로 금관가야입니다. 앞서 살펴본 이야기 속에서 가장 큰 알에서 태어난 아이를 '수로'라고 이름 짓고 금관가야의 왕으로 추대했다고 했죠? 이것은 6개 가야의 중심이 금관가야였다는 역사적 사실을 반영한 것이랍니다. 이 밖에도 가야의 건국 설화와 〈구지가〉 속에는 다양한 역사적 사실들이 숨겨져 있습니다.

먼저 신비한 목소리가 들렸던 구지봉은 이 지역 사람들이 하늘의 뜻을 받들고, 농작물을 수확한 후 하늘에 의식을 행하는 신성한 장소였던 것으로 보입니다. 마치 고대 그리스 신전처럼 말이에요. 하늘에서 내려준 왕을 맞이하는 장소는 당연히 신성한 곳이어야 하니, 목소리가 들려온 곳을 구지봉으로 설정한 것입니다. 그런데 한 가지 궁금한 게 있어요. 구지봉에서 신비한 목소리가 시키는 대로 사람들이 불렀던 〈구지가〉에 왜 하필 거북이가 등장할까요?

여러분, 앞에서 살핀 〈공무도하가〉 이야기 기억나죠? 그때 선사 시대 사람들은 자연물이나 자연 현상에 신령한 힘이 있다고 믿었고, 이를 애니미즘이라 한다고 했습니다. 이와 더불어 토테미즘이라는 것도 있었습니다. 토테미즘은 집단이나 부족을 특정한 동·식물과 연결 지어 그 집단이나 부족의 신성한 상징으로 삼는 것을 말합니다. 〈구지가〉 속에 거북이가 등장하는 이유는 이 지역에 살던 사람들이 거북이를 신령스럽게 여기며 자신들의 상징으로 삼았기 때문입니다. 실제로도 거북이는 매우 장수하는 동물로 역사 속에서 오랫동안 신령스러운 존재로 여겨졌습니다. 고대 인류는 평균 수명이 지금보다 훨씬 짧았으니까 사람보다 오래 사는 거북이에게 신비감을 느꼈겠지요?

이번에는 거북이에게 '머리를 내밀라'고 한 표현에 어떤 의미가 있는지 살펴봅시다. 이 부분은 '머리'가 가지고 있는 의미를 생각해보면 쉽게 이해할 수 있습니다. '머리'는 우리 신체 중 일부인 머리를 가리키기도 하지만 한 집단의 가장 으뜸이 되는 사람을 뜻하기도 하죠. 우두머리라는 말도 있잖아요? 따라서 거북이에게 머리를 내놓으라고 하는 건 국가의 우두머리인 '왕'을 내려달라는 뜻으로 해석할 수 있습니다. 즉 자신들의 상징인 신령한 거북이에게 '왕'을 내려달라고 노래를 부르며 소원을 빌었던 것이죠. 노래 가사에 거북이가 이 소원을 들어주지 않으면 구워서 먹겠다는 표현이 나오는데요. 단순히 생각하면 거북이를 협박하는 것으로 들릴 수도 있겠어요. 요즘처럼 모든 생명권을 중히 여기는 시대에서 보자면 너무나 끔찍한 표현입니다. 그런데, 이 가사의 관건은 동물 학대가 아니라 '불'이라는 의미가 내포되어 있다는 바로 그 점이랍니다. 와, 이런 반전이라니요?

무엇인가를 굽거나 익히려면 불이 필요합니다. 역사적으로 불은 인간의 문명을 일으킨 매우 중요한 발견으로 여겨지잖아요? 따라서 사람들이 구워 먹겠다고 노래한 것은 불을 사용하게 됨으로써 인류 문명이 엄청나게 도약했듯이 왕이 등장하여 새로운 세상을 열어줄 거라는 기대를 표현한 것으로 볼 수 있습니다. 머리를 내어놓지 않으면 구워 먹겠다는 표현은 그 지역을 통솔할 수 있는 강한 리더가 필요했던 사람들의 간절한 소망을 담은 것이고요. 그러니까 이 노래는 당시 사람들의 소망을 담은 노래였던 것입니다.

이렇게 신비한 목소리가 시키는 대로 〈구지가〉를 부르는 사람들에게 하늘에서 6개의 알이 들어 있는 상자가 내려왔다고 했죠? 여러분, 상자 속 알이 딱 6개였던 이유를 눈치챘나요? 눈치챘다면 여러분은 역사적 상상력이 풍부한 사람입니다. 앞에서 가야는 6개의 가야로 이루어진 연맹 왕국이라고 했고, 각 가야의 왕을 합하면 6명이니까 6개의 알이 내려온 거죠. 그런데 이상하지요? 사람이 알에서 태어나는 건 절대 불가능한 일인데 왜 하필 가야의 왕을 알에서 태어난 것으로 만들었을까요?

우리는 대개 '알' 하면 새로운 생명을 연상합니다. 그 속에 담긴 생명체가 알을 깨고 새로운 세상으로 나온다고 상상하죠. 따라서 가야의 각 왕이 알에서 태어났다고 하는 것은 이전에 없던 왕의 등장과 국가의 성립으로 새로운 질서가 세워졌다는 것을 상징합니다. 더불어 당시 사람들은 알을 낳는 동물로서 하늘을 나는 새를 하늘의 뜻을 전하는 신비로운 동물로 여겼습니다. 따라서 이런 신비한 존재가 만들어낸 알에서 태어난 사람은 매우 특별한 존재일 수밖에 없겠지요. 가야의 왕들이 알에서 태어났다는 것은 곧 왕들이 신성한 존재로서 그 권위를 인정받았다는 것을 뜻합니다.

그런데 알에서 태어난 사람이 왕이 되어 나라를 세운 이야기는 가야에만 있는 게 아닙니다. 고구려와 신라에도 비슷한 이야기가 있어요. 고구려를 건국한 주몽, 신라를 건국한 박혁거세도 알에서 태어난 사람들이잖습니까? 고대 국가들이 이런 비슷한 건국 신화를 가지고 있는 게 흥미롭지요? 바로 자신들의 국가가 하늘의 자손(천손) 의해 세워졌다는 특별함, 신성성을 강조하려고 한 것이랍니다. 국가가 형성되는 과정을 신비롭게 포장한 거죠.

다시 가야 이야기로 돌아가봅시다. 고구려, 백제, 신라가 점점 영토를 넓히며 힘을 키우는 동안 가야는 안타깝게도 하나로 통합되지 못했습니다. 금관가야를 시작으로 해서 562년 대가야가 이웃 나라 신라에게 병합되면서 가야는 역사 속으로 사라집니다. 하지만 주몽은 유화와 해모수 사이에서 태어났어요. 유화는 강의 신 하백의 딸이었고, 해모수는 하늘 신의 아들이었죠. 유화는 해모수와 정을 나누었는데, 이에 화가 난 하백은 유화를 궁에서 쫓아냈죠. 쫓겨난 유화를 발견한 건 부여의 왕 금와왕이었습니다. 그는 유화를 궁궐로 데리고 왔죠. 그런데 어느 순간부터 햇빛이 방 안의 유화를 비추었고, 아무리 피하려 해도 계속 유화를 따라왔습니다. 유화는 뱃속에 새 생명이 들어온 것을 느꼈고, 얼마 뒤에 큰 알을 하나 낳았습니다. 이를 괴이하게 여긴 금와왕은 유화가 낳은 알을 길에 버렸지만, 짐승들은 알을 함부로 밟지 않고, 슬그머니 피해갔습니다. 새들이 날아와 알을 품어주기까지 했죠. 이를 예사롭지 않게 생각한 금와왕은 알을 유화에게 돌려주었고, 이 알에서 태어난 아이가 바로 주몽입니다. 주몽은 자라서 부여를 떠나 남쪽으로 내려갔고, 졸본 지역에 고구려를 세웁니다.

신라를 세운 박혁거세도 알에서 태어납니다. 신라가 세워지기 전 한 촌장이 숲에서 말 한 마리가 꿇어앉아 울고 있는 것을 보고는 다가갔습니다. 그러나 말은 홀연히 사라지고 그 자리에 큰 알만 하나 남았죠. 이 알에서 아이가 태어났고, 아이가 13살이 되자 신라의 왕으로 세웠다고 합니다.

가야가 남긴 발자국은 결코 작지 않았습니다. 가야 지역에서는 품질 좋은 철이 많이 생산되었거든요. 덕분에 우리는 박물관에서 가야의 대표적인 유물 중 하나로 철로 만든 갑옷을 볼 수 있습니다. 가야의 철은 중국과 일본에도 수출되었습니다. 낙동강을 끼고 있어 바다로 나가기 편리하다는 지리적 장점을 잘 살린 것입니다.

가야의 철 갑옷 〈국립중앙박물관 소장〉

높은 온도에서 구워내 단단하기로 유명했던 가야의 토기는 제작 방법이 일본으로 전해졌고, 일본에서 스에키 토기가 만들어지는 데 큰 영향을 미쳤습니다.

가야 토기
〈국립중앙박물관 소장〉

스에키 토기
〈도쿄국립박물관 소장〉

가야의 악사였던 우륵은 신라로 망명했는데 이때 가야의 현악기인 가야금이 신라에 전해졌고, 현재까지도 가야금은 우리 곁에 남아 있습니다.

가야는 비록 신라에 병합되었지만 신라는 가야의 왕족들을 귀족으로 대우했습니다. 가장 대표적인 인물이 금관가야 출신 김유신입니다. 김유신은 신라의 지배층이 되어 삼국 통일에 기여한 인물이죠. 또한 김유신의 동생 문희는 삼국 통일을 완성한 문무왕의 왕비로서 가야의 핏줄을 이어갑니다. 이 책을 읽고 있는 친구들 중 혹시 성씨가 '김해 김'인 사람이 있나요? 김해 김씨의 시조가 바로 금관가야를 세운 수로왕이랍니다. 여러분, 이번 기회에 고구려, 백제, 신라의 명성에 가려져 그동안 관심을 별로 두지 않았던 가야의 역사를 좀 더 알아보면 어떨까요?

#커튼콜

건국 설화는 나라가 만들어진 직후가 아닌 상당한 시간이 지나서 만들어지는 경우가 많습니다. 사람들이 건국 설화를 거창하게 만드는 이유가 무엇일까요?

〈황조가黃鳥歌〉

_ 이건 그냥 이별 노래가 아닙니다

이 무대는 중학교 역사 교과서 I. 선사 문화와 고대 국가의 형성 〉 3. 삼국의 성립과 발전,
고등학교 한국사 교과서 I. 전근대 한국사의 이해 〉 1. 고대 국가의 지배 체제 부분을 함
께 보면 좋아요!

여러분은 사랑하는 사람과 이별해본 경험이 있나요? 우리는 살아
가면서 즐겁고 행복한 경험도 하지만 힘들고 고통스러운 경험도
하게 됩니다. 살아가면서 겪게 되는 고통스러운 경험 중 나의 의지
와 상관없이 사랑하는 연인과 이별하게 되는 경우가 있죠. 연인과
함께 쌓았던 수많은 추억이 기억 속 저 멀리 사라지기 전까지 한동
안은 외롭고 힘든 시간을 보내게 마련인데요. 그래서인지 인기 있
는 대중가요 중에는 연인과의 '이별'을 주제로 한 노래들이 많습니
다. 한번 떠올려보세요. 여러분의 플레이 리스트에도 사랑하는 사
람과의 이별을 주제로 한 노래가 한두 곡쯤 있지요? 사랑과 이별은
사람들이 살아가면서 누구나 겪는 경험인데요, 옛날 옛적 사람들도

마찬가지였습니다. 여기 사랑하는 여인을 떠나보낸 한 남자가 부른 노래를 들어볼까요?

훨훨 나는 저 꾀꼬리 (翩翩黃鳥)
암수 서로 정답구나 (雌雄相依)
외로워라 이 내 몸은 (念我之獨)
누구와 함께 돌아갈까 (誰其與歸)

여러분, 이 노래에서 남자의 심정이 느껴지나요? 가사에 남자의 외로움과 고독이 묻어나는 게 보이지요? 이 남자는 어떤 이유에서 사랑했던 연인과 이별했을까요? 연인이 떠난 후 한동안 남자는 떠나버린 연인 생각에 잠을 이룰 수 없었습니다. 살아도 사는 것이 아닌 듯한 나날들이었죠. 그러던 어느 날 남자는 기분 전환을 위해 숲길을 걷고 있었습니다. 잠시 쉬어가기 위해 나무 밑에 앉아 있던 남자는 한참 이런저런 생각에 잠겨 있습니다. 순간 머리 위에서 새 울음소리가 들립니다. 천천히 고개를 들어 소리가 나는 쪽을 바라보니 푸른 잎새가 무성한 나뭇가지 위에 노란 꾀꼬리 한 쌍이 나란히 앉아 지저귀고 있었습니다. "하… 꾀꼬리마저 짝을 지어 정답게 지저귀고 있는데…." 그 모습을 보고 있노라니 자신의 처지가 더욱 불쌍하고, 외롭게 느껴집니다.

여러분, 이 남자가 왜 이별했는지 그 이유가 궁금하지 않나요?

지금부터 이 남자의 이야기를 해보겠습니다. 노래의 주인공은 바로 고구려의 2대 왕인 유리왕입니다. 유리왕은 고구려를 건국한 주몽의 아들이기도 하죠. 기원전 19년 주몽의 뒤를 이어 고구려의 왕이 된 유리왕은 이듬해 송씨 부인과 결혼했습니다. 그러나 안타깝게도 왕비는 결혼식을 올린 다음 해 세상을 떠났죠. 이에 유리왕은 화희禾姬와 치희雉姬 두 여자를 새 부인으로 맞아들입니다. 화희는 고구려 출신의 여인이었고, 치희는 중국 한漢나라 출신의 여인이었죠. 그런데, 어째 느낌이 좀 안 좋습니다. 한 남자와 두 여자라니요. 어떤 일이 벌어질지 여러분도 짐작이 가죠? 맞습니다. 화희와 치희는 유리왕의 사랑을 독차지하기 위해 서로 시기하고 질투하며 다투었다고 합니다. 유리왕이 이를 해결해보려 해도 소용이 없었죠. 그래서 유리왕은 이 두 여인이 마주치지 않도록 별도로 작은 궁 두 개를 따로 지어 화희와 치희가 각기 머물도록 하였습니다.

하지만 유리왕의 이런 특단의 조치도 큰 효과를 거두진 못했던 것 같습니다. 어느 날이었습니다. 유리왕이 사냥을 나가느라 7일 동안 궁궐을 비운 틈을 타 두 여자가 또 한 번 심한 다툼을 벌입니다. 다툼 끝에 화희가 치희에게 "얘, 너는 한나라의 천한 집안 출신이라며? 그래서 그런지 어쩜 그렇게 배운 것이 없니?"라며 모욕적인 말을 했습니다. 이 말을 들은 치희는 분노할 수밖에 없었어요. 자신의 집안까지 들먹였으니 도저히 참을 수가 없었던 겁니다. 단단히 화가 난 치희는 결국 궁궐을 떠나 자신의 집으로 돌아가버렸습니다. 때마침 이 소식을 들은 유리왕은 치희를 잡기 위해 말을 타고 부리나케 치희에게 달려갑니다. 하지만 이미 마음을 굳힌 치희는 궁궐로 돌아가기를 거부했죠. 더는 치희를 설득할 수 없다고 판단한 유리왕은 치희를 보내줍니다.

그 일이 있고 난 어느 날, 나무 그늘에 앉아 쉬고 있던 유리왕의 눈에 꾀꼬리 한 쌍이 들어옵니다. 나뭇가지에 나란히 앉아 정답게 지저귀는 노란 꾀꼬리를 보며 유리왕이 부른 서정적인 노래가 〈황조가〉, 우리가 앞에서 본 바로 그 노래죠. 이제 그 남자, 아니 유리왕이 왜 이별했고, 외로운 마음을 담아 〈황조가〉를 불렀는지 이유를 알겠지요? 유리왕 이야기와 〈황조가〉는 고려 시대 학자이자 문신인 김부식이 쓴 《삼국사기》라는 역사책에 실려 있습니다. 〈황조가〉를 그 내용 그대로 이해하면 사랑했던 부인을 떠나보낸 유리왕의 슬픈 심정이 담긴 노래로 들립니다. 하지만 우리는 〈황조가〉를 표면 그대로 받아들일 수 없죠! 유리왕의 〈황조가〉에도 뭔가 숨겨진 역사 이야기가 있지 않을까요?

사실 유리왕의 두 부인 화희禾姬와 치희雉姬 이름 속에 우리의 의문을 풀 수 있는 실마리가 들어 있답니다. '화희禾姬'의 '화禾'는 '벼 화' 자이고, '치희雉姬'의 '치雉'는 '꿩 치' 자입니다. 따라서 화희와 치희는 특정 인물의 이름이라기보다 화희는 농경 생활을 하는 부족을, 치희는 수렵(사냥) 생활을 하는 부족을 상징한다고 해석할 수 있습니다.

그런데 유리왕 이야기를 좀 더 잘 이해하려면 국가가 만들어지는 과정을 짚고 넘어가야 해요. 지금이야 개인적인 삶을 중시하는 문화가 퍼져 있지만, 초기 인류 역사에서 사람들은 생존을 위해 무리 생활을 해야 했습니다. 그러다 보니 무리(부족)를 통솔할 수 있는 우두머리(부족장)의 존재가 꼭 필요했어요. 우리가 학급에서 반장을 선출하고, 반장을 중심으로 학급 회의와 각종 행사 등을 하는 것과 같은 이치입니다. 그런데 부족장을 중심으로 한 부족이 주변 지역으로 영토를 확장하기 위해 침략 전쟁을 벌이게 되면 힘이 약한 부족은 자연스럽게 힘센 부족에게 병합당할 수밖에 없었죠. 이런 과정이 반복되다 보면 결국 어떤 지역에는 힘이 비슷한 부족들만 남게 됩니다. 이때 힘이 비슷한 부족장들이 모여 약속합니다. 각 부족장이 자신의 부족을 독립적으로 다스리되, 혹시 모를 외부 세력의 침략이 있을 때엔 서로 힘을 합쳐 물리치자고 말이죠. 이렇게 하는 것이 힘이 비슷한 부족들끼리 맞서 싸우는 것보다 훨씬 이득이라고 생각했던 겁니다. 그러고는 동맹을 맺은 부족장 중에서 힘 있는 사람을 왕으로 삼기로 했는데요. 이렇게 만들어진 집단을 연맹 왕국이라고 합니다.

그러고 보니 우리가 앞에서 〈구지가〉를 다루며 가야를 이야기할 때 6개의 가야가 합쳐서 만들어진 연맹 왕국이라고 했던 것이 기억나지요? 맞아요. 고구려, 백제, 신라, 가야 모두 처음 시작은 연맹 왕국이었습니다. 연맹 왕국 시절의 왕은 단지 여러 부족을 대표하는 우두머리일 뿐 우리가 흔히 생각하는 막강한 권력을 가진 왕은 아니었습니다. 연맹 왕국에서 출발한 고구려, 백제, 신라는 이후 영토를 확장해가는 과정에서 점차 세력을 키우게 됩니다. 영토 확장 과정을 주도하며 자신감을 얻은 왕은 왕위를 더는 다른 부족장에게 물려주지 않고 자기 아들에게 넘깁니다. 왕위를 아들에게 물려준다는 것은 왕의 힘이 그만큼 커졌다는 뜻이에요.

　힘이 세진 왕은 이제 각 부족장의 독립적인 통치도 인정하지 않습니다. 모든 권력을 자신에게 집중시키고, 부족장들을 왕 아래에서 일하는 귀족 관리로 변신시켜요. 이렇게 되면 그 국가는 연맹 왕국이 아닌 중앙 집권 국가가 되는 것입니다. 고구려의 경우 6번째 왕인 태조왕 때가 되면 중앙집권적 국가의 모습을 갖춥니다. 따라서 〈황조가〉의 주인공인 유리왕은 고구려의 2대 왕으로서 고구려가 연맹 왕국이던 시절의 왕이었다는 것을 알 수 있어요. 유리왕은 연맹 왕국 내부에서 농경 부족과 수렵 부족이 갈등을 빚었을 때, 이를 원만하게 해결하지 못했고, 그런 왕으로서의 고뇌와 아픔이 〈황조가〉 안에 상징적으로 담겨 있다고 볼 수 있는 것입니다.↲

　유리왕 이야기를 좀 더 해볼까요? 유리왕은 왕이라는 지위를 떠나 한 개인으로서도 아픈 사연을 가지고 있었습니다. 유리왕의 아버지가 주몽이라는 것은 앞서 이야기했죠? 주몽은 아버지 해모수와 어머니 유화부인 사이에서 태어나 부여 금와왕의 궁궐에서 자랐습니다. 활쏘기 등 무예에 출중한 능력을 가진 주몽을 금와왕

한편으로는 〈황조가〉를 수렵 중심 사회였던 고구려가 점차 농경 중심 사회로 변해가는 모습을 상징적으로 담아낸 노래라고 해석하기도 합니다. 실제로 고구려의 초기 수도였던 졸본성은 농사짓고 살기에는 어려운 곳이어서 고구려 사람들은 주로 수렵(사냥)을 통해 식량을 확보했죠. 하지만 수렵은 농사에 비해 사람들이 풍족하게 먹고사는 데 한계가 있습니다. 따라서 고구려는 졸본성보다 남쪽에 있는 국내성으로 수도를 이동합니다. 여기에는 정치적인 이유도 있었지만, 농사가 잘되는 비옥한 지역으로 영토를 더욱 확장하겠다는 분명한 목적이 포함되어 있었죠. 나아가 고구려 광개토대왕의 아들이었던 장수왕은 고구려 남쪽으로의 영토 확장을 더욱 적극적으로 추진하기 위해 수도를 평양으로 옮깁니다. 따라서 고구려는 초기 수렵 사회에서 이후 농경을 기반으로 안정적인 경제생활을 유지하는 사회로 변화해갔습니다.

이 총애하자 금와왕의 다른 아들들은 주몽에게 왕위를 빼앗길까 늘 경계했죠. 부여에 남아 있을 경우 자신의 목숨이 위태로울 수도 있다고 생각한 주몽은 부하들과 함께 부여를 떠나 남쪽으로 내려갑니다. 그리고 이미 졸본 지역에 터를 잡고 있던 힘 있는 부족과 함께 고구려를 건국합니다.

주몽은 고구려를 떠나기 전 부인이었던 예씨가 임신 중이라는 사실을 알게 되었습니다. 하지만 목숨이 위태로운 상황에서 부인을 남겨두고 홀로 부여를 떠날 수밖에 없었죠. 그래서 떠나기 전 예씨 부인에게 당부합니다. 나중에 아이가 태어나 아버지를 찾거든 자신이 숨겨놓은 징표를 찾아서 자신을 찾아가게 하라고요. 주몽이 부여를 떠나고 난 후 예씨 부인은 아들 유리를 낳았고, 예씨 부인은 홀로 유리를 키웠습니다. 유리는 주몽의 아들이었으므로 금와왕의 아들들은 유리에게도 차가운 눈빛을 보내며 경계하였죠. 어떤 이들은 유리를 가리켜 아버지 없는 자식이라며 손가락질하기도 했습니다. 어린 유리의 마음에 그 말은 큰 상처가 되었을 겁니다. 결국 유리는 어머니가 슬퍼할까 봐 그동안 꺼내지 못했던 질문을 하였습니다. "어머니, 저는 왜 아버지가 없나요? 제 아버지는 어떤 사람인가요?" 예씨 부인은 한참 고민하다가 결국 유리에게 사실을 말해줍니다. "사실 너의 아버지는 주몽이시다. 아버지는 네가 태어나 자신을 찾거든 숨겨놓은 징표를 찾아오라고 하셨다." 이 말을 들은 유리는 기쁜 마음에 아버지가 숨겨둔 징표를 찾기 위해 사방을 뛰어다니며 노력했고, 결국 집 나무 기둥 아래 숨겨져 있던 부러진 칼을 찾아내 아버지를 찾아갑니다.

주몽은 유리를 따뜻하게 맞이하여 자신의 후계자로 삼습니다. 어린 시절 유리의 설움이 한 방에 날아가는 순간이었을까요? 하지만 왕위에 오른 유리는 또 한 번 아픔을 겪습니다. 유리왕의 왕비 송씨 부인이 결혼한 다음 해에 세상을 떠났기 때문인데요. 시련은 이것으로 끝나지 않았습니다. 유리왕의 여섯 아들 중 첫째 아들 도절은 태자 시절 갑자기 세상을 떠났고, 형의 뒤를 이어 태자가 된 둘째 아들 해명은 유리왕의 명령으로 자결해야 했습니다. 해명 태자는 힘이 세고, 용맹하기로 소문이 자자했다고 합니다. 이 소문을 들은 황룡국의 왕은 사신을 보내 잘 만든 활을 선물하였죠. 활을 받아든 해명 태자는 사신이 보는 앞에서 힘껏 활을 당기며 힘자랑을 하다가 그만 활을 부러뜨리고 맙니다. 이에 놀란 유리왕은 황룡국 왕에게 해명 태자의 무례한 행동을 사과하며, 태자를 죽여달라고 해요. 황룡국 왕은 해명 태자를 죽이려고 마음먹고, 자신의 나라로 불러들였어요. 하지만 막상 태자의 얼굴을 보고는 차마 죽일 수 없어 다시 고구려로 돌려보냅니다.

하지만 유리왕은 해명 태자를 가만둘 수 없었습니다. 즉위 초부터 북방의 유목민족인 선비족♪ 등과 전투를 벌이며 대외 관계의 안정을 꾀했던 유리왕은 이웃 국가와의 관계를 해친 해명 태자가 장차 고구려의 왕이 되면 나라가 위험해질 수 있다고 판단했던 것이죠. 나라의 안정을 위해 아버지 유리왕은 아들 해명 태자에게 자결을 명합니다. 현재에도 국가 간 외교에 있어 국력을 바탕으로 한 힘의 논리가 있긴 하지만 표면적으로는 국가 간 대등한 관계를 기본으로 합니다. 그러나 당시는 오직 군사적인 힘을 바탕으로 하는 영토 전쟁이 활발한 시기였어요. 유리왕은 아직 군사적으로 힘이

삼국 시대 초기 고구려 주변에 있었던 나라로, 이후 고구려에 흡수되었습니다.

선비족은 고대 몽골고원과 만주 지방에 살던 유목민족입니다. 선비족은 오랫동안 흉노족의 지배를 받았습니다. 이때 흉노에 쫓겨 동쪽으로 이동한 일부 선비족 무리가 고구려의 국경을 넘어 침략해오기도 했습니다. 유리왕은 이들 때문에 골머리를 앓았는데요, 고구려의 장수 부분노가 군사를 이끌고 선비족과의 전투에서 승리하기도 하였습니다.

부족하다고 판단했고 이렇게 해서라도 고구려를 지키고자 했던 것입니다. 왕으로서 국가를 지키기 위해 한 행동이었다고는 하지만 아버지가 아들에게 죽음을 명령하는 그 참담한 심정은 이루 말할 수 없었겠죠.

유리왕은 어린 시절에도, 왕위에 오르고 난 후에도 굴곡이 많은 삶을 살았던 사람입니다. 그러니 그 마음속에 남아 있는 상처와 왕으로서의 고독이 얼마나 컸을지 짐작이 가지요? 〈황조가〉는 단순한 이별 노래를 넘어 고구려라는 국가의 변천 과정과 함께 유리왕의 인생에 남은 여러 상처와 고독을 함께 생각해볼 수 있는 노래라고 할 수 있습니다.

#커튼콜

유리왕은 마음속에 상처만을 간직한 왕이었을까요? 고구려가 졸본성에서 국내성으로 수도를 옮긴 것은 유리왕 때였습니다. 유리왕은 왜 수도를 옮겼을까요? 고구려뿐 아니라 백제도 수도를 옮긴 적이 있는데요, 삼국 시대에 각 나라에서 수도를 옮기는 이유는 무엇이었을까요?

〈여수장우중문시與隋將于仲文詩〉

_ 이제 그만 항복하는 게 어때?

이 무대는 중학교 역사 교과서 I. 선사 문화와 고대 국가의 형성 〉 3. 삼국의 성립과 발전, 고등학교 한국사 교과서 I. 전근대 한국사의 이해 〉 1. 고대 국가의 지배 체제 부분을 함께 보면 좋아요!

여러분은 '고구려' 하면 무엇이 떠오르나요? 광개토대왕, 혹은 광활한 만주 벌판으로 펼쳐진 고구려의 광대한 영토가 연상되나요? 사실 이 두 가지는 대다수 사람이 고구려와 짝개념으로 가장 먼저 연상하는 것들이죠. 그래서인지 역사 시간에 삼국통일을 공부하고 나면 적지 않은 학생들이 "신라 말고 고구려가 삼국통일을 했다면 현재 우리나라 영토가 지금보다 더 넓어지지 않았을까요?"라며 아쉬운 마음을 드러내기도 합니다. 고구려는 우리 역사 속에서 가장 넓은 영토를 차지했던 국가이기에 이런 아쉬움이 남는 것도 당연할 텐데요.

하지만 고구려가 처음부터 넓은 영토를 가진 강한 국가는 아니었습니다. 앞의 유리왕 이야기에서 보았듯 고구려가 세워진 후 초기에는 북방 유목민족인 선비족 때문에 골머리를 앓기도 했고, 주변 국가와의 대외 관계를 안정시키기 위해 유리왕이 아들을 자결하게 하는 등 여러 아픔을 겪어야 했으니까요. 심지어 중국 한(漢, 전한)나라의 왕위를 찬탈하고 신新나라를 세운 왕망은 고구려를 하구려下句麗라고 낮춰 부르기도 했습니다. 왕망이 흉노를 정벌하기 위해 고구려에 군사 지원을 요구했는데 고구려가 뜻대로 따라주지 않자 화풀이를 한 것이죠. 하지만 고구려는 이러한 대외적 상황에 굴하지 않고, 조금씩 내부적으로 힘을 키워 영토를 확장해갑니다. 고구려 남쪽에 있는 옥저와 동예를 복속시키고, 한 군현ⁱ을 공격하여 이 지역을 고구려의 영토로 편입시켜요.

이렇게 3세기까지 세력을 키워나가던 고구려는 4세기에 커다란 위기를 맞습니다. 16대 왕 고국원왕 때의 일인데요. 고국원왕은 비운의 왕이라고 할 수 있을 만큼 대외적인 상황들 때문에 고난을 겪었습니다. 당시 고구려 최대의 적은 서쪽에 위치한 모용선비족이 었습니다. 모용선비는 선비족의 한 갈래인데요. 고국원왕은 태자 시절부터 모용선비와의 전투를 겪었고, 왕이 된 뒤에도 상승세를 타고 있는 모용선비와의 전투를 피할 수 없었습니다. 342년 모용선

한 군현이란 과거 고조선을 멸망시킨 한나라가 자신들이 점령한 지역을 통치하기 위해 설치했던 행정구역을 말합니다.

비의 왕 모용황이 대군을 동원해 고구려를 공격해옵니다. 문제는 이 전투에서 모용황이 고국원왕의 아버지 미천왕의 무덤을 파서 그 시신을 싣고, 고국원왕의 어머니를 인질로, 고구려의 남녀 5만 명을 포로로 잡아갔다는 것입니다. 고국원왕에게는 정말 하늘이 노래지는 순간이었죠. 아버지의 시신을 돌려받고, 어머니를 무사히 고구려로 모시고 오기 위해 고국원왕은 속으로는 복수의 칼날을 갈면서 겉으로는 모용선비의 신하를 자처하며 진귀한 보물들을 보내는 등 굴욕을 감수했습니다. 그러자 고구려가 더는 자신들에게 위협이 되지 않는다고 생각한 모용황은 미천왕의 시신을 돌려주었고, 곧 고국원왕의 어머니도 고구려로 돌려보냅니다. 하지만 고국원왕의 시련은 이것으로 끝이 아니었어요. 고구려 남쪽으로 비옥한 한강 유역을 기반으로 세력을 키워나가던 백제의 위협이 있었기 때문입니다.

사실 3세기까지 고구려, 백제, 신라는 각자 영토를 키워나가며 성장하고 있었습니다. 하지만 국경을 맞대고 있는 상황은 아니었어요. 서로 군사적으로 충돌할 일은 없었다는 뜻입니다. 그런데 고구려와 백제 사이에 존재하던 한 군현이 사라지면서 두 국가 간의 완충 지대가 없어진 셈이 된 거예요. 거기에 더해 4세기 후반 백제의 전성기를 이끈 근초고왕이 등장하면서 고구려와의 피할 수 없는 충돌이 벌어집니다.

369년, 고국원왕은 고구려 남쪽을 안정시키기 위해 직접 군대를 이끌고 백제 정벌에 나섭니다. 하지만 고구려의 주력 부대가 백제군에 무너지면서 퇴각할 수밖에 없었는데요. 고국원왕은 포기하지 않고 371년 다시 백제 공격을 감행합니다. 그러나 이번에도 백제군의 기습 공격에 무참히 패배하죠. 그해 겨울, 백제의 근초고왕은 왕자 근구수와 함께 3만 대군을 이끌고 직접 고구려의 평양성을 공격해옵니다. 고국원왕도 직접 군대를 이끌고 근초고왕의 군대와 맞서 싸웠습니다. 하지만 이 전투에서 고국원왕은 백제군이 쏜 화살에 맞아 쓰러졌고, 고구려군은 서둘러 퇴각합니다. 고국원왕은 끝내 깨어나지 못하고 목숨을 잃고 말았죠. 당시 고구려는 정말 절체절명의 위기에 처해 있었습니다. 한 개인이든, 국가든 위기가 닥쳤을 때 어떻게 대처하느냐에 따라 나락으로 떨어질 수도 있고, 반전의 드라마를 쓰기도 하는데요. 고구려는 어떻게 대처했을까요?

아버지 고국원왕의 뒤를 이어 왕위에 오른 소수림왕은 왜 이런 위기가 찾아왔는지, 고구려가 국력을 키우려면 어떻게 해야 하는지 철저히 분석합니다. 그리고 그 탐색 결과를 바로 실천에 옮겼습니다. 어떤 일을 했을까요?

그는 가장 먼저 중국 땅의 전진으로부터 불교를 수용합니다. 왕을 불교의 부처와 동일시함으로써 왕권을 강화하기 위해서였어요. 왕권이 강해야 왕을 중심으로 국력을 키울 수 있다고 판단했기 때문입니다. 또한 충忠, 의義 등을 강조하여 국가 통치에 적합한 학문인 유교를 수용하고, 귀족 자제를 교육하기 위해 태학太學을 설립

합니다. 다음 해에는 국가 통치와 사회 질서 유지를 위한 율령律令을 반포하고요. 이렇게 다시 국가 기강을 잡고, 내실을 다진 결과 고구려는 서서히 국력을 회복했고, 소수림왕 때 잘 다져진 기반을 발판으로 고구려의 19대 왕인 광개토대왕은 광활한 영토를 확보합니다.

광개토대왕은 우선 북쪽으로 영토를 확장하는 동시에 남쪽으로는 백제에 대한 대대적인 공격을 감행합니다. 할아버지 고국원왕이 겪은 수모에 대한 복수였을까요? 396년 백제의 58개 성과 700여 개 촌을 점령하고, 백제의 아신왕에게 무조건 항복을 받아냅니다. 이때 아신왕은 광개토대왕 앞에 무릎을 꿇고 고구려에 영원히 복종하겠다고 맹세했습니다. 이렇게 고구려의 화려한 전성기를 일궈낸 광개토대왕의 업적도 사실은 이전 시기 소수림왕이 고구려의 위기에 현명하게 대처하고, 날아오를 수 있는 기반을 잘 닦아 놓은 덕에 가능했던 것입니다.

광개토대왕의 뒤를 이은 장수왕은 남쪽으로의 영토 확장에 더욱 주력하여 고구려의 수도를 평양으로 옮겼고, 백제가 차지하고 있던 한강 유역을 고구려의 영토로 만듭니다. 장수왕이 이렇게 남쪽으로의 영토 확장에 집중할 수 있었던 것은 고구려의 막강한 군사력 덕분이기도 하지만, 무엇보다 장수왕이 당시의 국제 상황을 잘 읽어냈기 때문입니다. 장수왕 재위 당시 중국은 남북조 시대였습니다. 남북조 시대란 중국의 남쪽과 북쪽에 각기 나라가 세워져 서로 대립하고 있던 시기를 말합니다. 따라서 장수왕은 중국이 내부 문제에 집중하느라 고구려 북쪽을 위협하는 일이 없을 것이라 판단하고, 남쪽으로의 영토 확장에 집중했던 것입니다.

하지만 장수왕 이후 589년 중국에서 수나라가 남북조 시대를 끝내면서 그동안의 국제 질서가 급격히 흔들리기 시작합니다. 300여 년간 분열되어 있던 중국 대륙을 통일한 수나라는 중국 중심의 국제 질서를 구상하고 있었고, 고구려한테는 수나라에 복속할 것을 강요합니다. 그동안 고구려의 지배 아래 있던 거란족과 말갈족이 수나라의 영향력 아래로 들어가고 있는 상황에서 고구려 앞에 놓인 선택지는 두 가지였습니다. 수나라에 복종할 것이냐, 아니면 그동안의 독자적 세력을 유지하기 위해 수나라와의 전쟁도 불사하느냐.

앞으로의 운명이 달린 선택에서 고구려는 수나라와의 전쟁을 선택합니다. 전쟁은 598년 고구려 영양왕의 선제공격으로 시작되었습니다. 이에 맞서 수 문제도 30만 대군을 이끌고 고구려를 공격해옵니다. 하지만 수 문제는 고구려의 반격, 홍수와 태풍 등을 만나 큰 소득 없이 군대를 돌릴 수밖에 없었어요. 이후 한동안 고구려와 수나라는 겉으로 보기에는 평화 관계를 유지했습니다. 하지만 두 국가 모두 내부적으로는 경계 태세를 갖추고 전쟁 준비를 하고 있었어요. 특히 수나라의 경우 고구려와의 전쟁 시 원활한 물자 운송 등을 위해 대운하까지 건설했습니다.

수 문제의 뒤를 이른 양제는 612년 고구려 원정을 단행합니다. 지금의 베이징에 113만 대군을 집결시켰고, 보급품을 운반하는 군사의 수는 그 2배가 넘었습니다. 고구려 원정을 위한 군사들의 행렬이 480킬로미터에 달했고, 출발하는 데만 40일이 걸렸다고 하니 수 양제가 고구려를 공격하기 위해 얼마나 많은 군사와 물자를 동원했는지 짐작할 수 있겠지요? 하지만 이런 대규모 군사를 동원하고도 수나라는 고구려를 쉽게 꺾지 못했습니다. 고구려는 평야에서 수나라 군대와 정면으로 부딪치는 것을 피하고, 들판에 있는 모든 물자를 태워버린 뒤 성안으로 들어가 성을 지키면서 수나라 군대를 지치게 하는 작전을 썼습니다.

큰 성과 없이 시간만 흐르자 다급해진 수 양제는 우중문에게 30만 정예 군사로 구성된 별동대를 주고 고구려의 수도 평양성을 직접 공격하라고 명령합니다. 이때 총사령관으로 고구려군을 이끈 을지문덕은 우중문의 별동대에 맞서 정면 승부를 펼치지 않고 평양성 가까이 적군을 끌어들입니다. 수나라 군사에게 쉴 시간을 주지 않고 계속 전투를 벌이다가 후퇴하고, 다시 공격하는 방법으로 적군을 유인한 것이죠. 수나라 별동대는 계속 후퇴를 반복하는 을지문덕의 작전을 눈치채지 못한 채 승리를 거듭하며 목표 지점인 평양성 부근에 도착합니다. 하지만 쉬지 못하고 전투를 계속했기 때문에 수나라 군사들은 이미 많이 지친 상태였습니다. 설상가상으로 별동대에게 보급품을 전달해주기로 했던 군사들은 고구려군에게 패배한 상황이었고요. 평양성에 가까이 왔으나 상황이 이상하게 돌아가고 있음을 느낀 별동대의 수장 우중문에게 한 통의 편지가 날아옵니다.

> 귀신같은 책략은 하늘의 이치를 다했고 (神策究天文)
> 오묘한 꾀는 땅의 이치를 깨우쳤네 (妙算窮地理)
> 싸움에서 이긴 공이 이미 높으니 (戰勝功旣高)
> 만족함을 알고 그만두기를 이르노라 (知足願云止)

이것이 바로 〈여수장우중문시〉로, 을지문덕이 우중문에게 보낸 글이었습니다. 이 글을 읽은 우중문은 순간 얼굴이 화끈 달아오르는 것을 느꼈습니다. 제대로 싸우지 않고 후퇴만 거듭하는 고구려군을 쫓아 쉬지 않고 평양성 가까이 다가왔는데 보급로는 끊겼고, 군사들은 지칠 대로 지쳐 있는 데다가 이런 희롱하는 글까지 받았으니 당황하지 않을 수 없었어요. 을지문덕은 우중문의 능력을 높이 평가하는 척하며 그동안 고구려 군사가 패배를 거듭한 것은 모두 작전이었고, 네 능력은 이미 알겠으니 이쯤에서 전쟁을 끝내는 것이 좋을 것이라는 경고장을 날린 것입니다. 궁지에 몰린 우중문은 군사를 이끌고 후퇴를 시작하였고, 을지문덕은 수나라 군사를 쫓아 살수(현재 청천강)에서 수나라 군사를 전멸시켰습니다. 이것이 그 유명한 '살수 대첩'이죠. 싸울 의지를 상실한 수 양제는 남은 군사를 이끌고 퇴각합니다. 수 양제는 그 이후에도 두 차례나 더 고구려 원정을 했지만, 번번이 실패를 맛보았습니다. 결국 수나라는 무리한 고구려 원정으로 인해 멸망하지요. 수나라의 뒤를 이은 당나라도 고구려 공략에 나섰지만 실패합니다.

지금까지 고구려 이야기를 들었는데요. 여러분은 어떤 생각을 했나요? 고구려의 역사를 공부하다 보면 역경을 딛고 피나는 노력을 한 결과 성공을 이룩한 한 사람의 인생 역전 스토리를 보는 듯합니다. 고국원왕 시기의 국가적 위기를 잘 수습해 고구려가 도약할 수 있는 기반을 만든 소수림왕, 소수림왕이 만든 기반을 딛고 일어나 고구려의 화려한 전성기를 이끈 광개토대왕과 장수왕을 보면서 말이에요. 중국의 수나라, 당나라와의 전투를 승리로 이끄는 장면에서는 통쾌함을 느끼기도 합니다.

하지만 여러분, 이게 다가 아닙니다. 고구려의 성공 스토리에서 빠질 수 없는 것이 바로 '전쟁'이기 때문이에요. 우리는 역사 속 전쟁을 이해하기 위해 전쟁에서 누가 승리했는지, 전쟁을 승리로 이끈 장군이 누구인지, 전쟁을 일으킨 왕이 누구였는지만을 기억합니다. 그 뒤에 가려진 백성들의 목소리엔 전혀 신경 쓰지 않아요. 그러나 예나 지금이나 전쟁이 나면 가장 고통스러운 것은 백성, 국민이었습니다. 고구려의 경우 외부의 침략으로 전투가 벌어지면 '청야 전술'을 주로 사용했는데요. 이것은 들판에서 적군이 이용할 수 있는 물자나 곡식 등을 모조리 불태워버리고 군사와 백성들이

성안에 들어가 성을 지키며 싸우는 방식입니다. 이때 백성들은 전쟁을 피하기 위해 그동안 열심히 농사짓던 들판을 버리고 어쩔 수 없이 성안으로 들어가야만 했습니다. 남성들은 군인으로 전쟁에 동원되었고요. 전쟁 준비를 위해 성을 쌓거나 물자를 동원하는 것도 모조리 백성들의 몫이었습니다. 고구려 원정을 위해 전쟁 준비를 하던 수나라 백성들 사이에서는 이런 노래가 유행했습니다.

"긴 창은 하늘의 절반을 가리고, 칼을 실은 수레는 햇빛을 받아 번쩍이네. 산 위에서는 노루와 사슴을, 산 아래에서는 소와 양을 잡으며 살았는데, 문득 들으니 관군이 와서 칼을 들고 전쟁터로 사람들을 끌고 가고 있다네. 그러나 요동에 가면 오직 죽음뿐, 머리는 잘리고 온몸에는 부상을."

평화로운 삶을 살고 있던 수나라 백성들도 전쟁 준비와 거듭된 패배에 힘겨워하고 있었던 것입니다. '요동에 가면 오직 죽음뿐'이라는 가사에서 수 양제의 고구려 원정이 무모한 짓이라는 것을, 고구려와의 전쟁에서 희생되는 건 백성들뿐이라는 생각을 읽을 수 있습니다. 마음이 짠해지지요? 역사 속 전쟁을 보면서 그것은 과연 누구를 위한 전쟁이었는지 되묻게 됩니다. 역사상 벌어진 수많은 전쟁 이야기에서 우리는 전쟁의 원인이나 전개 과정, 승패 등도 알아야겠지만, 전쟁 이면에 숨겨진 백성들의 고통, 그리고 전쟁이 당시 평범한 사람들에게 어떤 영향을 미쳤는지, 전쟁이 그들의 삶을 어떤 식으로 좌우했는지도 함께 살펴야 할 것입니다.

#커튼콜

2022년에는 러시아와 우크라이나 간 전쟁이 벌어졌습니다. 이 전쟁에서도 역시 많은 사람이 죽고 다쳤습니다. 먼나라에서 일어난 이 전쟁은 단지 두 국가의 사람들에게만 영향을 미쳤을까요? 우리에게는 어떤 영향을 미쳤을지 생각해봅시다.

〈찬기파랑가讚耆婆郎歌〉

_ 모든 사람이 우러르는 그대, 화랑

이 무대는 중학교 역사 교과서 II. 남북국 시대의 전개 〉1. 신라의 삼국 통일과 발해의 건국, 고등학교 한국사 교과서 I. 전근대 한국사의 이해 〉1. 고대 국가의 지배 체제 부분을 함께 보면 좋아요!

밤하늘에 서서히 구름이 드리우더니 어느 순간 밝게 빛나던 달을 가려버립니다. 한 남자가 자갈이 펼쳐진 냇가에 서서 물끄러미 그 모습을 바라봅니다. 왠지 슬픈 표정이네요. 그러고는 이내 시선을 돌려 냇가의 키 높은 수풀을 바라봅니다. 어둠 속 바람에 일렁이는 수풀 속에서 언뜻 '그 사람'의 모습이 보이는 듯합니다. 하지만 수풀 속에는 아무도 없었어요. 남자는 '그 사람'을 그리며 노래를 불렀습니다.

흐느끼며 바라보니 (咽嗚爾處米)

이슬을 밝힌 달이 (露曉邪隱月羅理)

흰 구름을 따라 떠 간 언저리에 (白雲音逐于浮去隱安支下)

모래 가른 물가에 (沙是八陵隱汀理也中)

기파랑의 모습과 같은 수풀이여 (耆郎矣皃史是史藪邪)

일오 냇가 자갈밭에서 (逸烏川理叱磧惡希)

기파랑이 지니고 있던 (郎也持以支如賜烏隱)

마음의 끝을 따르고 있노라 (心未際叱肹逐內良齊)

아아, 잣나무 가지가 높아 (阿耶, 栢史叱枝次高支好)

눈도 덮지 못할 화랑의 우두머리여 (雪是毛冬乃乎尸花判也)

강가에 선 한 남자가 그리워하고 있는 인물이 누구인지, 혹시 여러분 눈치챘나요? 노래 가사 마지막 부분에서 힌트를 찾았나요? 맞습니다. 이 노래를 부른 사람이 그리워하고 있던 것은 신라의 화랑 '기파', 기파랑이었습니다. 그래서 이 노래의 제목이 〈찬기파랑가〉 즉, '기파랑을 찬양하는 노래' 이지요.

이 노래는 통일신라 경덕왕 때 승려 충담사가 지은 것으로 《삼국유사》에 실려 있습니다. 대체 기파랑이 어떤 사람이었기에 충담사는 이토록 그를 그리며 노래를 불렀을까요? 노래 가사 속에는 기파랑이 어떤 사람이었는지를 상징하는 요소들이 숨어 있습니다.

노래 첫 부분을 보아요. 구름 속에 가려진 '달'은 어둠을 밝히는 존재입니다. 사람들이 소원을 비는 대상이기도 하고요. 모래가 가른 '물가'에서 물은 맑고 깨끗함을 상징합니다. 마지막 '잣나무 가지가 높다'는 구절에서 '잣나무'는 눈 내리는 추운 겨울에도 푸르름을 유지하여 지조와 절개를 상징하는 식물입니다. 즉 기파랑은 많은 사람이 우러르는, 맑고 깨끗하며 절개가 곧은 사람이었던 것이죠. 하지만 안타깝게도 실제 기파랑이 어떤 사람이었는지, 어떤 삶을 살았는지에 대한 기록은 남아 있지 않습니다. 그저 〈찬기파랑가〉를 통해 신라 사람들이 기파랑을 우러렀다는 것을 추측할 뿐입니다.

　사실 기파랑뿐 아니라 화랑은 신라의 역사를 살펴볼 때 빼놓을 수 없는 중요한 존재입니다. '화랑花郎'은 꽃처럼 아름다운 남성이라는 뜻이고, 이 화랑을 우두머리로 한 청소년 집단을 '화랑도花郎徒'라 합니다. 신라에 온 당나라 사신은 "귀족의 자제 가운데 어여쁜 자를 뽑아 분을 바르고 곱게 단장하여 이름을 화랑이라 하니 나라 사람들이 모두 높이 섬긴다"라고 화랑에 대해 기록했습니다. 대체로 15세에서 18세까지의 청소년으로 구성된 화랑도는 진골 귀족 출신의 화랑 1명과 그를 따르는 여러 명의 낭도로 구성되어 있었습니다. 이들은 일정한 기간에 걸쳐 단체 생활을 했죠. 열심히 공부하고, 금강산·지리산 등 이름난 장소를 찾아다니며 무예를 익히고, 대자연 속에서 함께 춤추고 노래를 부르며 심신을 단련했습니다.

　이들의 마음속에는 '세속오계'가 깊이 새겨져 있었는데요. 화랑도의 목표는 나라가 위기에 처했을 때 목숨 바쳐 나라를 지키는 것이었습니다. 화랑도가 만들어진 6세기는 고구려, 백제, 신라 간의 항쟁이 치열했던 때거든요. 따라서 신라를 지키기 위해 열심히 심

세속오계란 승려 원광이 화랑 귀산에게 일러준 가르침을 말합니다. 사군이충事君以忠(충성으로써 임금을 섬긴다), 사친이효事親以孝(효로써 어버이를 섬긴다), 교우이신交友以信(믿음으로써 친구를 사귄다), 임전무퇴臨戰無退(전쟁에 나가서는 물러섬이 없다), 살생유택殺生有擇(산 것을 죽임에는 가림이 있다)인데요, 이 다섯 가지 가르침은 이후 화랑도가 따르는 기본 이념이 되었습니다.

신을 단련한 것입니다. 이렇게 비슷한 또래의 청소년들이 공동의 목표를 갖고 몇 년 동안을 동고동락하다 보면 자연스럽게 끈끈한 유대 관계가 생겼겠지요? 이를 보여주는 일화를 하나 소개할게요. 화랑 사다함은 어릴 때부터 우정을 쌓아온 무관랑과 죽을 때까지 함께하자고 약속했지만 무관랑이 병으로 죽자 슬퍼하며 통곡하다가 7일 만에 병으로 죽었다고 합니다. 그 우애가 얼마나 깊고 끈끈했는지 짐작할 만합니다.

이렇게 잘 조직된 화랑도는 신라에 필요한 훌륭한 인재를 배출하는 역할을 했습니다. 훌륭한 외모에, 지식과 체력, 마음가짐까지 무엇 하나 부족함이 없는 화랑들은 요즘 표현으로 '엄친아'라고 하면 딱 들어맞을 것 같습니다. 통일신라의 역사가 김대문은 《화랑세기》에서 "현명한 재상과 충성스러운 신하가 화랑도에서 나오고, 훌륭한 장수와 용감한 병사가 이로 말미암아 생겨났다"라고 평가했습니다.

그렇다면 화랑도를 만든 사람은 누구일까요? 바로 신라의 24대 왕인 진흥왕입니다. 진흥왕은 신라의 각 마을에 자연스럽게 형성되어 있던 청소년 또래 집단을 공식적인 '화랑도'로 탈바꿈시켜 국가에 필요한 인재를 양성하고자 했습니다. 진흥왕의 이 결정은 신의 한 수였습니다. 화랑도는 신라에 필요한 정치적, 군사적 인재를 배출하는 역할뿐 아니라 신라 사회를 통합하는 역할도 했거든요.

먼저 군사적인 측면에서 화랑도가 어떤 역할을 했는지 살펴봅시다. 화랑도는 진흥왕이 신라 최대의 영토를 확보하여 전성기를 이룩하는 데 큰 역할을 했습니다. 진흥왕은 562년 대가야를 멸망시키고 그곳을 신라의 영토로 만들었는데 이때 사다함이라는 화랑이 큰 활약을 했다, 라는 기록이 있습니다. 또 대가야를 멸망시키기 이전 진흥왕은 한강 유역을 신라의 영토로 확보하는 성과를 거두기도 했습니다. 백제 성왕과 연합하여 고구려가 차지하고 있던 한강 유역을 빼앗는 데 성공하고, 뒤이어 백제와의 전투를 통해 한강 유역을 모두 신라의 영토로 만들었죠. 이를 기반으로 신라는 최대의 영토를 확보하는 전성기를 열게 되었고, 이는 후에 신라가 삼국을 통일할 수 있는 기반이 됩니다. 이때에도 화랑도가 군사적 역할을 했을 것으로 추측합니다.

하지만 뭐니 뭐니 해도 화랑도가 가장 찬란하게 빛났던 순간은 신라의 삼국통일 과정에서였습니다. 진흥왕이 신라의 전성기를 열었지만 그 이후 신라가 계속 꽃길만 걸었던 것은 아닙니다. 신라의 팽창 정책에 맞서 백제와 고구려가 연합하여 신라를 공격해왔거든요. 특히 백제의 경우 성왕이 진흥왕과 힘을 합쳐 고구려에 빼앗긴 한강 유역을 되찾아 왔지만, 곧 진흥왕의 공격으로 다시 한강 유역을 신라에 빼앗겼고, 그 과정에서 성왕이 전사했기 때문에 백제는 신라에 대한 복수심을 불태우는 중이었습니다. 아니나 다를까, 이후 백제 의자왕은 신라에 대한 적극적인 공격에 나서 신라 서쪽 지역의 여러 성을 함락했고, 신라의 수도 경주로 통하는 전략적 요충지인 대야성을 빼앗아 신라를 곤경에 빠뜨립니다. 난관을 극복하기 위해 신라 선덕여왕은 김춘추를 고구려에 보내 도움을 요청하지만, 진흥왕에게 영토 일부를 빼앗겼던 고구려는 이미 백제와 손을 잡은 상태였습니다. 고구려는 신라를 도울 마음이 없었던 거예요. 이에 김춘추는 발길을 돌려 중국 당나라로 가서 지원을 요청합니다. 당시 당나라는 동아시아에서의 패권을 둘러싸고 고구려와 경쟁 관계에 있었는데, 이미 한 차례 고구려와의 전쟁에서 패배한 상태였거든요. 이에 당나라는 김춘추의 제안을 받아들였고 이렇게 나·당 동맹이 성립됩니다. 백제와 고구려를 모두 상대해야 했던 신라, 고구려를 무릎 꿇리고 싶었던 당나라의 이해관계가 딱 맞아떨어진 순간이었죠.

나·당 연합군의 첫 번째 목표는 백제였습니다. 660년 소정방이 이끄는 13만 당 군사들이 산둥반도에서 출발해 서해를 건너 백제로 다가오고 있었고, 김유신이 이끄는 5만 신라 군사들도 백제의 동쪽 국경을 넘었습니다. 당황한 백제 의자왕과 대신들이 대책을 논의하는 동안 백제의 장수 계백이 5천 명의 결사대를 이끌고 황산벌에서 신라군을 맞아 두 나라의 운명이 걸린 전투를 시작합니다. 신라 군사는 5만 명, 백제의 군사는 5천 명. 누가 봐도 이 전투는 신라에 굉장히 유리한 조건이었죠. 하지만 백제군을 이끄는 계백은 만일 신라군에 패배한다면 자신의 아내와 자식이 적국의 노예가 되는 꼴을 볼 수 없다며 가족들을 죽이고 전투에 나온 사람이었습니다. 죽기 살기로 전투에 임하는 계백을 보며 그의 군사들도 죽을 각오로 신라군에 맞섰습니다. 그래서일까요? 신라군은 백제군과 4번 싸워 4번 모두 패배합니다.

신라군의 사기는 바닥을 쳤죠. 이때 분위기를 반전시킨 두 인물이 있었으니 그들이 바로 화랑 반굴과 관창이었습니다. 반굴은 전쟁에 나아가서는 물러서지 않는다는 화랑도 정신을 깊이 되뇌며 홀로 백제군 진영으로 들어가 치열하게 싸우다가 전사했습니다. 반굴이 전사하자 이번엔 관창이 나섰습니다. 그는 비장한 마음으로 갑옷을 갖춰 입고서 손에 창 한 자루를 들고 말을 달려 백제군 진영으로 들어갔습니다. 당시 그의 나이는 겨우 16세였죠. 하지만 관창은 백제군에게 체포되고 말았습니다. 계백은 관창을 보며 어린 나이에도 혼자 적진으로 들어온 그 용기에 감명을 받아 관창을 신라 진영으로 돌려보냈습니다. 하지만 관창은 백제군과 싸워보지도 못하고 살아 돌아온 것을 부끄럽게 여겨 다시 말을 몰아 백제군 진영으로 돌진하였죠. 결국 계백은 관창의 목을 베어 신라 진영으로 보냈습니다. 목이 베어진 관창의 시신을 돌려받은 신라 진영에는 분노의 감정이 퍼져나갔습니다. 신라군은 다시 사기를 충전하고 백제군과 싸워 결국 백제군을 패배시켰는데, 이것이 그 유명한 황산벌 전투입니다. 이 황산벌 전투를 승리로 이끈 김유신 역시 화랑 출신이었습니다. 또 백제 적진으로 홀로 돌진한 반굴의 아버지 김흠순, 관창의 아버지 김품일도 당시 신라군을 이끄는 장수로 화랑 출신이었죠. 이후 신라는 당나라 군사와 함께 백제 수도 사비성을 함락하여 백제를 멸망시키고, 뒤이어 고구려를 멸망시키면서 삼국을 통일합니다. 황산벌 전투는 화랑도 정신이 가장 빛나는 순간이었습니다.

신라의 화랑은 국가를 위한 훌륭한 인재임과 더불어 사람들에게 귀감이 되는 존재이기도 했습니다. 화랑 효종의 이야기를 통해 그 사실을 알 수 있는데요. 진성여왕 때 수도 경주에 지은이라는 여인이 살고 있었습니다. 지은은 어려서 아버지를 잃고 홀로 어머니를 모시고 살고 있었습니다. 형편이 어려워 품팔이를 하고, 이리저리 떠돌아다니며 밥을 구걸해 어머니를 모셨지만 그마저도 여의치 않게 되자 결국 부잣집 노비가 됩니다. 낮에는 주인집 일을 하고, 밤에는 밥을 지어 어머니를 모시는데, 하루는 어머니가 예전보다 밥이 나아진 것이 이상해 지은에게 자초지종을 물었습니다. 지은은 부잣집 노비가 되었다고 사실대로 이야기했고, 이에 어머니는 자신 때문에 딸이 모진 고생을 하는 것에 마음이 아파 탄식하며 지은을 끌어안고 큰 소리로 울었습니다. 지은의 집 앞을 지나가던 사람들은 이 소리를 듣고 몹시 안타까워했죠. 때마침 그 앞을 지나던 화랑 효종은 자신의 부모에게 부탁해 곡식 100섬과 옷가지를 실어다 지은에게 주었고, 지은을 노비 신분에서 풀어줍니다. 효종을 따르던 낭도들도 각각 곡식 한 섬씩을 내어 지은을 도와주었죠. 이 소식을 들은 진성여왕도 지은에게 곡식 500섬과 집 한 채를 내려주었습니다. 진골 귀족 출신으로 전쟁에 나아가서는 용감하게 앞장서고, 어려운 사람을 도울 줄 아는 화랑들은 신라에서 노블레스 오블리주를 실천한 사람들이었습니다.

이외에도 화랑도는 성골, 진골, 두품으로 나누어지는 골품제를 기반으로 한 신분제도가 존재했던 신라에서 사회를 통합하는 기능도 했습니다. 화랑도가 만들어지던 6세기는 신라에서 골품제가 확실히 자리잡혀가던 시기였습니다. 진흥왕은 화랑도를 구성할 때 화랑만큼은 진골 귀족 출신 중에서 선발하도록 했습니다. 하지만 화랑을 따르는 낭도들은 일반 평민을 포함하여 다양한 신분으로 구성하도록 했어요. 청소년 시기부터 화랑도 안에서 단합과 결속력을 기르는 것은 물론 이를 바탕으로 신분제 사회에서의 갈등을 조절하고 완화하려고 말입니다.

이렇게 화랑도는 신라 사회에서 다양한 역할을 하며 많은 사람에게 우러름을 받는 존재였습니다. 화랑들의 빛나는 역할을 바탕으로 신라가 삼국통일을 이룩한 뒤 신라에는 한동안 평화로운 안정기가 찾아왔는데요. 하지만 이러한 평화로운 시절이 지속되면서 안타깝게도 화랑도는 존재의 의미를 점점 잃어갑니다. 사실 진흥왕 때 화랑도가 만들어진 가장 중요한 이유는 삼국 간의 항쟁에서 군사 집단으로서의 역할을 다하기 위해서였거든요. 서서히 존재감을 잃어가던 화랑도는 신라 하대, 왕권이 추락하고 진골 귀족들 간에 왕위를 차지하기 위한 경쟁이 벌어지는 혼란스러운 분위기 속에서 점점 현실에 안주하며 현실적인 이익을 좇기 시작합니다. 과거에 보여주었던 용맹함, 국가를 위한 충성, 곧은 절개와 지조 등은 찾아볼 수 없게 되었죠. 화랑 중에는 왕위를 노리는 진골 귀족의 병사가 된 사람들도 있었습니다. 이러한 분위기 속에 과거의 아름다운 모습을 잃은 화랑도를 보며 승려 충담사는 곧은 절개를 보여준 기파랑을 칭송하고 그리워하며 〈찬기파랑가〉를 불렀던 것입니다.

#커튼콜

황산벌 전투에서 백제군 진영에 홀로 뛰어들었던 반굴과 관창을 보며 여러분은 어떤 생각을 했나요? 사실 반굴과 관창은 신라군의 사기를 올리기 위한 목적으로 각각 아버지의 명령을 받아 백제 진영으로 들어 갔습니다. 아들이 죽을 것을 알면서도 적진으로 갈 것을 명령했던 그들의 선택, 또 가족을 죽이고 전쟁터에 나왔던 계백의 선택을 지금의 우리는 어떻게 평가할 수 있을까요?

〈도솔가 兜率歌〉

_ 하늘에 두 개의 해가 뜨다니!

이 무대는 중학교 역사 교과서 II. 남북국 시대의 전개 〉 2. 남북국의 발전과 변화, 고등학교 한국사 교과서 I. 전근대 한국사의 이해 〉 1. 고대 국가의 지배 체제 부분을 함께 보면 좋아요!

신라가 삼국을 통일하고 100년이 지나지 않은 760년, 신라 경덕왕 재위 19년 4월의 일이었습니다. 천문과 점술을 담당하는 관리인 일관日官의 눈에 믿기 힘든 장면이 들어왔습니다. 하늘에 태양이 두 개나 떠 있었던 것입니다. 눈을 비비고 다시 하늘을 올려다보았지만, 분명 두 개의 해가 떠 있었습니다. 심지어 이 현상은 열흘 동안이나 지속되었습니다. 좋지 않은 징조임을 직감한 일관은 왕에게 아뢰었습니다. "왕이시여, 인연이 있는 승려에게 부탁해 제단을 만들고 부처님께 제사를 지내면 재앙을 물리칠 수 있습니다." 왕은 일관의 말을 듣고 서둘러 재앙을 물리칠 의식을 치르기 위해 궁궐 안에 제단을 만들었습니다. 그러고는 가마를 타고 궁궐을 나가 인연이 있는 승려를 만나길 기다리고 있었죠. 때마침 월명사라는 승려가 근처를 지나고 있었기에, 왕은 그를 궁궐로 데리고 갔습니다. 미리 만들어 놓은 제단 앞에 월명사를 세우고는 기도하는 글을 짓도록 하자, 월명사는 〈도솔가〉를 지어서 바쳤습니다.

> 오늘 이에 산화 불러 (今日此矣散花唱良)
> 뿌린 꽃이여 너는 (巴寶白乎隱花良汝隱)
> 곧은 마음의 명 받아 (直等隱心音矣命叱使以惡只)
> 미륵좌주 모셔라 (彌勒座主陪立羅良)

그러자 신기하게도 하늘에 해가 두 개나 떠 있는 기이한 현상이 사라졌습니다. 이에 왕은 월명사를 가상히 여겨 좋은 차 한 봉지와 수정 염주 108개를 하사했습니다.

이 이야기를 읽으며 여러분은 무슨 생각을 했나요? 여러분도 분명 '하늘에 두 개의 해가 뜰 수 있나?' 하는 의문을 품었겠지요. 《삼국유사》에 실린 이 이야기는 당시의 실제 사실을 담고 있는 걸까요? 하늘에 해가 두 개 뜬 일, 이것을 해결하기 위해 승려를 데려와 기도문을 짓게 한 일 등은 현재 우리의 상식으로는 잘 이해되지 않는 부분들이죠. 더군다나 월명사가 지어 바쳤다고 하는 〈도솔가〉는 얼핏 보아서는 무슨 내용인지 잘 모르겠지요. 지금부터 이 이야기를 여러 측면에서 분석하면서 〈도솔가〉에 담긴 역사적 사실을 하나씩 풀어가볼까요?

먼저 경덕왕 때 하늘에 두 개의 해가 떴다는 기록이 실제 사실이라면 이는 햇무리일 가능성이 큽니다. '햇무리'란 대기 중에 떠 있는 미세한 얼음 조각에 의해 햇빛이 반사되거나 굴절되어 나타나는 것으로, 해를 둘러싸고 둥근 빛의 고리가 생기는 것을 말합니다. 이 햇무리는 현재의 우리도 종종 관찰할 수 있는 현상입니다. 하지만 햇무리를 보고 "어머나, 큰일 났네! 나라에 큰일이 생길 징조야!" 하면서 걱정하는 사람은 없죠. 단지 과학적인 현상일 뿐이니까요. 하지만 당시 사람들은 햇무리뿐 아니라 다양한 기상 현상을 하늘의 계시라고 생각했습니다. 따라서 천체를 관측하고, 이를 통해 점을 치는 일관日官 같은 관리를 두었답니다. 특히 태양은 예로부터 왕을 상징하는 존재였습니다. 그러니 경덕왕 때 햇무리를 본 일관은 얼마나 놀랐을까요. 하늘에 해가 두 개나 떠서 열흘 동안이나 없어지지 않았으니 말입니다. 나라에 큰일이 날 것을 걱정한 일관이 왕에게 승려를 모셔와 부처님께 제사를 올려야 한다고 간청한 것도 이해할 만합니다.

그런데 일관은 왜 승려를 통해 이 문제를 해결하려고 했을까요? 신라가 불교 국가였기 때문입니다. 법흥왕 때 이차돈의 순교로 신라에 불교가 공식적으로 받아들여진 이후 불교는 신라의 왕권을 강화하고, 민심을 통합하는 등 다양한 기능을 수행했습니다. 국가적 위기 상황이 벌어지면 부처의 힘을 빌려 해결하려고 노력했고요. 어떤 예들이 있을까요? 선덕여왕은 황룡사 9층 목탑을 만들어 각 층마다 신라를 위협하는 주변 국가들을 새겨넣고, 부처님의 힘으로 이들을 막아내겠다는 의지를 다졌습니다. 경덕왕은 일관의 말을 듣고 월명사를 궁궐로 불러 부처에게 올릴 글을 작성하도록 했고요.

월명사는 '마음과 정성을 다해 산화(散花-꽃을 뿌리며 부처를 모시는 불교 의식)의 노래를 부르니, 꽃아 너는 그 명령에 따라 미륵불을 모셔 오너라'라고 노래합니다. 여기서 미륵불이란 불교의 여러 부처 중 하나로 도솔천(兜率天)에 머물다가 미래의 언젠가 때가 되면 사람들을 구제하러 내려오는 존재입니다. 당시 사람들에게 미륵불은 현실의 어려움을 해결해줄 수 있는 희망의 상징이었어요. 월명사가 지은 노래 제목이 〈도솔가〉인 것도 미륵불이 머무는 도솔천에서 그 이름을 따온 것입니다. 어쨌든 월명사가 〈도솔가〉를 지어 바친 이후 하늘에 두 개의 해가 떠 있는 현상은 사라졌습니다. 물론 기상 현상의 변화로 햇무리 현상이 없어진 것이지만 당시 사람들은 "역시 부처의 힘으로 문제를 해결했어!"라고 생각했을 것입니다. 한편으로는 〈도솔가〉 이야기가 실려 있는 《삼국유사》는 승려였던 일연이 쓴 것이기에 부처의 힘으로 기이한 현상이 사라졌다고 믿고 싶었던 그의 마음을 담은 것이라고 볼 수도 있습니다.

그런데 뭔가 석연치 않은 점이 있습니다. 《삼국유사》와 함께 삼국의 역사를 담은 대표적인 책으로 평가받는 김부식의 《삼국사기》에는 경덕왕 19년 4월 하늘에 두 개의 해가 떴다는 기록이 없거든요. 대신 시중侍中 염상이 관직에서 물러났기에 김옹을 시중으로 삼았다는 내용이 실려 있습니다. 시중은 신라의 최고 행정기관인 집사부의 장관으로 왕의 명령을 수행하고, 국가 행정을 총괄하는 역할을 했습니다. 현재의 국무총리와 같은 개념인데요. 왕의 측근 세력이라고 할 수 있는 시중에 임명된 지 2년밖에 지나지 않은 시점에 염상이 무슨 이유로 시중 자리에서 물러나게 되었는지는 기록이 없으므로 정확한 사실을 알 수 없습니다. 경덕왕 재위 당시의 정치적 상황을 통해서만 추측해볼 수 있을 뿐이에요.

경덕왕 재위 시기는 신라 삼국통일 이후 만들어진 전제왕권이 조금씩 흔들리던 때였습니다. 전제왕권이란 왕이 절대적인 권력을 가지고 있는 것을 말하는데요. 이러한 전제왕권은 삼국통일을 이루었다는 자신감을 바탕으로 가능했습니다. 과거 신문왕의 경우엔 왕권에 도전할 가능성이 있는 귀족 세력의 힘을 약화하기 위해 녹읍을 폐지하고 관료전을 지급했는데ᐟ 이 조치는 특히 많은 녹읍을 보유하고 있던 진골 귀족들의 반발을 샀습니다. 진골 귀족들의 입장에서는 관료전을 받는 것보다 녹읍을 받는 것이 훨씬 더 이득이었거든요. 하지만 불만을 대놓고 말할 수는 없었습니다. 진골 귀족들은 신문왕이 즉위 초 자신의 왕권에 도전한 김흠돌 등 진골 귀족들에 대해 피의 숙청을 하는 걸 보았기 때문입니다. 또한 신문왕은 진골 귀족들의 대표인 상대등의 권한을 약화시키고, 왕권을 뒷받침하

녹읍이란 관직에 있는 사람들에게 국가를 위해 일한 대가로 지급한 토지를 말합니다. 현재 공무원들에게 국가에서 월급을 주어 생계를 유지할 수 있도록 하는 것과 같죠. 하지만 녹읍은 토지를 주는 것입니다. 녹읍을 받은 관리는 땅에서 나오는 세금과 각종 특산물뿐 아니라 그 땅에 살고 있는 사람들의 노동력도 개인적으로 사용할 수 있었습니다. 하지만 왕의 입장에서 보면 녹읍을 지급하는 것은 귀족 출신 관료들이 힘을 키울 수 있는 수단이 되기도 했죠. 녹읍 안에 있는 농민들을 모아 군사를 키워 왕권을 위협할 수도 있으니까요. 따라서 신문왕은 귀족들이 백성을 사적으로 지배하고, 힘을 키우는 것을 방지하기 위해 녹읍을 폐지합니다. 대신 관료전을 지급하여 녹읍과 달리 지급된 토지에서 나오는 세금만을 가져갈 수 있게 했습니다.

는 집사부 시중의 권한을 강화합니다. 이처럼 전제왕권이 강화하는 과정에서 진골 귀족들은 신문왕의 눈치만 보며 속으로 불만을 삭일 수밖에 없었습니다.

　하지만 신문왕 이후 3명의 왕을 지나 경덕왕 때가 되면 새로운 귀족 세력의 부상과 함께 전제왕권이 조금씩 흔들리기 시작합니다. 이에 경덕왕은 집사부 시중을 파트너로 하여 다시 한번 왕권을 강화하기 위한 국정개혁을 실시합니다. 관리들이 제 역할을 잘하고 있는지 감시할 수 있는 직책을 마련하고, 중국 당나라의 제도를 본떠 지방의 행정구역 및 명칭을 변경합니다. 관청의 명칭도 변경하고요.

　이러한 경덕왕의 개혁을 곱지 않은 시선으로 보는 자들이 있었으니, 바로 진골 귀족들이었습니다. 이 개혁의 목표가 무엇인지 그들도 잘 알고 있었거든요. 신문왕의 왕권 강화 정책 시행 당시 진골 귀족들이 큰소리를 내지 못했던 것과 달리 경덕왕 때의 진골 귀족들은 대놓고 불만의 목소리를 높였습니다. 경덕왕 재위 15년의 일입니다. 상대등 김사인은 해마다 천재지변이 자주 일어난 사실을 예로 들면서 왕이 정치를 잘못해서 하늘이 노한 거라며 신랄한 비판을 가했는데요. 경덕왕이 이를 가상히 여겨 받아들였다는 기록이 《삼국사기》에 남아 있습니다. 심지어 경덕왕 16년에는 진골 귀족들의 힘을 약화하기 위해 신문왕 때 폐지되었던 녹읍이 부활하기도 합니다. 신문왕 때와 정치적 분위기가 매우 다르지요? 이런 상황인 만큼 《삼국유사》에 실린 〈도솔가〉 이야기는 진짜 하늘에 두 개의 해가 떴다는 기록이 아니라 경덕왕의 개혁 정책에 반발하며 왕권을 위협하는 세력이 등장하여 위태로운 상황이 되었음을 표현한 것인지도 모릅니다. 같은 시기 《삼국사기》에 실린 시중 염상의 이야기와 비교해보면 이런 추측이 더욱 확실해지는데요. 염상이 2년 만에 시중 직책에서 물러났다는 기록은 왕의 파트너로서 개혁을 추진해가던 그가 개혁 반대 세력에 밀려 관직에서 물러났다는 것을 보여줍니다. 경덕왕이 총애하던 이순이 갑자기 관직에서 물러나 산속으로 들어가 절을 짓고 왕을 위해 기도하며 살았다는 사실에서도 그가 당시 개혁 반대 세력의 반발에 밀려 속세를 떠난 것은 아닌가, 추측하게 하고요. 이외에도 경덕왕을 따르던 여러 신하가 진골 귀족들의 압박에 밀려 관직에서 물러날 수밖에 없었습니다.

경덕왕의 심정은 어땠을까요? 선왕들이 이루어 놓은 전제왕권을 부활시키고자 했으나 진골 귀족들의 거센 반발로 인해 커다란 벽 앞에 선 것 같은 막막한 심정이었을 겁니다.

경덕왕 24년 어느 날, 왕은 승려 충담사에게 백성을 다스려 편안하게 할 노래를 지어달라고 요청합니다. 이때 충담사가 지어 바친 노래가 〈안민가安民歌〉입니다.

임금은 아버지며,
신하는 사랑하실 어머니며,
백성은 어린아이라고 한다면,
백성이 사랑받음을 알 것입니다.
구물거리며 살아가는 백성들
이들을 먹여 다스리어,
이 땅을 버리고 어디로 갈 것인가 한다면
나라 안이 유지될 것을 알 것입니다.
아아, 임금답게 신하답게 백성답게 한다면
나라 안이 태평할 것입니다.

경덕왕이 꿈꾸던 모습이 담긴 탓일까요? 왕은 이 노래를 받고 기뻐하며 충담사를 칭찬하였습니다. 하지만 이 노래를 받고 몇 달 뒤 그렇게 염원하던 개혁을 완성하지 못하고 경덕왕은 세상을 떠납니다.

경덕왕의 뒤를 이어 그의 아들 혜공왕이 8살의 어린 나이에 왕위에 오르면서 신라의 왕권은 더욱 흔들리게 됩니다. 아버지인 경덕왕의 뒤를 이어 전제왕권을 회복하고자 노력했던 혜공왕에 반발하여 진골 귀족들이 몇 차례의 반란을 일으켰습니다. 진골 귀족을 대표하는 상대등 자리에 혜공왕 반대 세력인 김양상이 임명되었다는 사실은 정치 권력이 왕에게서 진골 귀족 쪽으로 이동해갔다는 것을 뜻합니다. 이에 대해 경덕왕 때 시중 직책에 있었던 염상은 전제왕권에 반대하는 김양상을 견제하며 반란을 일으켰으나 곧 진압되고 말았습니다. 이후 김양상 일파를 제거하기 위한 반란이 다시 한번 일어나지만 김양상은 이 반란을 진압하였고, 반란 와중에 혜공왕과 왕비는 목숨을 잃습니다. 그 후 김양상은 혜공왕의 뒤를 이어 신라의 37대 왕(선덕왕)으로 즉위하지요. 혜공왕이 피살된 이후 신라는 돌이킬 수 없는 혼란에 빠져듭니다. 김양상이 왕위에 즉위하는 것을 지켜보았던 진골 귀족들이 자신도 왕이 될 수 있다는 야망을 품고 왕위 쟁탈전을 벌였기 때문입니다.

삼국통일을 이룩한 후 당당하고 자신감 넘치던 신라는 이제 활력을 잃고 조금씩 무너지고 있었습니다. 중앙의 진골 귀족들이 오로지 권력을 위해 싸우고 있는 동안 국가의 보살핌을 제대로 받지 못했던 백성들은 탐관오리와 도적 떼 앞에서 굶주리고 헐벗은 채 살 수밖에 없었습니다. 자신들이 편안히 살 수 있는 새로운 세상이 오길 바라면서요.

커튼콜

전제왕권이 조금씩 흔들리기 시작하던 경덕왕 시기는 단편적으로 보면 신라가 암흑기로 접어드는 길목이라고 볼 수도 있지만, 한편으로는 불교 문화가 찬란하게 꽃피었던 시기이기도 합니다. 우리가 경주에 가면 꼭 보고 오는 불국사, 석굴암, 성덕대왕신종 등은 경덕왕 시기에 만들어지기 시작하거나, 새롭게 지어진 것입니다. 경덕왕 때 이러한 불교 문화유산이 많이 만들어진 이유를 알아볼까요?

일곱 번째 무대

〈추야우중秋夜雨中〉

_ 신라 최고의 천재가 좌절한 이유

이 무대는 중학교 역사 교과서 II. 남북국 시대의 전개〉2. 남북국의 발전과 변화, 고등학교 한국사 교과서 I. 전근대 한국사의 이해〉1. 고대 국가의 지배 체제 부분을 함께 보면 좋아요!

868년 어느 날, 신라에서 당으로 출발하는 배를 타기 위해 많은 사람이 부둣가에 몰려와 있었습니다. 커다란 봇짐을 지고 배를 타기 위해 줄을 서 있는 사람, 배를 놓치지 않으려고 저 멀리서 뛰어오는 사람, 당으로 떠나는 가족을 배웅하며 손을 흔드는 사람들이 마구 뒤섞여 부둣가는 시끌벅적한 장날처럼 보였는데요. 그곳에 아들을 떠나보내는 한 아버지가 있었습니다. "열심히 공부해서 10년 안에 과거에 합격하지 못하면 너는 내 아들이 아니다. 당에 가서 죽기 살기로 공부해야 한다. 알겠느냐?" 결의에 찬 눈빛의 아버지를 바라보며 아들은 고개를 끄덕입니다. 아버지의 매서운 당부를 뒤로 하고 배에 오른 소년은 이제 갓 열두 살을 넘긴 최치원이었습니다.

최치원은 네 살 때 글을 읽기 시작해서 열 살 때부터는 어른도 읽기 쉽지 않다는 유교 경전을 읽을 정도로 총명하여 주변으로부터 천재라고 불렸습니다. 하지만 최치원의 아버지는 그런 아들을 보며 마냥 기뻐할 수만은 없었습니다. 최치원의 집안은 6두품이었기 때문입니다. 최치원이 6두품 집안 출신이라는 것은 그가 아무리 똑똑하고 총명하다 하더라도, 신라의 신분제도인 골품제도♩ 아래에서 총 17개 등급으로 이루어진 관직 중 6등급까지만 올라갈 수 있다는 것을 뜻합니다. 살아생전 누릴 수 있는 최고의 출세란 것이 관직에 올라 높은 등급의 직책까지 올라가는 길밖에 없었던 당시 사회에서 최치원의 아버지는 총명한 아들이 신분제도의 굴레 안에서 한계를 맛보며 자신과 같은 삶을 살아가게 하고 싶지 않았습니다. 그래서 선택한 길이 바로 아들을 당으로 유학 보내는 것이었습니다.

♩

신라는 건국 이후 영토를 확장해 나가는 과정에서 주변의 부족이나 소국을 정복하였는데, 신라에 항복한 부족장이나 소국의 지배층을 신라의 귀족으로 받아들였습니다. 이때 부족장 등의 세력 크기에 따라 서열을 매겨 귀족으로 받아들였는데 이것이 발전하여 신라의 골품제도가 만들어졌습니다. 골품제도에서 최고의 신분은 왕족인 성골과 진골이고, 그 아래로 6두품부터 1두품까지 총 8개의 신분이 존재했습니다. 대체로 1두품부터 3두품까지는 평민이었고, 4두품부터 6두품까지는 관직에 나갈 수 있는 신분이었습니다. 하지만 골품제도 아래에서 6두품, 5두품, 4두품은 각기 올라갈 수 있는 관직의 상한선이 정해져 있었습니다. 골품제도는 관직뿐 아니라 사람들의 일상생활에도 적용되었습니다. 골품에 따라 옷 색깔이나 허리띠·신발의 재질, 수레 장식, 그릇의 종류나 수, 집의 크기 등이 정해졌고, 결혼도 같은 신분끼리만 하도록 허용되었습니다.

당시 골품제도라는 한계 속에서 자신의 능력을 발휘하기 어려웠던 수많은 신라의 6두품 출신 사람들이 택한 길 중 하나가 바로 당나라 유학이었습니다. 당나라의 수도 장안은 주변의 각 나라에서 온 사신, 유학생, 승려, 상인들로 가득한 국제도시였습니다.♩ 정치, 상업, 문화의 중심지로서 그야말로 당시의 핫플레이스였죠. 장안은 국제도시였던 만큼 외국인에 대한 차별도 적었습니다. 당은 또한 외국인에게도 관직 진출을 허용해 빈공과賓貢科라는 특별 과거 시험을 열었는데, 빈공과에 합격하면 당의 관직에 오를 수 있었습니다. 당에서의 관직 경험은 고국에 돌아왔을 때 높은 관직으로 올라갈 수 있는 좋은 경력이 되어주었고요. 지금으로 치면 외국에 유학 가서 스펙을 쌓고 오는 것과 같았습니다. 최치원의 아버지는 아들이 당에 가서 더 넓은 세상을 경험하고, 빈공과에 합격해 신분의 한계를 뛰어넘기를 바랐던 것입니다.

열두 살의 어린 최치원이 부모님의 품을 떠나 당에서 생활하는 것은 쉽지 않았습니다. 지금이야 해외에 나가도 휴대폰, 이메일 등을 통해 가족, 친구들과 자주 연락하며 소식을 전할 수 있지만 당

―――♩

우리가 흔히 쓰는 '장안의 화제'라는 말의 '장안'은 당의 수도 장안을 가리키는 것입니다. 당시 장안의 인구는 100만 명이 넘었다고 해요. 또 각 나라에서 온 다양한 사람들이 모여 있는 곳이었기에 장안에서 화제가 되었다는 것은 그만큼 많은 사람의 입에 오르내리는 유명한 이야기라는 뜻이었습니다.

시는 그런 시대가 아니었잖아요. 최치원은 힘들 때마다 아버지의 눈빛을 떠올렸습니다. 당으로 떠나오던 날 자신의 손을 꼭 잡고 당부하던 아버지를요. 그는 늦은 밤까지 공부하다가 졸음이 몰려올라치면 상투 끝에 줄을 달아 천장에 매어놓았고, 잠을 쫓기 위해 가시로 살을 찌르기도 했습니다. 남이 백 번 책을 보면 나는 천 번 본다는 마음가짐으로 공부했어요. 최치원의 피나는 노력은 드디어 결실을 맺어 당에서 유학을 시작한 지 6년 만인 874년 그의 나이 열여덟 살에 빈공과에 합격하게 됩니다. 그것도 일반 합격이 아닌 장원급제, 즉 수석 합격을 하지요.

　빈공과 합격한 후 최치원은 당에서 관리 생활을 시작합니다. 어린 나이에 빈공과에 장원급제하여 사람들을 놀라게 했지만 당에서의 관직 생활이 늘 꽃길이었던 것은 아닙니다. 어린 나이에 그것도 외국인으로 당의 관직에 오른 최치원을 견제하는 사람들이 꽤 있었거든요. 처음 오른 관직에서는 채 1년이 되지 않아 물러났고, 그 후 경제적으로 곤란을 겪기도 했습니다. 하지만 최치원의 능력을 높이 평가한 고변이라는 사람이 최치원에게 많은 도움을 주었고, 당에서 '황소의 난'이 일어나자 이를 토벌하는 임무를 맡게 된 고변은 최치원을 자신의 일을 도울 부하로 발탁합니다.

　고변의 부하로 일하며 그를 대신하여 최치원이 쓴 〈토황소격문討黃巢檄文〉은 최치원을 일약 스타로 만들었습니다. 〈토황소격문〉은 황소가 왜 죄인인지 꾸짖으며 황소에게 잘못된 행동을 그만둘 것을 전하는 글이었습니다. 글 속에는 '천하의 사람들이 모두 드러내놓고 너를 죽이려고 할 뿐만 아니라 땅속의 귀신들도 너를 죽이려고 이미 의논했을 것이다'라며 겁을 주기도 하고, '회오리바람은 하루아침을 가지 못하고, 소나기는 온종일 내리지 않는다'라며 반란이 성공할 수 없다는 것을 깨우쳐주며, '나는 한 장의 글을 남겨서 너의 거꾸로 매달린 위급함을 풀어주려는 것이니, 더는 미련한 행동을 하지 말고 잘못을 고치도록 하라'고 회유하는 내용이 담겨 있었습니다.

고변은 최치원이 쓴 〈토황소격문〉을 황소가 장악한 모든 지역에 뿌렸습니다. 이 글을 읽고 놀란 황소가 침상 아래로 굴러떨어졌다는 이야기가 전해질 만큼 이 글은 명문장이었습니다. 당 사람들이 "황소를 격퇴한 것은 칼이 아니라 최치원의 글이다"라고 했을 정도죠. 최치원은 이 일을 계기로 글솜씨와 그 능력을 당 황제에게 인정받게 됩니다. 당에 머물러 있는 동안 그는 당의 유명한 문인들과 사귀게 되었고 글솜씨 또한 나날이 발전합니다.

중국 양저우에 있는 최치원 기념관. 한국과 중국의 문화에 공헌한 그를 기리기 위해 2007년 건립되었습니다. (출처: 중국 위키백과(CC BY-SA 4.0))

그렇게 당에서 명성을 떨친 최치원은 신라를 떠난 지 17년 만인 885년에 다시 고국으로 돌아옵니다. 당 황제에게까지 능력을 인정받았으니, 앞으로 고국 신라를 위해 일하리라는 부푼 꿈을 안고 돌아온 것이죠. 귀국 당시 최치원의 나이는 29세. 신라의 헌강왕은 당에서 유학하고 돌아온 최치원에게 외교 문서 작성하는 일을 맡겼습니다. 헌강왕은 최치원을 비롯해 당에서 유학하고 돌아온 인재들을 등용해 진골 귀족들의 왕위 쟁탈전으로 무너져만 가는 신라를 바로잡고자 했습니다. 하지만 이듬해 여름 헌강왕은 세상을 떠났고, 최치원은 곧 지방의 관리로 임명되어 수도 경주를 떠나야 했습니다. 당시 분위기로 보아 최치원이 왕권을 강화하고자 했던 헌강왕의 측근으로 일했기 때문에 진골 귀족들이 그를 곱게 보지 않았던 것 같습니다.

　혼란에 빠진 정치 상황 속에 중앙 정부가 제구실을 못 하는 사이, 신라의 각 지방에서는 호족豪族들이 등장하여 신라의 중앙 정부에 반기를 들며 독립적인 세력으로 성장하여 백성들을 지배하기 시작합니다. 이로 인해 각 지방에서 걷힌 세금이 수도 경주로 전달되지 않았는데요. 이에 중앙의 귀족들이 지방으로 사람을 보내 세금을 독촉하자 백성들의 괴로움은 더욱더 커졌습니다. 그 와중에 진골 귀족들의 사치와 향락은 날이 갈수록 심해졌는데요. 결국 정부에 대한 불만과 가난을 견디다 못한 농민들은 전국적으로 봉기를 일으킵니다. 그중 대표적인 봉기가 바로 889년에 일어난 원종과 애노의 난이었습니다.

　이렇게 혼란에 빠진 신라를 보며 고뇌하던 최치원은 894년 진성여왕에게 10개 항목의 개혁안을 올렸습니다. 최치원이 올린 개혁안의 내용은 현재 전해지지 않기 때문에 구체적인 내용을 알 수는 없습니다. 하지만 신라에 돌아와 10여 년간 중앙과 지방의 관직을 담당하며 그가 직접 목격한 진골 귀족의 사치와 부패, 지방 농민들의 비참한 생활 모습을 바탕으로 현실적인 개혁안을 작성했을 것으로 추측합니다. 진성여왕은 이를 받아들여 6두품이었던 최치원이 올라갈 수 있는 최고 등급의 관직을 주고, 그가 제안한 개혁을 실시하고자 하였습니다. 하지만 당시 중앙의 진골 귀족들에게 최치원의 개혁안이 받아들여질 리 없었죠. 개혁안의 내용은 진골 귀족들이 그동안 누리고 있던 이익들을 제한하는 것이었을 테니까요. 결국 진성여왕은 즉위 11년 만에 정치적 혼란에 대한 책임을 지고 왕위에서 물러났고, 그 뒤를 이어 효공왕이 왕위에 올랐지만 신라는 점점 더 멸망의 길로 접어들고 있었습니다.

골품제도의 한계를 벗어나 꿈을 펼치기 위해 당으로 유학을 떠났던 최치원은 희망을 품고 다시 신라로 돌아왔지만, 이제는 신분적인 한계뿐 아니라 정치적 혼란 상황으로 인해 자신의 능력을 제대로 펼칠 수 없었습니다. 그런 답답한 심정을 담아 최치원이 지은 시가 바로 〈추야우중〉입니다.

가을바람에 이렇게 힘들여 읊고 있건만 (秋風唯苦吟)
세상 어디에도 알아주는 이 없네 (世路少知音)
한밤중 창밖에는 비가 내리는데 (窓外三更雨)
등불 앞에 있는 마음은 만 리 밖으로 달리네 (燈前萬里心)

어느 깊은 가을밤, 창밖에 내리는 빗소리를 들으며 쓸쓸한 마음을 달래기 위해 시를 읊고 있습니다. 하지만 그는 온전히 시에 집중하지 못합니다. 방 안에 켜진 작은 등불을 바라보고 있노라니 세상은 내 마음 같지 않고, 나의 능력과 이상을 알아주는 사람이 없어 답답할 뿐이었죠. 점점 세상을 향한 열정은 사그라져가고, 이제는 모든 것을 내려놓고 싶은 좌절감이 밀려옵니다. 최치원은 결국 답답한 현실을 떠나 산속으로 들어갔고, 죽을 때까지 세상 밖으로 나오지 않았습니다.

신라에서 6두품이라는 출신의 한계로 인해 자신의 능력을 마음껏 펼치지 못했던 사람은 최치원뿐만 아니었습니다. 최치원과 함께 '신라 말 3최'라고 불렸던 최승우와 최언위도 당으로 유학을 떠났다가 신라로 돌아온 인재들이었습니다. 하지만 그들 역시 신라에 돌아와 신분의 한계와 정치적 혼란 속에 실망감을 느꼈죠. 그래도 끝까지 신라에 남았던 최치원과 달리 최승우와 최언위는 다른 선택을 했습니다. 신라 각지에서 힘을 키우던 호족 중 한 사람이었던 견훤이 후백제를 건국하자 최승우는 후백제로 건너갔고, 그곳에서 견훤의 부하가 되는 길을 택했습니다. 한편 신라에 반기를 든 궁예가 후고구려를 건국했고, 궁예의 몰아내고 왕위에 오른 왕건이 고려를 건국하자, 최언위는 고려로 건너가 그곳에서 관직에 올랐습니다. 최언위가 고려로 건너간 것은 신라의 마지막 왕 경순왕이 고려의 왕건에게 투항한 다음이었습니다.

신분제의 한계와 정치적 혼란 속에 신라에 반기를 들고 새로운 세상을 꿈꾸었던 사람들은 최승우와 최언위뿐만 아니었습니다. 능력은 있으나 신분의 한계로 인해 신라에 등을 돌린 인재들이 많았지요. 신라는 내부의 모순과 혼란을 해결하지 못한 채 결국 역사 속으로 사라지고 맙니다.

#커튼콜

철저한 신분제 사회로 운영되었던 신라의 모습을 통해 우리는 어떤 것을 배울 수 있을까요? 여러분은 자신의 능력을 그 어떤 제약도 받지 않고 마음껏 펼칠 수 있는 곳에서 살고 있나요?

여덟 번째 무대

〈정읍사#邑詞〉

_ 그대를 기다리다가 나는 돌이 되었어요

이 무대는 중학교 역사 교과서 III. 고려의 성립과 변천〉4. 고려의 생활과 문화, V. 조선 사회의 변동〉4. 생활과 문화의 새로운 양상, 고등학교 한국사 교과서 I. 전근대 한국사의 이해〉4. 고려의 사회와 사상, 6. 양반 신분제 사회와 상품 화폐 경제 부분을 함께 보면 좋아요!

달님, 높이 높이 돋아서

멀리 멀리 비추어 주소서

어긔야 어강도리

아으 다롱디리

시장에 가 계신가요

위험한 곳을 디딜까 두렵습니다

어긔야 어강도리

아으 다롱디리

어느 것이나 다 놓아두고 오세요

내 님이 가는 길 저물까 두렵습니다

어긔야 어강도리

아으 다롱디리

옛날 정읍에 한 여인이 살고 있었습니다. 그 여인의 남편은 이곳저곳을 돌아다니며 장사를 하는 행상이었습니다. 어느 날 돈을 벌러 집을 떠난 남편은 약속한 날이 되어도 돌아오지 않았습니다. 이제나 돌아올까 저제나 돌아올까, 남편을 기다리던 여인은 마을 언덕에 올라 달을 보며 기원했습니다. 달이 더 높이 떠서 남편이 돌아오는 길을 환히 비춰달라고 말이죠. 그 무엇도 바라지 않으니 남편이 무사히 돌아오기만을 바라는 이 노래 속에는 남편을 향한 여인의 간절한 소망이 담겨 있습니다. 이 노래와 관련된 설화에서 여인은 남편을 기다리다가 결국 세상을 떠났고, 그 자리에서 돌이 되었다고 합니다. 이를 망부석望夫石이라고 하죠. 현재 전해지는 유일한 백제의 노래인 〈정읍사〉와 망부석 설화를 살펴보면 백제의 이 여인은 돌아오지 않는 남편을 기다리는 것밖에 아무것도 할 수 없었던 매우 수동적인 모습으로 그려져 있습니다. 그렇다면 고대의 여성들은 실제로도 수동적인 삶을 살았을까요?

　과거 여성들은 정치적인 측면에서는 분명히 배제되어 있었습니다. 삼국 시대에 중국으로부터 전래된 유교의 영향으로 고구려,

백제, 신라 모두 남성 중심의 가부장적인 사회 질서가 만들어졌고, 이로 인해 여성의 사회적 역할은 제한되었습니다. 하지만 모든 여성이 똑같은 삶을 살았던 것은 아닙니다.

　먼저 고구려 여인들의 이야기를 살펴볼까요? 고구려 고국천왕의 왕비 우씨는 고국천왕이 후사없이 세상을 떠나자 이를 비밀로 하고, 고국천왕의 동생 발기에게 몰래 찾아갔습니다. "왕이 아들이 없으니 발기가 왕위를 이어야 합니다." 하지만 발기는 아직 왕이 죽은 것을 알지 못하였기에 우씨에게 화를 내며 이야기했습니다. "왕이 아직 살아계시거늘, 어찌 왕위를 잇는 이야기를 하느냐. 또한 여자의 몸으로 늦은 밤에 나를 찾아오는 것은 예의가 아니다." 이 말을 들은 우씨는 부끄러워하며 고국천왕의 또 다른 동생 연우를 찾아갔습니다. 연우는 발기와는 다르게 예의를 갖춰 우씨를 대접하였습니다. 우씨는 연우에게 왕이 돌아가신 사실과 발기가 자신에게 했던 무례한 행동들을 알렸죠. 둘은 그날 밤을 함께 보냈고, 다음날 우씨는 돌아가신 고국천왕의 명이라고 거짓말을 하여 신하들을 속이고 연우를 왕으로 삼았습니다. 그가 바로 산상왕입니다. 이렇게 고구려에서는 왕비가 새로운 왕을 결정하고, 즉위시킨 사례가 있었습니다. 또 평강왕은 어린 공주가 너무 자주 울자 "너는 울보라서 나중에 자라 사대부의 아내가 될 수 없고, 바보 온달의 아내가 되어야겠다"라며 자주 놀렸습니다. 이후 공주가 열여섯 살이 되자 왕은 고씨에게 공주를 시집보내고자 하였지만 공주는 이를 거부하였습니다. "왕께서 항상 저에게 온달의 아내가 되라고 하셨는데 어찌 이제 와 말씀을 바꾸십니까. 저는 왕의 명을 받아들일 수 없습니다." 화가 난 왕은 "나를 따르지 않는다면 내 딸이 될 수 없다. 집을 나가 네 갈 길을 가거라" 하고 공주를 쫓아내죠. 이에 공주는 보석 팔찌 수십 개를 가지고 궁궐을 나가 혼자 길을 떠났고, 결국 온달의 집을 찾아가 그와 결혼하였습니다. 공주는 지혜롭게 온달을 이끌었고, 이후 온달은 고구려가 중국 세력으로부터 공격을 받았을 때 가장 앞장서 전투를 승리로 이끄는 데 크게 기여했습니다. 이에 평강왕은 온달을 가상히 여겨 "이야말로 내 사위다"라고 하며 벼슬을 내리고 총애하였죠. 공주의 당찬 모습이 인상적인 이야기입니다.

신라에서는 우리나라 역사상 유일무이하게 여왕이 즉위한 사례가 있었죠. 바로 선덕, 진덕, 진성여왕입니다. 신라는 골품제도 아래에서 성골만 왕위에 오를 수 있었고, 아들에게 왕위를 물려주는 부자세습의 전통이 있었습니다. 진평왕 역시 아들에게 왕위를 물려주고자 하였으나 끝내 아들을 얻지 못하였습니다. 성골로만 왕위를 이어야 한다는 분위기 속에서 진평왕은 결국 첫째 딸이었던 덕만에게 왕위를 물려주었으니 그가 바로 선덕여왕입니다. 여성으로서 왕위에 오른 선덕여왕의 길은 평탄하지 않았습니다. 진골 귀족들 중에는 여왕의 즉위 자체를 탐탁지 않게 여기는 사람들도 있었거든요. 그래서 선덕여왕은 즉위 기간 내내 자신을 반대하는 세력을 회유하기 위해 애써야 했습니다. 당 태종도 선덕여왕을 무시하는 발언을 했습니다. 백제 의자왕의 공격으로 신라가 위기에 빠졌을 때 선덕여왕은 당의 군사 지원을 요청하려고 사신을 보냈는데요. 당 태종은 "너희 나라에 여왕이 있기 때문에 이웃 나라가 깔보는 것이다. 내가 사람을 보내 너희 나라 국왕으로 삼고, 군대를 파견하겠다"라고 답했습니다. 물론 당 태종의 발언이 그대로 실현되지는 않았지만 선덕여왕으로서는 매우 불쾌한 발언이 아닐 수 없었지요.

하지만《삼국사기》와《삼국유사》에서는 공통적으로 선덕여왕이 미리 알았던 세 가지 일知機三事을 기록하여 지혜로운 왕으로 평가하고 있습니다. 첫째는 당 태종이 모란 그림과 그 씨앗을 보내주었을 때 선덕여왕은 그림만 보고도 그 꽃에 향기가 나지 않을 것이라고 예견하였고, 실제로 모란 씨앗을 심어 꽃이 피었을 때 향기가 나지 않았다고 한 것, 둘째는 겨울인데도 옥문지玉門池에 개구리가 모여 운다는 사실을 듣고 군사를 보내 여근곡女根谷 골짜기에 숨어 있는 백제 병사들을 물리쳤던 것, 마지막으로 여왕이 자신의 죽을 날을 예언하며 도리천忉利天 가운데 묻어달라고 했던 이야기입니다. 또한 선덕여왕 재위 시기 현재 동아시아에 전해지는 천문대 중 가장 오래된 것으로 알려진 첨성대가 세워졌죠. 이후 진덕여왕과 진성여왕이 즉위할 수 있었던 것도 선덕여왕의 사례 덕분입니다.

백제에는 왕의 위협 속에서도 지혜를 발휘해 위험에서 벗어난 여인의 이야기가 있습니다. 백제에는 도미라는 평범한 백성이 아름다운 아내와 함께 살고 있었습니다. 개루왕은 도미의 아내가 아름답다는 소문을 듣고 도미를 불러 그의 아내를 자신의 여자로 삼겠다고 합니다. 이에 도미는 자신의 아내가 절대 왕의 꼬임에 넘어가지 않을 것이라고 장담했는데요. 개루왕은 직접 시험해보고자 신하에게 왕의 복장을 하게 하고 밤늦게 도미의 집으로 가서 그 아내를 꾀어내라고 합니다. 하지만 도미의 아내는 여자 종을 자신인 것처럼 단장하여 가짜 왕이 있는 방에 들여보냈어요. 이 사실을 알고 화가 난 개루왕은 도미에게 모든 죄를 씌워 그의 두 눈을 뽑아내고, 작은 배에 그를 실어 강에 띄워 보내버렸습니다. 그러고는 또다시 도미의 아내를 불러내어 그녀를 안으려고 했습니다. 하지만 이번에도 도미의 아내는 꾀를 내어 "이제 남편을 잃고 혼자의 몸이 되어 왕을 모시게 되었으니 어찌 왕의 명을 어기겠습니까. 하지만 지금은 몸이 좋지 않아 왕을 모실 수 없으니, 다른 날 왕을 모시겠습니다"라고 대답했습니다. 왕은 그녀를 믿고 놓아주었습니다. 도미의 아내는 그 길로 바로 도망쳐 강가에 이르렀고, 강에 떠 있는 배 한 척을 타고 물길을 따라 흘러가던 중 남편을 만나 함께 고구려로 건너가 살았다고 합니다. 이 이야기는 도미 부인의 정절을 강조한 이야기로 볼 수도 있지만, 한편으로는 왕의 권력에 굴하지 않았던 당찬 여인의 이야기로도 볼 수 있습니다.

지금까지의 이야기들을 통해 고대의 여인들이 〈정읍사〉에 그려진 것처럼 매우 수동적이고, 순종적인 삶을 살았던 것만은 아니었음을 알 수 있습니다. 이후 고려의 여성들도 정치적인 측면에서는 소외되었지만, 가정 안에서는 남성과 비교적 수평적인 위치에 있었습니다. 배우자가 사망하면 재혼하는 것을 당연하게 생각하였고, 사위가 처가로 장가드는 것이 일반적이었습니다. 부부가 각기 재산을 소유하다가 아들과 딸에게 똑같이 나눠주었고, 호적에는 성별이 아니라 태어난 순서대로 기록되었죠. 이러한 분위기는 조선 전기까지 지속됩니다.

하지만 조선 후기 남성과 여성의 역할을 철저히 구분하는 성리학적인 질서가 사람들의 일상생활까지 깊숙이 파고들면서 여성들은 매우 순종적인 삶을 살아야 했습니다. 성리학적 질서란 임금과 신하, 아버지와 아들, 남편과 아내, 주인과 노비, 양반과 상민 간의 수직적인 관계를 매우 중요하게 여기는 것입니다. 특히 가정 안에서 여성들은 재산 상속이나 족보 기록에서 제외되는 등의 차별을 받았습니다. 여성이 남성의 집으로 시집을 가는 문화가 보편적이었고, 결혼 이후의 여성은 출가외인으로 여겨졌죠. 남편을 잃

이와 관련하여 조선에서는 삼강오륜三綱五倫을 실천하도록 강조하였습니다. 여기서 삼강三綱이란 군위신강君爲臣綱(임금과 신하 사이에 마땅히 지켜야 할 도리), 부위자강父爲子綱(부모와 자식 간에 마땅히 지켜야 할 도리), 부위부강夫爲婦綱(남편과 아내 사이에 마땅히 지켜야 할 도리)을 말합니다. 오륜五倫이란 부자유친父子有親(부모와 자식 간의 도리는 친밀한 애정에 있음), 군신유의君臣有義(임금과 신하의 도리는 의리에 있음), 부부유별夫婦有別(부부 사이에는 구별이 있어야 함), 장유유서長幼有序(어른과 어린이 사이에는 차례와 질서가 있어야 함), 붕우유신朋友有信(친구 간의 도리는 믿음에 있음)을 말합니다.

어도 재혼할 수 없었습니다. 여성의 정절을 중요시했기 때문에 재혼한 여성의 아들은 과거 시험에 응시하지도 못했어요.

하지만 그런 조선 시대에도 시대적 제약을 깨고 적극적인 활동을 했던 여인이 있었습니다. 제주도의 특산물과 육지 상품의 매매를 통해 막대한 부를 축적하고, 자신의 재산을 내어 흉년에 굶주리던 제주 도민을 구제한 김만덕이 좋은 예입니다. 물론 김만덕과 같은 사례는 양반 집안의 여인이 아닌 하층민에게 국한된 것이긴 합니다. 이렇게 역사 속의 여인들은 시대적인 분위기에 따라 지위가 결정되곤 했지만, 그럼에도 주체적인 삶을 살아갔던 여인들이 있었음을 기억해야겠어요.

#커튼콜

역사는 사람들이 자유와 평등을 쟁취해가는 과정이라고 합니다. 동서양을 막론하고 과거의 여성들은 남성들에 비해 사회적으로 낮은 위치에 있었습니다. 하지만 끊임없는 노력을 통해 여성의 사회적 지위를 상승시켰습니다. 구체적으로 어떤 활동들이 있었는지 알아볼까요?

〈서동요薯童謠〉

_ 백제 남자와 신라 여성의 결혼, 가능한가요?

이 무대는 중학교 역사 교과서 I. 선사 문화와 고대 국가의 형성 〉 3. 삼국의 성립과 발전,
고등학교 한국사 교과서 I. 전근대 한국사의 이해 〉 1. 고대 국가의 지배 체제 부분을 함
께 보면 좋아요!

현실에서 이루어지기 어려운 일이 실제로 일어났을 때 사람들은
깜짝 놀라며 환호합니다. 그게 사랑 이야기라면 더더욱 그렇죠. 특
히 사회적 지위나 재력 등의 차이를 극복하고 이루어진 사랑 이야
기는 많은 사람의 호기심을 자아냅니다. 드라마나 영화 속에 자주
등장하는 소재가 되는 까닭이죠. 남녀 간의 아름다운 사랑 이야기
는 예나 지금이나 사람들에게 흥미를 주는 이야깃거리입니다.

《삼국유사》에는 백제 서동과 신라 선화 공주의 사랑 이야기가
실려 있습니다. 그 둘은 어떻게 부부가 되었는지 한번 살펴볼까요?

백제에 살고 있던 서동의 원래 이름은 '장'이었습니다. 어려서
부터 마를 캐서 시장에 내다 팔아 생계를 꾸리고 있었기 때문에 사

람들은 그를 마를 뜻하는 '서薯' 자에 아이 '동童' 자를 써서 '서동'이라 불렀죠. 어느 날 서동은 사람들로부터 신라 진평왕의 셋째 딸인 선화 공주가 무척이나 아름답다는 이야기를 들었습니다. 그날부터 서동은 선화 공주가 얼마나 예쁠까 상상하며 그녀가 자신의 아내가 되길 꿈꾸곤 했습니다. 그러던 어느 날, 서동은 머리를 깎고 옷을 단정하게 갖춰 입은 뒤 신라의 수도 경주로 갔습니다. 경주에 도착한 서동은 그곳 아이들에게 마를 나누어주며 조금씩 가까워집니다. 그러고는 자신이 만든 노래를 아이들에게 부르게 했습니다.

선화 공주님은 (善化公主主隱)
남몰래 사귀어 두고 (他 密只 嫁良 置古)
서동방을 (薯童房乙)
밤에 몰래 안고 간다 (夜矣 卯乙 抱遺 去如)

이 노래는 아이들의 입에서 시작되어 경주에 널리 퍼졌고, 사람들은 노래 가사를 둘러싸고 쑥덕대기 시작했죠. 한 나라의 공주가 밤에 몰래 남자를 만나 정을 통한다는 노래 가사는 충격 그 자체였거든요. 결국 이 노래는 진평왕의 귀에 들어갔고, 화가 난 왕은 선화 공주에게 귀양이라는 벌을 내립니다. 공주가 떠나던 날, 왕비는 딸의 손을 잡고 눈물을 흘리며 순금 한 말을 내어주었습니다. 궁궐을 나선 공주는 막막한 심정으로 귀양지로 떠났습니다. 귀양지에 도착할 무렵 어디선가 한 남자가 다가와 공주에게 정중하게 절을 하며 자신이 공주를 모시겠다고 합니다. 선화 공주는 정체 모를 남자의 등장에 조금 놀라긴 했지만 왜인지 그 남자에게 마음이 끌려 그를 따라갔습니다. 공주를 모시고 가는 길에 남자는 자신이 서동이고, 신라 사람들이 부르던 그 노래도 자신이 만든 것임을 고백했죠. 선화 공주는 조금 놀라긴 했지만, 왠지 믿음직한 서동의 모습에 이끌려 그를 따라 백제로 갔습니다.

서동의 집에 도착한 공주는 자신이 궁궐을 떠날 때 가지고 온 금을 서동에게 보여주며 말했습니다. "우리는 이 금으로 백 년을 누리며 편안하게 살 수 있습니다." 공주가 내보인 금을 보고 서동이 씩 웃으며 "내가 어릴 때부터 마를 캐던 곳에는 황금이 흙처럼 많이 쌓여 있소"라고 말했습니다. 공주는 깜짝 놀라 그 금을 신라에 있는 부모님에게 보내면 어떻냐고 제안합니다. 아마도 둘 사이를 인정받고 싶었겠지요. 서동은 공주의 의견에 따르기로 하고 황금을 가득 모았습니다. 그리고 승려인 지명법사知命法師의 도움을 받아 그의 신통한 힘으로 하룻밤 만에 황금과 함께 공주가 쓴 편지를 신라의 궁궐로 보냈습니다. 진평왕은 그 신비스러운 일을 보고 서동이 예사롭지 않은 사람이라고 생각하였고, 이후 항상 편지를 보내 서동의 안부를 물었습니다. 이후 서동은 백제의 왕이 되었으니 그가 바로 30대 무왕입니다.♪

신분의 차이를 뛰어넘어 사랑을 쟁취하기 위해 서동이 만들어

아이들에게 부르게 한 노래가 바로 〈서동요〉입니다. 노래 한 곡으로 선화 공주를 얻을 수 있었다니, 노래가 가지고 있는 힘은 예나 지금이나 상당한 것 같습니다.

《삼국유사》에는 무왕과 선화 공주가 미륵사彌勒寺를 세운 이야기도 실려 있습니다. 어느 날 무왕은 왕비가 된 선화 공주와 함께 용화산龍華山 아래 큰 연못에 이르렀습니다. 그 순간 연못 가운데서 미륵불과 보살이 나타났고, 이를 본 왕비는 미륵불을 향해 큰절을 올렸습니다. 왕비는 무왕에게 청하길 이곳에 큰 절을 짓고 싶다 하였고, 무왕을 이를 허락하였습니다. 또 한 번 지명법사의 신비스러운 힘을 빌려 하룻밤 사이에 산을 무너뜨려 연못을 메우고 그 위에 미륵사라는 절을 세웠습니다.

미륵사는 현재의 전라북도 익산에 있었습니다. 지금은 절터만 남아 있지요. 그 절터에 미륵사지석탑이 서 있습니다. 이 탑은 오랜 세월을 거치면서 많이 훼손되었습니다. 1915년에는 탑의 무너져내린 부분에 시멘트를 덧바르는 불상사가 벌어지기도 했는데요.
1999년 마침내 미륵사지석탑의 해체 보수 공사가 시작되었고, 약
20년의 세월을 거쳐 2019년 미륵사지석탑은 그 모습을 다시 드러
내었습니다.

보수 공사 전의 미륵사지석탑(2000년)

보수 공사 후 미륵사지석탑(2019년) 동북측면
(출처: 문화재청)

　　그런데 2009년 탑을 보수하기 위해 해체하는 과정에서 사람들
을 놀라게 한 사실이 드러납니다. 탑 안에서 부처님의 사리를 담은
사리함과 함께 석탑의 조성 내력이 적힌 금동판(사리봉안기)이 발견
되었거든요. 사리봉안기는 미륵사와 탑이 누구에 의해 어떻게 만들
어진 것인지를 알려주는 중요한 단서이자 유물이었습니다. 사람들
은 이에 환호하며 그곳에 쓰인 글을 해독하기 시작했습니다.

미륵사지석탑 해체 과정 중 탑 안에서 발견된 사리함과
사리봉안기 (출처: 문화재청)

이 금판 앞 뒷면에는 총 193자가 적혀 있었는데요, 그 내용 중에 백제 왕비가 절을 세우고 부처님의 사리를 맞아들였다는 내용이 들어 있었습니다. 그런데 이게 무슨 일인가요? 그 왕비가 선화 공주가 아닌 좌평(백제 최고의 관직) 사택적덕의 딸, 즉 백제 귀족의 딸이라고 기록되어 있었던 겁니다.

그렇다면 그동안 사람들이 알고 있던 무왕과 선화 공주 사이의 세기의 러브스토리, 선화 공주에 의해 미륵사가 지어졌다는 《삼국유사》의 기록은 거짓이 되는 걸까요? 학자들과 뉴스 보도를 통해 이 소식을 들은 사람들은 혼란에 빠졌습니다. 하지만 사람들의 입으로 전해지는 구전 설화이기도 했던 서동 이야기와 《삼국유사》 속 서동과 선화 공주 이야기를 단번에 거짓이라고 부정하기는 어렵습니다. 아무 근거 없는 이야기가 사람들 사이에 전해지고, 기록되기는 어렵거든요. 따라서 학자들은 무왕과 선화 공주 이야기에 대해서 여러 가지 해석을 내놓았습니다. 그중 하나의 해석을 소개하자면 아마도 무왕이 선화 공주와 결혼했지만 이후 다시 좌평 사택적덕의 딸을 왕비로 맞아들였을 것으로 보는 견해입니다. 그리고 미륵사를 짓는 기간이 길었으므로 처음 미륵사를 짓도록 청한 것은 선화 공주이지만 이후 미륵사지석탑이 완성될 무렵에는 무왕의 왕비가 사택적덕의 딸이었으므로 석탑 속 사리봉안기에 왕비를 사택적덕의 딸로 기록했을 것이라고 보는 거죠. 이렇듯 역사는 새로운 발견으로 기존에 알고 있던 역사적 사실이 보충되기도 하고, 달라지기도 하는 살아있는 학문이랍니다.

사실 백제 사람과 신라 사람 사이에 이루어진 결혼이 무왕과 선화 공주의 사례만 있는 것은 아닙니다. 신라의 김대문이 쓴 《화랑세기》에는 신라의 법흥왕과 보과 공주 이야기가 실려 있습니다. 법흥왕은 왕위에 오르기 전 국공國公의 지위에 있을 때 백제의 보과 공주와 사랑을 나눈 적이 있었습니다. 당시는 고구려 장수왕의 공격으로 백제가 위기에 빠졌고, 그런 백제를 신라가 지원하고 있었으므로 백제와 신라 사이가 매우 돈독한 시절이었지요. 백제와 신라 사이의 교류가 빈번했기에 법흥왕 역시 백제를 자유롭게 드나들었는데, 그때 보과 공주가 법흥왕의 마음을 사로잡았던 겁니다. 하지만 신라의 왕손이었던 법흥왕은 보과 공주를 남겨두고 다시 신라로 돌아갔고, 법흥왕을 잊지 못했던 보과 공주는 사람들의 눈을 피하려고 평민의 옷을 입고 궁궐을 몰래 빠져나와 법흥왕을 찾아 신라로 떠났습니다. 신라에 도착한 보과 공주는 법흥왕을 만났고, 법흥왕의 총애를 받으며 모랑과 남모 두 아이를 낳았다고 합니다. 시기상 보과 공주는 백제 동성왕의 딸로 짐작됩니다.

한편 백제 동성왕 역시 거세지는 고구려의 압박에 대응하여 신라에 혼인 동맹을 요청하였고, 신라 왕족 이찬 비지의 딸을 맞아들였죠. 법흥왕과 보과 공주, 동성왕의 혼인 동맹은 모두 5세기 고구려의 남진 정책이라는 시대적 상황과 맞물려 백제와 신라, 두 나라 간의 결속을 돈독히 하는 과정에서 나온 결과입니다. 그러나 백제와 신라 두 나라의 동맹은 6세기 신라의 진흥왕이 백제를 공격하여 영토를 빼앗고, 한강 하류를 차지하면서 산산조각이 나고 말았습니다. 이때 진흥왕으로부터 공격을 받은 백제 성왕은 분노를 삭이며 자신의 딸을 진흥왕에게 보내어 상황을 바꾸어보려고 노력했으나 결국 관산성 전투에서 전사하고 말았습니다.

성왕 이후 백제는 신라와 국가의 운명을 건 치열한 대결을 벌이게 됩니다. 그리고 그 시기 왕위에 올랐던 무왕이 신라의 선화 공주와 만나 결혼했던 것은 어쩌면 상황을 반전시키기 위한 하나의 전략이었는지도 모릅니다. 서동이 신라에 들어갈 때 머리를 깎고 들어갔다는 사실에서 당시 여러 지역을 자유롭게 오갈 수 있었던 승려로 변장하고 전략적으로 신라로 들어갔던 것은 아닌가, 추측해

볼 수 있습니다. 이렇게 보면 서동과 선화 공주의 이야기는 단순히 신분과 국경을 뛰어넘어 맺어진 사랑 이야기가 아니라 당시의 시대적인 상황을 담고 있는 이야기가 되겠지요?

#커튼콜

삼국 간의 영토 확장 전쟁이 치열했던 삼국시대, 고구려 백제 신라는 자국의 이익을 위해 서로 동맹을 맺기도, 때로는 과감하게 동맹을 깨버리기도 합니다. 삼국 시대의 외교 방식은 현재에도 유효할까요? 현재의 국가 간 외교 관계와 비교해볼까요?

2막

고려의 노래

〈정과정鄭瓜亭〉

_ 왕이시여, 언제 저를 다시 불러주시렵니까?

이 무대는 중학교 역사 교과서 III. 고려의 성립과 변천 〉 1. 고려의 건국과 정치 변화, 고
등학교 한국사 교과서 I. 전근대 한국사의 이해 〉 3. 고려의 통치 체제와 국제 질서의 변
동 부분을 함께 보면 좋아요!

내가 임을 그리며 울고 지내니

산 접동새와 내 처지가 비슷하구나

나에 대한 말은 진실이 아니며 거짓이라는 것을

지는 달과 새벽 별만이 아실 것이니

넋이라도 임과 함께하고 싶습니다

내게 죄가 있다 우기던 사람 그 누구입니까?

나는 잘못도 허물도 전혀 없습니다

나에 대한 뭇 사람들의 거짓말이여

슬프구나! 임이 나를 벌써 잊으셨는가

아, 임이여 내 말씀 다시 들으시고 사랑해주소서

이 노래는 고려의 문신文臣이었던 정서가 거문고를 타면서 지어 부른 노래입니다. 그가 지은 이 노래를 후대 사람들은 〈정과정곡鄭瓜亭曲〉이라고 불렀습니다. 정서의 호가 과정瓜亭이었기에 그의 성 '정'과 호 '과정'을 따서 붙인 이름이었죠. 그런데 이 노래 가사를 살펴보면 정서라는 사람에게는 매우 억울하고, 힘든 일이 있었던 것 같습니다. 대체 어떤 일이 있었기에 자신에게는 죄가 없음을, 그러니 임께서 다시 자신을 아껴주기를 간절하게 노래했던 걸까요?

노래 속에서 정서가 그토록 그리는 '임'은 고려의 18대 왕 의종입니다. '접동새'는 흔히 소쩍새라고도 불리는 새이고요. 주로 밤에 울기 때문에 옛사람들에게 한恨과 고독함, 외로움을 상징하는 새로 여겨졌습니다. 정서가 자신을 '접동새'와 처지가 비슷하다고 한 것으로 보아 당시 그의 심정이 매우 고독하고, 외로웠음을 알 수 있죠. 과연 의종과 정서 사이에 무슨 일이 있었기에 이런 노래가 나왔던 걸까요? 지금부터 그 사연을 들어봅시다.

사실 정서는 의종의 이모부였습니다. 의종은 고려 17대 왕 인종과 공예 왕후의 아들이었고, 정서는 공예 왕후 여동생의 남편이었거든요. 정서는 음서蔭敍로 관직에 올랐는데, 재주가 있어 인종의 총애를 받았다고 합니다. 한편 인종과 공예 왕후 사이에는 다섯 명의 아들이 있었습니다. 첫째 아들이 왕현(훗날 의종), 둘째 아들은 왕경이었죠. 그런데 왕현은 첫째 아들로서 태자가 되었지만, 그 행동이 올바르지 못하여 인종으로부터 왕위에 오르기에 적절하지 않다

고려에서 관직에 오르기 위해서는 기본적으로 과거 시험을 보아야 했습니다. 과거 제도는 고려의 4대 왕 광종 때부터 실시되었죠. 하지만 과거 제도가 시행된 이후에도 과거 시험을 거치지 않고 관직에 오르는 사람들이 있었으니 바로 음서의 혜택을 본 사람들이었습니다. 음서란 5품 이상의 고위 관리나 나라에 큰 공을 세운 사람의 아들이나 손자에게 관직을 주는 제도였습니다. 음서 제도는 이후 조선까지 이어졌는데요, 조선에서는 2품 이상 관리의 자손에게만 그 혜택을 주었습니다.

는 평가를 받고 있었습니다. 심지어 어머니인 공예 왕후도 인종과 뜻을 같이하며 왕현이 왕위를 잇는 데 부정적인 의견을 내놓았습니다. 인종과 공예 왕후는 매사에 지혜로워 많은 이의 호감을 샀던 둘째 아들 왕경이 왕이 되기에 적합하다고 여겼습니다. 그런 부모님의 생각을 눈치챈 왕현은 자신의 자리를 동생에게 빼앗길까 봐 늘 걱정할 수밖에 없었어요. 결국 왕현은 왕위에 오르기는 했지만 즉위 전의 경험으로 인해 언제든 권력을 빼앗길 수 있다는 두려움을 갖게 됩니다.

그러던 어느 날 의종의 총애를 받고 있던 김존중 등 신하들이 의종에게 은밀히 한 소식을 전해주었습니다. 정서가 왕경과 함께 밤에 모여 잔치를 베풀며 어울렸고, 평소에도 자주 만나 친밀하게 지내고 있다고 말입니다. 그런데 정서와 왕경이 가까이 지내며 어울리는 것이 무슨 문제라도 되는 걸까요? 왕경은 정서의 조카였으니 둘이 가까이 지내며 어울리는 것도 전혀 이상한 일이 아니잖아요. 하지만 의종의 입장에서는 이 사실이 매우 불쾌한 일이었습니다. 앞서 말했듯 의종과 왕경은 한때 왕위 계승을 둘러싸고 경쟁 관계에 있었기 때문입니다. 의종은 왕위에 오른 후에도 늘 동생을 경계하며 의심했고, 혹시라도 왕경이 자신을 제거하고 왕위에 오를까 염려하여 왕경의 주변에 사람들이 모이는 것을 탐탁지 않게 여기고 있었거든요. 그런 마당에 이모부인 정서가 자신이 그토록 경계하는 왕경과 가까이 어울린다고 하니 이모부에 대한 원망의 마음이 컸을 터입니다.

　의종의 이런 마음을 읽고 있었던 김존중 등은 정서가 왕경과 만나는 것은 분명 역모를 꾸미기 위함이니 마땅히 처벌해야 한다고 주장합니다. 이에 의종은 정서를 옥에 가두었다가 곧 풀어주지만, 계속되는 신하들의 처벌 요구에 결국 1151년 정서를 동래(현재 부산)로 귀양 보내지요. 귀양길에 오르는 정서에게 의종은 "조정의 신하들이 그렇게 이야기하니 나로서는 어쩔 도리가 없습니다. 머지않아 곧 다시 부르겠습니다"라고 약속하였고, 정서는 의종의 말을 철석같이 믿고 떠납니다. 자신은 역모를 꾸미지 않았기에 억울하지만, 신하들의 거센 반발에 왕이 어쩔 수 없이 자신을 귀양 보내는 것이라 이해했던 거예요. 그렇게 동래로 떠난 정서는 곧 자신에게 씌워진 억울한 누명이 벗겨질 것이고, 왕이 다시 자신을 개경으로 불러줄 것이라는 믿음 속에 하루하루 시간을 보냈습니다. 하지만 아무리 기다려도 의종은 정서를 다시 불러주지 않았어요. 오히려 더욱 절망적인 소식이 정서의 귀에 들어왔습니다. 의종의 경계 대상 1호였던 동생 왕경마저 역모의 누명을 쓰고 귀양을 떠났다는 소식이었죠. 정서에게는 다시 거제도로 유배를 떠나라는 명령이 내려졌고요. 개경으로 돌아갈 날만을 손꼽아 기다리고 있던 정서에게 이 소식은 청천벽력과 같았습니다. 이때 정서가 착잡하고 답답한 심경을 담아 부른 노래가 바로 〈정과정〉입니다.

힘들고 괴로운 시간을 보내던 정서가 다시 관직으로 돌아간 것은 유배 생활 20년 만이었습니다. 정서에게 씌워진 누명이 벗겨지고 진실이 밝혀져 의종이 다시 그를 부른 것일까요? 사실 정서가 다시 개경으로 돌아갈 수 있었던 것은 1170년 의종이 폐위되어 거제도로 쫓겨났기 때문입니다. 의종의 뒤를 이어 왕위에 오른 명종이 의종 재위 시기에 억울하게 피해를 본 사람들을 모두 구제해주면서 정서도 개경으로 돌아올 수 있었던 것이죠.

그렇다면 의종은 무슨 이유로 폐위되어 거제도로 쫓겨났을까요? 시간을 앞으로 돌려 의종의 아버지가 나라를 다스리던 인종 시기로 올라가봅시다. 인종 때에는 나라 안팎으로 여러 차례 위기 상황이 있었습니다. 대표적인 사건이 이자겸의 난과 묘청의 서경천도 운동입니다.

이자겸의 집안은 고려 전기 대표적인 문벌 귀족 가문이었습니다. 당시 문벌 귀족들은 음서를 통해 자신들의 지위를 대대손손 물려주었고, 문벌 귀족 집안끼리의 혼인을 통해 가문의 세력을 더욱 확장하고 있었습니다. 특히 이자겸의 집안은 대대로 왕실과의 혼인을 통해 막강한 힘을 유지하고 있었죠. 이자겸은 자신의 둘째 딸을 인종의 아버지인 예종에게 시집보냈고, 셋째 딸과 넷째 딸은 인종에게 시집보냈습니다. 인종은 이모들과 결혼한 셈입니다. 지금 기준으로는 있을 수 없는 일이지만 당시 지배층 사이에서는 이런 일들이 종종 벌어졌어요. 자신들의 권력 유지와 확대를 위해서 이러한 결혼 방식은 전혀 이상한 일이 아니었습니다. 어쨌든 이자겸은 자신의 딸들을 왕실에 들여보냄으로써 막강한 권력을 쥐게 되었고, 자신의 외손자이자 사위인 인종을 등에 업고 권력을 남용하며, 왕이나 다름없는 행동들을 서슴없이 했습니다. 그 모습을 더는 두고 볼 수 없었던 인종은 신하들과 함께 은밀하게 이자겸을 제거하려는 계획을 세웁니다. 하지만 이를 알아챈 이자겸이 부하 척준경과 함께 반란을 일으켜 궁궐에 불을 질렀고, 이자겸을 제거하는 데 뜻을 같이한 사람들을 제거하면서 인종의 계획은 실패로 돌아갔죠. 당시 놀란 인종은 자신도 해를 입을까 두려워 이자겸에게 왕위를 넘기겠다는 글을 써 보낼 정도였습니다. 이후 이자겸은 인종을 자신의 집에 가두어놓는 만행을 저질렀고, 인종을 죽이고 자신이 왕이 될 계획까지 세웠습니다. 결국 인종의 측근이 척준경을 회유하여 이자겸과의 사이를 갈라놓았고, 척준경이 이자겸과 그의 가족을 체포하면서 이자겸의 시대는 막을 내립니다. 그 후 이자겸은 전라남도 영광으로 귀양을 갔습니다.

불에 타버린 궁궐로 상징되는 왕권의 약화, 커질 대로 커진 문벌 귀족들의 힘은 인종에게 커다란 고민이었습니다. 이때 서경 출신 승려 묘청과 정지상 등 신진 관료들이 인종에게 주장하기 시작합니다. 추락한 왕실의 권위를 되살리고, 정치 질서를 바로잡으려면 '고려를 황제국으로 칭하고, 독자적 연호를 사용하며, 고려에 압박을 가하는 금나라를 정벌해야 한다'고 말이에요. 그리고 풍수지리설을 내세워 땅의 좋은 기운이 모두 사라진 개경을 버리고 서경(현재 평양)으로 수도를 옮겨야 한다고 강조한 겁니다. 서경은 고려를 건국한 왕건 때부터 수도인 개경에 버금가는 중요한 도시였습니다. 고려는 고구려를 계승한 나라이므로 고구려의 옛 땅을 되찾기 위한 기지로써 서경을 매우 중요하게 여겼습니다. 이자겸의 난으로 혼란을 겪었던 인종은 묘청 등의 주장에 솔깃해졌습니다. 서경으로 수도를 옮기면 개경을 기반으로 세력을 키운 기존 문벌 귀족들의 힘을 약화할 수 있고, 왕실의 위엄을 살릴 새로운 궁궐을 지어서 다시 한번 왕권을 강화할 수 있을 거라고 여긴 겁니다. 인종은 묘청 등의 주장대로 서경으로 수도를 옮길 준비를 시작합니다.

하지만 개경의 문벌 귀족들이 가만있을 리 없죠. 사실 묘청 등이 서경으로 수도를 옮겨야 한다고 주장한 이유는 표면적으로 왕권을 되살린다는 것이었지만, 그보다 더 중요한 것은 개경에 근거를 두고 기득권을 차지한 기존 문벌 귀족 관료들을 견제하기 위해서였어요. 그 속마음을 간파한 개경의 문벌 귀족들은 끈질기게 인종을 설득하였고, 결국 인종은 서경으로 수도를 옮기려는 계획을 포기합니다. 서경 천도 계획이 틀어지자 묘청은 초강수를 둡니다. 서경에 근거를 두고 나라 이름을 '대위국', 연호를 '천개'라고 하며 자신들만의 나라를 세워 반란을 일으킨 것입니다. 이 반란은 1년여 동안 지속되었고, 결국 김부식이 이끄는 정부군에 진압되었습니다. 김부식은 개경의 핵심 문벌 귀족으로, 우리가 알고 있는 《삼국사기》를 쓴 바로 그 사람입니다.

인종 때의 이자겸의 난과 묘청의 서경천도운동은 고려 전기 지배 계층으로서 정치적, 경제적 혜택을 누리고 있던 문벌 귀족 내부의 갈등과 모순을 드러낸 대표적인 사건이었습니다.

인종의 뒤를 이은 의종은 추락한 왕권을 되살리기 위해 노력했습니다. 왕권을 넘볼 정도로 세력이 커졌던 문벌 귀족 등 문신文臣들을 경계하며, 자신을 지지해줄 수 있는 세력을 키웠습니다. 또한 문벌 귀족들을 호위하는 신세로 전락해 있던 무신武臣들을 가까이 두고, 문신들의 힘을 약화하려고 애썼는데요. 이러한 노력은 여전히 막강한 문벌 귀족의 세력 앞에서 큰 성공을 거두지 못했고, 의종은 기존처럼 문벌 귀족들을 우대하는 정책으로 돌아설 수밖에 없었습니다. 정치 개혁이 뜻대로 되지 않아서일까요? 의종은 술과 여자를 가까이하며 이곳저곳을 행차하여 놀이를 즐깁니다. 후세 사람들은 그를 정치를 그르친 왕으로 평가하고 있고요. 하지만 의종은 혼란한 정치적 분위기 속에서 왕위를 노리는 반역 음모로 인해 언제나 신변의 위협을 느꼈다고 합니다. 이 글의 앞부분에서 이야기했던 정서가 유배를 갈 수밖에 없었던 사연도 이러한 맥락에서 이해할 수 있겠지요? 궁궐 밖 나들이가 잦았던 것도 늘 신경을 곤두세우고 있어야만 하는 현실에서 벗어나기 위해서였다고 보는 사람도 있습니다. 문신 위주의 정치 구조, 무신에 대한 불합리한 대우에 불만을 품고 있던 무신들이 일으킨 정변(1170년)으로 의종은 왕에서 폐위되어 거제도로 유배를 떠나게 됩니다. 수많은 문벌 귀족과 문신들은 목숨을 잃었고요. 이때 권력을 잡은 무신들은 이후 100년 동안 정치 권력을 쥐게 되었고, 거제도로 유배 간 의종은 무신 이의민에 의해 살해됩니다.

개경으로 돌아오기 직전까지 거제에 유배되어 있던 정서, 무신 정변으로 폐위되어 거제로 유배 보내진 의종. 그곳에서 둘은 얼굴을 마주할 수 있었을까요? 아쉽게도 정서와 의종이 서로 마주했다는 기록은 남아 있지 않으니, 둘의 마주침을 알 수는 없습니다. 만약 정서와 의종이 거제에서 만났더라면 정서는 의종에게 어떤 말을 전했을까요?

#커튼콜

문벌 귀족과 문신들의 횡포와 차별, 불합리한 대우에 맞서 정변을 일으키고 권력을 잡았던 무신들, 그들은 과연 어떤 정치를 펼쳐나갔을까요? 무신 집권기에 곳곳에서 봉기가 발생했던 것을 보면 무신들이 바른 정치를 했던 것 같진 않습니다. 무신 집권기의 모습은 과연 어땠는지 알아봅시다.

〈구름이 무심하단 말이〉

_ 폐하, 간신을 멀리하소서!

이 무대는 중학교 역사 교과서 Ⅲ. 고려의 성립과 변천 〉 3. 몽골의 간섭과 고려의 개혁, 고등학교 한국사 교과서 Ⅰ. 전근대 한국사의 이해 〉 3. 고려의 통치 체제와 국제 질서의 변동 부분을 함께 보면 좋아요!

고려 공민왕 즉위 15년(1366년), 공민왕에게 한 통의 상소가 올라왔습니다. 공민왕은 상소문을 펼쳐 한 자씩 읽어 내려갔습니다.

"전하, 신돈은 임금의 은혜를 지나치게 입어 나라의 정사를 제멋대로 하고 임금을 무시하는 마음이 있습니다. 신돈이 영도첨의(고려 후기 최고 관직 중 하나) 직책을 맡게 되던 날, 예법에 따른다면 복장을 갖추고 전하께 나아가 감사의 인사를 드려야 하나 그는 열흘이 넘도록 궁궐에 나타나지 않다가 들어와서도 전하 앞에서 무릎을 조금도 굽히지 않았습니다. 또한 그는 무례하게도 늘 말을 타고 궁궐에 출입하며 전하와 같은 상에 앉았습니다. 심지어 집에 있을 때는 재상들이 그의 집 마당 아래에서 절을 하고, 그는 방 안에 앉아 접

대한다고 합니다. 전하께서는 신돈을 어진 사람이라고 하셨지만 신돈이 나랏일을 맡은 이래로 겨울철에 천둥이 치고, 누런 안개가 사방에 가득하며, 열흘이 넘도록 해가 검고 밤중에 붉은 기운이 돌고 있으니 과연 신돈을 어진 사람이라 할 수 있겠습니까. 부디 간신을 멀리하시어 정치를 바로잡으셔야 합니다. 신은 전하를 돕는 자로서 침묵을 지킬 수 없어 상소를 올려 제가 맡은 임무를 다하고자 합니다.”

상소문을 읽어 내려가던 공민왕의 얼굴은 무섭도록 일그러졌습니다.

“이런 상소문을 올리다니, 이존오는 죽음을 면치 못할 것이다!”

공민왕의 분노를 자아낸 이 상소문은 우정언右正言 이존오가 올린 것이었습니다. 우정언이란 고려의 최고 행정 기구인 중서문하성에 속한 관리로서 임금이 정치를 그르치거나, 올바르지 않은 언행을 하였을 때 이에 대해 임금에게 고하여 바른 정치를 할 수 있게 하는 직책입니다. 정언正言이라는 명칭에서 알 수 있듯 바른말을 하는 관리였습니다. 당시 공민왕의 총애를 받으며 권력을 누리고 있던 신돈을 간신이라 부르며 탄핵해야 마땅하다는 상소를 올린 이존오는 죽음은 피했지만, 지방의 관리로 임명받아 개경에서 쫓겨나게 되지요.

그런데 여기에 이상한 점이 하나 있습니다. 한국사 교과서 속에서 공민왕은 고려를 개혁하고자 노력한 인물로 설명되어 있습니다. 그런 개혁 군주 곁에 간신이라니요. 신돈은 정말 탄핵받아 마땅한 간신이었을까요? 공민왕과 신돈의 이야기를 이해하려면 고려 시대 원 간섭기를 먼저 살펴보아야 합니다.

세계 최대의 제국을 형성한 몽골과의 40여 년에 걸친 전쟁 끝에 고려 왕실은 몽골에 항복합니다. 강화로 옮겼던 수도를 다시 개경으로 옮기고, 13세기 후반부터 14세기 전반까지 독립국으로서 지위는 유지한 채 몽골족이 세운 원나라로부터 내정간섭을 받았어요. 일명 원 간섭기라고 불리는 이 시기 고려의 왕은 원의 공주를 아내로 맞아 원 황실의 부마가 되었습니다. 이에 따라 고려는 원 황실 사위의 국가, 즉 부마국의 지위에 맞게 왕실에서 사용하는 각종 호칭 및 관청의 명칭을 원보다 한 단계 아래의 것으로 사용해야만 했습니다. 또한 고려 왕이 직접 원에 가서 황제에게 인사를 올려야 했고, 심지어 재위 기간의 대부분을 원에서 생활한 왕도 있었습니다. 왕이 죽은 후에는 원 황제에게 충성한다는 의미로 충忠 자가 붙은 시호를 받았는데, 충렬왕부터 충정왕까지 모두 6명의 왕이 이에 해당합니다.

그 뿐인가요? 고려의 일부 지역에는 쌍성총관부, 동녕부, 탐라총관부 등 원의 지방 관청이 설치되어 원의 직접적인 지배를 받았습니다. 일본 원정을 계획했던 원은 고려에 정동행성을 설치하고, 강제로 군사로 나갈 사람을 뽑았는가 하면 전함을 제작하도록 하는 등 고려를 일본 원정을 준비하는 발판으로 삼았습니다. 하지만

여·몽 연합군의 두 차례에 걸친 일본 원정은 태풍으로 인해 모두 실패로 돌아갔고, 고려의 백성들도 상당히 큰 피해를 입었습니다. 여·몽 연합군의 1차 원정 때 태풍을 맞아 돌아오지 못한 군사의 수가 1만 3천여 명이었는데, 그중에는 당연히 고려의 백성들도 포함되어 있었습니다. 일본 원정이 실패한 후에도 정동행성은 없어지지 않고 고려의 내정을 간섭하는 기구로 존재했지요.

원 간섭기에는 고려 왕의 즉위가 원에 의해 결정되었고, 원에 의해 재위 중인 왕이 퇴위되거나, 퇴위되었던 왕이 다시 즉위하는 일도 있었습니다. 이 때문에 고려의 왕들은 원의 눈치를 보아야 했고, 그들이 요구하는 것들을 거부하기 어려웠습니다.

1272년 고려군 5,600여 명을 포함한 여·몽 연합군은 일본의 하카타만에 상륙했고, 이에 맞서 싸우던 일본은 후퇴를 거듭하며 고전을 면치 못하고 있었습니다. 하지만 그날 밤, 태풍으로 인해 하카타만에 정박해 있던 여·몽 연합군은 철수할 수밖에 없었고, 일본 사람들은 이것을 신에 의한 기적이라고 생각했습니다. 1279년 여·몽 연합군은 2차 원정에 나섰고, 약 2개월에 걸친 공방전 끝에 일본 본토 상륙을 눈앞에 둔 상황에서 또 한 번 태풍을 맞아 철수할 수밖에 없었습니다. 당시 일본은 두 차례에 걸친 몽골의 침략을 태풍 덕분에 막아낼 수 있었으므로 일본을 구한 이 태풍을 가미카제神風, 즉 신이 일본을 지켜주기 위해 불어준 바람으로 불렀습니다. 이때부터 일본에는 '신神이 보호하는 나라'라는 의식이 싹트기도 했지요. 여기에서 유래하여 제2차 세계대전 당시 일본은 폭탄이 장착된 비행기를 몰고 자살 공격을 하는 일본군의 특공대를 '가미카제'라고 불렀습니다. 꽃다운 청년들을 자살 특공대로 만들어 '가미카제'라고 불렀다니 참으로 가슴 아픈 일이죠?

원 간섭기는 백성들에게도 고통의 시간이었습니다. 어린 소녀들은 공녀라는 이름으로 원으로 끌려갔습니다. 부모들은 딸이 원으로 끌려가면 어쩌나 두려움에 떨며 어린 나이의 딸을 일찍 결혼시키기도 했습니다. 원으로 보내질 청자, 사냥에 쓰일 매 등을 준비하는 것도 모두 백성들의 몫이었습니다. 또한 왕이 원을 방문하거나 원에서 생활하는 데 필요한 자금, 원으로 가는 사신과 그들이 들고 갈 선물 등을 준비하는 비용 등 원과의 관계를 유지하는 데 필요한 많은 비용을 백성들이 내는 세금으로 충당해야 했습니다. 백성들은 세금을 부담하느라 허리가 휠 지경이었죠.

하지만 이것으로 끝이 아니었습니다. 원의 세력을 등에 업고 권력을 얻어 새로운 지배층으로 등장한 권문세족은 막강한 부와 권력을 누리며 불법으로 백성들의 토지를 빼앗아 부를 축적했습니다. 그들에게 토지를 빼앗기고, 먹고살기 어려워진 백성들은 스스로 노비가 되기도 했는데요. 원 간섭기 고려의 백성들이 얼마나 많은 고통을 받았을지는 감히 짐작하기도 어렵습니다. 하지만 이런 분위기는 공민왕이 즉위하면서 반전을 맞이하게 됩니다.

"이제부터 변발♪을 하지 말고, 호복♪ 입는 것을 금하도록 하여라!"

충숙왕의 둘째 아들로 태어나 12살에 원으로 건너가 생활하다가 10년 만에 돌아와 고려의 31대 왕으로 즉위한 공민왕. 즉위 후 공민왕이 가장 먼저 한 일은 머리를 길러 변발에서 벗어나고, 과감하

♩

변발이란 북방 유목민족의 남자들이 머리 앞부분과 옆부분을 모두 깎아내고 뒷머리만 길러서 뒤로 길게 땋아 내린 것을 말합니다.

♪

호복이란 중국인들이 이민족들의 복장을 통틀어 부르던 말입니다. 중국인들은 오랫동안 자신들이 천하의 중심이고, 주변 민족들은 오랑캐라고 여기는 중화 사상을 갖고 있었습니다. 이에 따라 주변 민족들의 복장을 오랑캐 호胡 자를 써서 호복이라고 불렀죠. 중국인들은 몽골족의 복장도 호복이라고 표현했고, 고려에서는 그 명칭을 그대로 사용하였습니다.

게 호복을 벗어버리는 것이었습니다. 그리고 백성들에게도 몽골족의 풍습인 변발과 호복을 금하도록 하였죠. 공민왕은 충렬왕 이래 약 80여 년 동안 이어진 원의 간섭에서 벗어나겠다는 의지를 공식적으로 드러낸 것입니다.

사실 공민왕 이전의 왕들도 원의 간섭에서 벗어나려고 노력했습니다만, 그때마다 번번이 원의 위세에 눌려 실패할 수밖에 없었습니다. 그러나 공민왕이 즉위할 무렵에는 상황이 많이 달라져 있었습니다. 원 왕실의 내부 분열, 원 지배하에 있던 이민족들의 반란 등을 보면서 공민왕은 원의 멸망이 얼마 남지 않았다고 판단했어요. 이에 따라 고려의 자주성을 되찾기로 결심하고, 각종 개혁 정책을 추진하였습니다.

공민왕은 과연 어떤 정책들을 펼쳤을까요? 먼저 왕실의 호칭과 관청의 명칭을 원 간섭기 이전으로 되돌리고, 고려의 내정을 간섭하던 정동행성을 폐지하였습니다. 친원파로서 권세를 부리며 고려 왕실을 우습게 여기던 기철 일당도 제거했고요.♩ 또한 공민왕 즉위 이전 폐지된 동녕부, 탐라총관부에 이어 쌍성총관부를 공격하여 원에 빼앗겼던 땅도 되찾았습니다. 더는 공녀도 보내지 않았고, '충' 자를 사용했던 이전 왕들의 시호도 다시 바꾸었죠.

하지만 공민왕의 이런 반원 개혁 정책은 원에 기대어 권력을 누리던 친원파 권문세족의 반발을 샀고, 공민왕은 그들에 의해 목숨을 잃을 위기에 처하기도 했습니다. 그때마다 공민왕을 온몸으로 지켜준 사람이 바로 공민왕의 왕비 노국대장공주였습니다. 그녀는 원의 공주로서 공민왕이 왕위에 오르기 전 원에 머물던 시절 혼인하여 함께 고려로 들어왔습니다. 공민왕과 노국대장공주의 결혼은 비록 정치적인 배경에서 이루어진 것이었지만 둘의 사이는 매우

───♩

고려의 대표적인 친원파 기철은 원 황실의 공녀로 들어가 궁녀로 지내다가 원나라 순제의 제2황후가 된 기황후의 오빠였습니다. 기황후는 순제의 아들을 낳아 원 황실에서의 세력이 커졌고, 여동생 기황후의 후광으로 기철을 비롯한 기씨 세력은 고려 내의 대표적인 친원파로서 권력을 누렸습니다. 왕 앞에서 자신을 낮추지 않고 말을 할 정도로 고려 왕실을 우습게 여기며 그 행동이 오만방자하였죠. 이들은 공민왕이 반원 개혁 정책을 펼치면서, 친원파 세력들을 하나씩 제거해나가자 위기를 느꼈고, 공민왕을 폐위시킬 계획까지 세웁니다. 하지만 이를 눈치챈 공민왕이 먼저 연회를 베푼다고 속여서 기씨 세력을 궁궐로 불러들여 제거해버렸습니다. 이때 기철의 아들 기유걸은 고려의 백성들이 지켜보는 가운데 공개적으로 처형을 당했는데, 그의 죽음을 보면서 슬퍼하는 사람이 단 한 명도 없었다고 합니다.

각별하였습니다. 노국대장공주는 공민왕의 반원 개혁 정책을 지지해주었고, 공민왕의 개혁 정책에 불만을 품은 자들이 공민왕을 시해하기 위해 방으로 들어가려 할 때 방문 앞에 버티고 서서 끝까지 왕을 보호했습니다. 공민왕에게 노국대장공주는 인생의 동반자이자 정치적 지원군으로서 매우 소중한 존재였죠. 하지만 노국대장공주의 지지만으로 개혁이 완성되기는 어려웠습니다. 대대로 권력을 누리고 있는 친원파 권문세족을 견제하며 개혁을 성공시키기 위해서는 공민왕의 개혁 정책을 함께 추진할 인재가 필요했습니다. 그때 공민왕 앞에 등장한 인물이 바로 신돈이었습니다.

　공민왕과 신돈의 만남에는 유명한 일화가 전해집니다. 어느 날 공민왕이 잠을 자다가 꿈을 꾸었는데, 꿈속에서 어떤 사람이 칼을 들고 자신을 죽이려고 했고, 때마침 한 승려가 달려와 자신을 구해주었습니다. 그 꿈을 꾸고 난 얼마 후 공민왕의 측근이었던 김원명이 신돈을 데리고 와 공민왕에게 인사를 시켰는데, 그가 바로 공민왕이 꿈속에서 본 바로 그 승려였습니다. 공민왕은 신돈의 등장이 하늘의 뜻이라고 생각하여 그를 가까이 두었습니다. 개혁을 추진하는 과정에서 친원파의 반발을 겪고 있던 공민왕, 승려였지만 사찰 여종의 아들로 태어나 불교계 내에서 아웃사이더의 삶을 살았던 신돈. 이 두 사람은 기득권 세력에 대한 반감이라는 공통분모를 통해 친밀한 관계를 유지하게 됩니다.

　그러던 어느 날, 공민왕의 인생을 뒤흔들어버린 큰 사건이 하나 발생했습니다. 바로 사랑하는 노국대장공주가 어렵게 임신한 아이를 낳다가 그만 세상을 떠난 것입니다. 언제나 자신을 지지하며 안식처가 되어주었던 노국대장공주를 먼저 보낸 공민왕은 세상을 다 잃은 듯한 슬픔에 빠졌습니다. 즉위 후 줄곧 반원 자주 개혁을 추진하던 열정도 점차 사그라들었죠. 슬픔과 외로움 속에서 국정을 제대로 보살필 수 없었던 공민왕은 믿고 의지하던 신돈을 스승으로 삼고, 그에게 국정을 맡깁니다.

권력을 잡은 신돈은 대대적인 개혁 추진을 위해 전민변정도감田民辨整都監♩을 설치합니다. 그러고는 자신이 전민변정도감의 판사가 되어 권문세족 등이 불법으로 차지한 토지를 원래의 주인에게 되돌려주고, 원래 양인이었으나 억울하게 노비가 된 사람들을 본래의 신분으로 돌아갈 수 있도록 해주었습니다. 전민변정도감의 설치는 불법적으로 대토지와 노비를 소유하며 세금도 내지 않고 있던 권문세족의 경제력을 약화하고, 국가의 조세 수입은 증가시키는 1석2조의 조치였습니다. 땅을 되찾고, 노비에서 해방된 사람들은 '성인이 나타났다'라고 하며 신돈을 칭송했지요.

하지만 권문세족의 반발이 만만치 않았습니다. 토지와 노비를

♩
전민변정도감이란 고려 후기 권력자들이 불법으로 차지한 토지를 되찾고, 억울하게 노비가 된 농민들을 원래의 신분으로 돌려주기 위해 설치한 임시 관청입니다.

잃게 되면서 자신들의 경제력이 뿌리부터 흔들릴 위기에 처하자 권문세족들은 강하게 저항했습니다. 우선 개혁의 중심에 있는 신돈을 공민왕 곁에서 아첨하는 요사스러운 승려라 평가하며 그를 제거할 계획을 세웠습니다. 신돈이 공민왕 앞에서 친구처럼 편안하게 행동하는 것은 예법에 어긋난다며 신돈을 탄핵하라는 상소가 올라오면서 신돈을 음해하는 소문도 함께 퍼지기 시작했습니다. 심지어 신돈을 두고 '늙은 여우가 사람으로 변신했다'는 황당한 이야기도 돌았어요. 이때 죽음을 각오하고 공민왕에게 신돈 탄핵 상소를 올린 사람 중 하나가 바로 이존오였습니다. 하지만 이 상소로 인해 이존오는 지방 관리로 쫓겨나야만 했어요. 그는 여전히 신돈을 신임하는 공민왕에 대한 답답한 심정을 담아 한 편의 시조를 짓습니다.

구름이 무심하다는 말이 아마도 허무맹랑하다
하늘에 떠 있어 마음대로 다니면서
구태여 밝은 해를 따라가며 가리느냐

여기에서 해는 공민왕을, 해를 가리는 구름은 신돈을 상징합니다. 이존오는 구름이 해를 가리는 모습을 보면서 신돈은 승려의 신분으로 본래 떠다니는 구름과 같이 무심한 존재여야 하지만 정치에 참여하여 나라를 어지럽게 만들었고, 신돈이 그렇게 할 수 있었던 것은 구름이 해를 가리고 있는 것처럼 신돈이 공민왕의 총명함을 가리고 있기 때문이라고 생각했던 것입니다.

이존오의 상소 이후 여러 신하가 신돈을 멀리할 것을 공민왕에게 당부하였지만 공민왕은 그 말을 듣지 않았습니다. 하지만 신돈은 자신을 경계하는 움직임이 점점 커지는 데 불안함을 느꼈고, 이에 권문세족이 기반을 잡고 있는 개경을 떠나 새로운 곳으로 수도를 옮길 것을 공민왕에게 권유합니다. 공민왕은 신돈의 제안을 처음에는 그럴듯하게 생각했지만 신돈이 집요하게 수도 이전을 주장하자 차츰 의구심을 품게 되었습니다. 그러고는 조금씩 신돈과 거리를 두기 시작했지요. 시간이 갈수록 신돈에 대한 공민왕의 의심이 자라는 동안 신돈의 권력은 점차 커졌는데요. 이를 지켜보던 공민왕도 결국 신돈에 대한 절대적인 지지의 마음을 접게 됩니다. 그후 신돈은 역모죄로 체포되어 유배를 떠났고 곧 처형되지요. 하지만 신돈은 죽기 직전까지도 자신의 역모를 인정하지 않았습니다.

정치적으로 어려운 시기에 왕위에 올라 개혁의 고삐를 쥐고 힘차게 달리기 시작했던 공민왕이었지만 노국대장공주의 죽음, 급변하는 국제 정세 속 홍건적의 침입 등으로 인한 잦은 전쟁, 그리고 절대적인 믿음을 주었던 신돈의 역모 등을 겪으며 그는 점점 정치에 흥미를 잃고 폐인이 되어갔습니다. 신돈의 죽음 이후 공민왕은 각종 기행을 저질렀고, 결국 자신의 곁에 있던 환관 등의 손에 처참한 죽음을 맞이했습니다.

《고려사》에는 신돈이 스스로 성인이라고 말하며, 겉으로는 성인인 척하였지만 실제로는 남을 헐뜯고, 갖가지 구실을 만들어 부녀자들을 유인하여 음탕한 행동을 하는 인물로 기록되어 있습니다. 술과 좋은 안주를 먹고 지내면서도 공민왕 앞에서는 돌변하여 좋은 말만 하고, 채소나 과일만 먹으며, 술 대신 차를 마셨다고도 기록되어 있습니다.

고려의 개혁 군주로 평가받는 공민왕, 그리고 그의 곁에서 개혁을 도왔던 신돈을 우리는 어떻게 평가해야 할까요?

#커튼콜

《고려사》에 담긴 신돈 관련 기록들은 모두 사실이었을까요? 신돈이 고려 개혁의 지원군이었는지, 아니면 개혁에 반대했던 권문세족들에 의한 희생양이었는지 여러분 각자의 생각을 정리해봅시다.

열두 번째 무대

〈사리화沙里花〉

_ 고려 백성들이 짊어져야 했던 삶의 무게

이 무대는 중학교 역사 교과서 III. 고려의 성립과 변천 〉 3. 몽골의 간섭과 고려의 개혁, 고등학교 한국사 교과서 I. 전근대 한국사의 이해 〉 3. 고려의 통치 체제와 국제 질서의 변동 부분을 함께 보면 좋아요!

청동기 시대를 거치며 지배층과 피지배층으로 계급이 나눠진 이래 때로 피지배층은 지배층의 횡포와 수탈 아래 힘든 삶을 살아야 했습니다. 그들의 역사는 전 세계를 통틀어 어느 시대, 어느 지역에나 존재했는데요. 우리나라의 역사를 보아도 마찬가지입니다.

산업화 이전 농업 사회에서의 가장 이상적인 모습은 백성들이 자신이 소유한 땅에서 열심히 농사를 지어 생계를 꾸리고, 법에 따라 수확량의 일정 부분을 국가에 세금으로 내며 안정된 생활을 하는 것이었습니다. 이러한 이상적인 국가의 모습을 추구하며 백성들의 삶에 관심을 가지고 올바른 정치를 펼치기 위해 노력한 왕과 지배층이 존재했던 시기엔 백성들이 비교적 평화롭게 살 수 있었습니다. 하지만 전쟁이 일어나거나, 지배층이 백성들의 삶보다는 자신의 권력 유지에 더 관심이 많았던 시기에는 백성들의 삶이 고통스러울 수밖에 없었어요. 전쟁이 일어나면 평소 농사를 지으며 평화롭게 살아가던 백성들은 군사가 되어 외적과 맞서 싸워야만 했는데요. 예나 지금이나 전쟁은 많은 사람의 목숨을 앗아가고, 삶의 기반을 뿌리부터 뒤흔드는 사건입니다. 또한 귀족·양반 등 중앙의 지배층이 정치 권력을 둘러싸고 다툼을 벌이면 그 사이 중앙 정부의 지방 통제력이 약화하여 행정을 담당한 관리들이 백성들을 수탈하는 경우도 많았습니다. 고려 시대에는 어떤 일들이 백성들을 괴롭혔을까요?

먼저 거란·여진족과의 전쟁을 들 수 있겠네요. 그 밖에 무신정변 이후의 사회적 혼란, 몽골족과의 40여 년간 이어진 전쟁 끝에 찾아온 원 간섭기의 정치적 혼란도 있고요. 특히 무신 집권기는 민란의 시대라고 불릴 만큼 지배층의 수탈에 맞서 불합리한 사회 구조를 바꿔보려는 피지배층의 봉기가 가장 많이 발생했던 시기입니다. 약 100년간의 무신 집권기에 70건이 넘는 민란이 일어났으니 얼마나 혼란한 시기였는지 가늠할 수 있겠죠? 무신 정권의 최고 권력자들은 대토지를 기반으로 농민들에게 고액의 이자를 붙여 돈을 빌려주었고, 빚을 갚지 못하는 농민들은 이들에게 땅을 빼앗길 수밖에 없었습니다. 지배층의 수탈을 참을 수 없었던 경상도 지역의 김사미와 효심은 이에 저항하는 봉기를 일으켰습니다. 고려 시대 공

고려 시대에는 향, 부곡, 소라는 특수 행정구역이 존재했습니다. 이곳에 사는 사람들은 일반 행정구역에 사는 사람들에 비해 더 많은 세금을 부담했고, 수공업이나 광업에 종사하며 국가가 필요로 하는 물건을 바쳐야 했습니다. 그리고 고려 사람들은 이곳에 사는 사람들을 천하게 여겼습니다.

주 명학소♪에 살고 있던 망이와 망소이도 봉기를 일으켰습니다. 자신들에게 과도하게 부과된 부역과 차별 대우에 맞서 일어난 망이·망소이의 난은 충청도 지역을 휩쓸 정도였어요. 봉기에 가담한 사람 중에는 명학소에 살고 있지 않은 일반 농민들도 있었습니다. 그동안 지배층의 수탈을 견디며 살고 있던 일반 농민들도 망이·망소이가 난을 일으키자 참고 있던 분노를 표출하게 된 것이죠. 무신 집권기를 살았던 이규보는 당시 농민들의 모습을 이렇게 묘사하였습니다.

힘들여 농사를 지어 군자를 봉양하니
그들을 일컬어 농부라 하네
알몸을 얇은 천으로 가리고는
매일같이 얼마만큼 땅을 갈았던가
벼 싹이 겨우 파릇파릇 돋아나면
고생스럽게 호미로 김을 맨다
풍년이 들어 많은 곡식을 거두어도

관청의 것밖에 되지 않는다
어쩌지 못하고 모조리 빼앗겨
하나도 소유하지 못하고
땅을 파서 뿌리를 캐 먹다가
굶주림에 지쳐 쓰러진다오

열심히 농사를 짓고 일을 해도, 탐관오리나 권력자에게 모조리 빼앗기고 굶주릴 수밖에 없었던 농민들에 대한 안타까운 마음이 잘 드러나 있는 글이죠.

농민들은 그런 지배층의 수탈을 노래로 풍자하며 비판하였습니다.

참새는 어디서 날아왔는고 (黃雀何方來去飛)
일 년 농사는 아랑곳하지 않고 (一年農事不曾知)
늙은 홀아비 홀로 농사지었는데 (鰥翁獨自耕耘了)
밭의 벼와 기장을 다 없애 놓았네 (耗盡田中禾黍爲)

노래 속의 참새는 일 년 동안 땀 흘려 농사지은 곡식을 빼앗아 가는 권력자 또는 탐관오리를 상징합니다. 늙은 홀아비는 힘없는 농민을 상징하죠. 1년 동안 곡식을 재배하기 위해 애쓴 농민의 노고는 아랑곳하지 않고, 자신의 배만 부르면 그만이라고 생각하는 권력자나 탐관오리의 모습을 참새가 곡식을 쪼아 먹는 모습으로 풍자했는데요. 이 노래의 제목은 〈사리화沙里花〉입니다. 노래의 제목으로 사용된 사리화가 어떤 것인지 정확하게 알 수는 없습니다. 하지만, '사沙'에서 목이 쉰다는 의미를, '리里'에서 근심한다는 의미를 찾아내어 농민이 목이 쉬도록沙 근심하여里 얻는 꽃花 즉, 곡식을 뜻하는 것으로 해석하기도 합니다.

지배층의 수탈과 억압을 피해서 오랫동안 터를 잡고 살던 곳을 떠나 산속으로 들어가거나, 일정한 거처 없이 이리저리 떠돌아다니던 유랑민이 부른 노래도 있습니다.

살어리 살어리랏다 청산에 살어리랏다
머루랑 다래랑 먹고 청산에 살어리랏다
얄리 얄리 얄라셩 얄라리 얄라

울어라 울어라 새여 자고 일어나 울어라 새여
너보다 시름이 많은 나도 자고 일어나 우노라
얄리 얄리 얄라셩 얄라리 얄라

가던 새 가던 새 본다 물 아래로 가던 새 본다
이끼 묻은 쟁기를 가지고 물 아래 가던 새 본다
얄리 얄리 얄라셩 얄라리 얄라

이럭저럭 하여 낮은 지내왔건만

올 사람도 갈 사람도 없는 밤은 또 어찌할 것인가

얄리 얄리 얄라셩 얄라리 얄라

어디에 던지는 돌인가 누구를 맞히려는 돌인가

미워할 이도 사랑할 이도 없이 맞아서 우노라

얄리 얄리 얄라셩 얄라리 얄라

살어리 살어리랏다 바다에 살어리랏다

나문재, 조개를 먹고 바다에 살어리랏다

얄리 얄리 얄라셩 얄라리 얄라

가다가 가다가 듣노라 마당을 지나가다가 듣노라

사슴이 장대에 올라서 해금을 켜는 것을 듣노라

얄리 얄리 얄라셩 얄라리 얄라

가더니 불룩한 술독에 진한 술을 빚는구나

조롱박꽃 모양의 누룩이 매워 나를 붙잡으니 나는 어찌하리

얄리 얄리 얄라셩 얄라리 얄라

위에 소개된 노래는 〈청산별곡靑山別曲〉으로 노래를 지은 사람, 노래가 만들어진 정확한 시기는 알려지지 않았습니다. 다만 고려 시대의 노래로만 전해지면서 다양한 해석을 낳았는데요. 그중 하나가 유랑민이 된 고려 시대 백성의 슬픈 심정을 담은 노래라는 해석입니다.♩ 현실의 고통을 피해 어쩔 수 없이 청산, 혹은 바다에 살 수밖에 없었던 유랑민은(1연, 6연) 울고 있는 새를 보면서 '내가 너보다 더 근심과 걱정이 많다'고 하며 눈물을 흘립니다(2연). 더는 농사를 짓지 못해 이끼가 낀 쟁기를 들고 예전에 자신이 열심히 경작하던 밭(가던 새)을 멀리서만 바라보아야 하는(3연) 그 심정은 과연 어떨까요? 밤이 되니 외롭고, 괴로운 심정이 더욱더 세차게 밀려옵니다(4연). 자신이 처한 현실은 스스로 만든 것이 아니라 누군가에 의해 만들어진 것이었습니다. 지배층의 수탈을 피해 청산 혹은 바다로 들어올 수밖에 없었던 이 현실을 '어디에, 누구를 맞히려고 던지는 돌인지 모르지만 누군가 무심코 던진 돌에 맞아서 울고 있다'고 표현합니다(5연). 사슴이 장대에 올라 해금을 켜는 것과 같은 기적이 일어나길 바라며(7연) 오늘도 술독의 진한 술을 마시며 슬픈 마음을 달랠 수밖에 없습니다(8연). 삶의 고뇌가 담긴 노래 가사와는 반대로

이외에 〈청산별곡〉을 실연의 슬픔을 잊기 위해 현실을 도피하고 싶은 사람의 노래 또는 무신정변 등 정치적 혼란으로 속세를 떠난 지식인의 노래로 보는 의견도 있습니다.

흥겹게 느껴지는 '얄리 얄리 얄라셩 얄라리 얄라'라는 후렴구가 반복되어 어쩐지 노래가 더 슬프게 들리는 것 같습니다.

위 노래를 부른 유랑민은 지배층의 수탈을 피해 삶의 터전을 떠난 사람으로 볼 수도 있지만, 전쟁이 일어나자 피난을 갈 수밖에 없었던 사람으로 볼 수도 있습니다. 몽골족과의 기나긴 전쟁을 포함하여 고려 시대에 발생한 여러 전쟁 중 삶의 터전을 잃어버린 사람의 심정을 담은 노래로도 볼 수 있다는 뜻입니다. 특히 몽골과의 전쟁은 고려 사람들의 일상을 송두리째 바꾸어버렸습니다. 약 40여 년간 이어진 전쟁에서 당시 지배층이었던 최씨 무신 정권은 지배층으로서 해야 할 임무를 제대로 수행하지 않았습니다. 그들은 수도를 강화도로 옮겨 제일 먼저 피신했고, 육지에 남아 있는 백성들에게는 각기 알아서 산이나 섬으로 가서 숨으라고 명령을 내리는 게 고작이었죠. 당시 지배층이 강화도에 피신해 있으면서 호화로운 생활을 지속하는 동안 육지에 남은 백성들은 서둘러 피난을 떠나거나, 목숨을 걸고 몽골군의 침략에 맞서 싸워야 했습니다. 몽골군에 맞서 싸운 백성들은 대부분 무신 정권 아래에서 핍박받던 사람들이었어요. 몽골군이 처인성(현재 경기도 용인)으로 쳐들어왔을 때 몽골 최고 장수 살리타를 쓰러뜨리고, 처인성을 지켜낸 사람들은 평소 고려 정부로부터 차별과 수탈을 받고 있던 처인성의 백성들이었습니다. 가난을 견디다 못해 도적이 되었던 사람들도 몽골군과의 전투에 참여했는데요. 목숨을 건 고려 백성들의 끈질긴 저항

덕분에 고려는 비록 항복하였지만, 몽골족과 싸운 나라 중 유일하게 독립을 유지할 수 있었습니다.

하지만 몽골과의 기나긴 전쟁이 끝난 뒤에도 백성들의 삶은 전혀 나아지지 않았습니다. 원 간섭기가 이어지면서 백성들은 또 다른 고통에 시달려야 했어요. 친원파가 되어 오로지 자신의 이익만을 생각하며 백성들의 땅을 빼앗을 기회만 엿보고 있는 권력자, 원에 바칠 각종 물건과 공녀를 준비하라고 다그치는 관리 앞에서 고려의 백성들은 눈물 마를 날이 없는 삶을 살 수밖에 없었습니다. 그런 고려의 백성들을 잠시 웃음 짓게 했던 노래가 있으니 바로 〈쌍화점雙花店〉입니다.

> 만두집에 만두 사러 갔더니만 회회 아비 내 손목을 쥐더이다
> 이 소문이 가게 밖에 나며 들며 하면 조그마한 새끼 광대 네
> 말이라 하리라
> 그 잠자리에 나도 자러 가리라 그 잔데같이 난잡한 곳이 없다
>
> 삼장사에 불을 켜러 갔더니만 그 절 지주 내 손목을 쥐더이다
> 이 소문이 절 밖에 나며 들며 하면 조그마한 새끼 상좌 네
> 말이라 하리라
> 그 잠자리에 나도 자러 가리라 그 잔데같이 난잡한 곳이 없다

두레 우물에 물을 길러 갔더니만 우물 용이 내 손목을 쥐더이다

이 소문이 우물 밖에 나며 들며 하면 조그마한 두레박 네 말이라

하리라

그 잠자리에 나도 자러 가리라 그 잔데같이 난잡한 곳이 없다

술 파는 집에 술을 사러 갔더니만 그 집 아비 내 손목을 쥐더이다

이 소문이 이 집 밖에 나며 들며 하면 조그마한 술 바가지 네

말이라 하리라

그 잠자리에 나도 자러 가리라 그 잔데같이 난잡한 곳이 없다

모두 4개의 연으로 이루어진 이 노래의 제목은 1연에 등장하는
만두 파는 가게(쌍화점)에서 따온 것입니다. 〈쌍화점〉은 그 노골적인
내용으로 인해 유교 국가였던 조선 시대 사람들에게 음탕한 노래
로 평가받았습니다. 하지만 〈쌍화점〉은 원 간섭기에 타락한 고려
사회를 풍자한 노래였어요. 2연은 절의 지주(승려)를 등장시켜 종교
인으로서의 본분을 잊고 타락한 불교계를 비판하였습니다. 3연에
등장하는 용은 왕을 상징하는 것으로, 왕으로 대표되는 지배층의
타락을 비판하고 있는데요. 현재의 우리가 잘못된 행동을 한 정치
인을 풍자하는 코미디를 보며 시원함을 느끼고 유쾌하게 웃는 것
처럼, 고려 사람들도 〈쌍화점〉 같은 노래를 통해 어지러운 사회 현
실을 꼬집으며 깔깔 웃었나 봅니다. 〈쌍화점〉을 부르며 웃음 짓는

그 순간만큼은 고려 사람들이 삶의 무거운 짐을 잠시 내려놓았을까요?

#커튼콜

고려 시대의 사람들이 힘든 삶을 살았던 것은 정치 권력을 가진 지배층이 백성들의 삶을 제대로 보살피지 않았기 때문입니다. 이것은 현재의 우리에게도 중요한 메시지를 전달합니다. 우리의 삶을 결정하는 각종 정책과 제도를 만드는 사람들을 선출하는 선거가 중요한 이유죠. 우리는 어떤 사람을 정치인으로 선출해야 할까요? 이상적인 정치인의 모습은 어떤 것인지 생각해봅시다.

3막
조선의 노래

열세 번째 무대

〈단심가 丹心歌〉〈하여가 何如歌〉

_ 조선 최고의 랩 배틀, 명분이냐 현실이냐!

이 무대는 중학교 역사 교과서 Ⅳ. 조선의 성립과 발전 〉 1. 통치 체제와 대외 관계, 고등학교 한국사 교과서 I. 전근대 한국사의 이해 〉 5. 조선 시대 세계관의 변화 부분을 함께 보면 좋아요!

"군대를 돌려 다시 개경으로 돌아간다!"

이성계의 위화도 회군. 이 중대한 결정은 고려를 무너뜨리고 조선을 건국하는 엄청난 역사의 시작이었습니다. 고려의 변방 무인 세력에 불과했던 이성계는 어떻게 조선 건국의 주인공이 될 수 있었을까요? 시계를 돌려 고려 말의 상황으로 가봅시다.

14세기 후반, 고려는 급변하는 국제 정세 속에 놓여 있었습니다. 1368년 몽골족이 세운 원나라가 멸망하고, 명이 건국되면서 그동안 몽골족의 지배를 받고 있었던 한족은 다시 중국의 주인이 되었습니다. 중화사상을 기반으로 동아시아 국제 질서를 회복하고자 했던 명은 고려에 해마다 막대한 양의 금, 은, 말, 옷감 등의 예물

144

을 바치라고 으름장을 놓았습니다. 시키는 대로 따르지 않으면 고려를 침공하겠다고 위협하면서요.

당시 고려는 공민왕의 뒤를 이어 우왕이 나라를 다스리고 있었습니다. 원을 멸망시키고 중국 대륙의 새로운 주인공으로 등장한 명의 요구를 거역하기 어려웠던 우왕은 명이 요구하는 각종 예물을 바치며 원만한 관계를 유지하려고 노력했어요. 하지만 명은 끈질기게 무리한 일들을 요구했습니다. 급기야 1387년에는 과거 쌍성총관부가 있던 철령 이북의 땅에 철령위를 설치하여 이를 명의 영토로 삼겠다며 일방적으로 통보했습니다. 쌍성총관부는 원이 고려의 화주(현재 함경남도 영흥) 북쪽 지역을 직접 통치하기 위해 설치했던 기구였습니다. 명은 쌍성총관부가 있던 지역은 원의 영토였고, 명이 원을 멸망시켰으므로 그 지역의 소유권이 명에 있다는 논리를 펼쳤던 것입니다.

고려 조정은 너무나 어이가 없어서 입을 다물지 못했습니다. 명의 주장은 도무지 받아들일 수가 없는 것이었으니까요. 이미 공민왕 때 반원 정책의 하나로 쌍성총관부를 폐지했고, 해당 지역을 다시 고려의 영토로 만들어놓았기 때문입니다. 우왕의 장인이자 고려 조정의 최고 권력자였던 최영은 명의 무리한 요구가 고려를 침략하기 위한 구실이라고 판단하고, 이에 맞서기 위해 군사력을 기르는 한편 명의 요동 지역을 정벌하여 고려가 만만한 상대가 아님을 보여주자고 주장합니다. 하지만 이런 최영의 주장에 반기를 든 사람이 있었으니, 그가 바로 이성계였습니다.

이성계는 네 가지 근거를 들어 요동 정벌에 반대하였습니다. '작은 나라가 큰 나라를 거스르는 일은 옳지 않으며, 농사에 집중해야 하는 여름철에 농민을 군사로 동원하는 것은 부적절하고, 요동을 공격하는 틈을 타 남쪽의 왜구가 침략해 올 위험이 있으며, 무덥고 비가 많이 오는 여름철에는 활의 아교가 녹아 활시위가 풀어지고, 군사들이 전염병에 걸릴 위험이 있다'는 일명 4불가론四不可論을 이야기한 거예요.

이성계는 원이 지배했던 쌍성총관부 지역, 즉 고려의 변방 지역 출신으로 자신의 사병을 이끌고 고려에 침입해 온 이민족들을 물리치며 실력을 인정받아 중앙 정계까지 진출한 사람이었습니다. 공민왕이 쌍성총관부를 폐지할 때 아버지와 함께 협조했고요. 원에서 명으로 왕조가 교체되는 불안정한 시기에 중국에서 홍건적이 침입해 수도 개경을 차지했을 때 수도를 되찾는 데 큰 공을 세우기도 했습니다. 그 뿐 아니에요. 고려는 남쪽에 출몰하는 왜구들 때문에 골머리를 앓고 있었습니다. 우왕 때만 해도 왜구의 침략과 약탈이 200회가 넘을 정도였거든요. 이성계는 일명 황산 대첩으로 불리는 전투에서 왜구를 크게 무찌르며 이름을 높였는데요. 오직 실력으로 자신의 가치를 증명한 이성계는 승승장구 벼슬길에 올랐고, 외적으로부터 고려를 구한 무인으로서 인기를 얻었습니다. 이렇게 되자 이성계 주변으로 자연스럽게 많은 사람이 모여들었죠. 고려의 남쪽과 북쪽을 오가며 치르는 전투마다 모두 승리를 거두었고, 풍부한 전쟁 경험을 쌓았던 이성계에게 최영의 요동 정벌 주장은 비현실적으로 보였습니다. 위험 부담이 너무나 컸으니까요. 하지만 우왕과 최영의 강력한 주장으로 이성계는 조민수와 함께 요동 정벌 길에 오를 수밖에 없었지요.

이성계는 군사를 이끌고 요동 정벌에 나서 압록강 하류의 위화도에 도착했습니다. 그러나 위화도에서 더는 앞으로 나아가지 못하고 멈추게 되는데요. 예측했던 대로 장마가 시작되어 비가 내렸고, 불어난 강물에 수심이 깊어져 강을 건너기가 어려웠기 때문이에요. 압록강만 건너면 바로 요동 지역에 도착할 수 있었지만, 여기서 더 나아갔다가는 오히려 위험에 빠질 수 있는 상황이었습니다. 이에 이성계는 고려 조정에 군대를 돌릴 수 있도록 해달라고 요청합니다. 하지만 돌아온 것은 계속 진격하라는 명령뿐이었습니다. 이대로 진격해서 군사들을 모두 위험에 빠뜨릴 것인가, 아니면 군대를 돌릴 것인가. 갈림길 앞에 놓인 이성계는 깊은 고민 끝에 군대를 돌려 개경으로 돌아갑니다. 이것을 우리는 '위화도 회군'이라고 부르죠. 이 선택은 이성계에게 큰 위험이 따르는 것이었습니다. 회군을 한다는 것은 왕의 명령을 어긴 반역자가 되는 거잖아요?

군대를 돌린 이성계는 백성들을 위험에 빠뜨리는 결정을 한 최영 등을 제거한다는 명분을 내세워 쿠데타를 일으켰고, 최영은 군사를 모아 이에 맞서고자 했지만, 군사 대부분을 요동 정벌군으로 내어준 상태였기에 이성계를 막기는 어려웠습니다. 결국 이성계는 고려 조정의 최고 실력자이자 자신의 정치적 라이벌이었던 최영을 제거하고, 우왕을 폐위한 후 창왕을 새로운 왕으로 세웠습니다. 다음 해에는 창왕마저 폐위한 후 공양왕을 즉위시켰고요. 하지만 창왕, 공양왕은 모두 꼭두각시 왕일 뿐, 정치 권력은 이제 이성계의 손안에 들어가 있었습니다. 그런 이성계의 권력 장악을 지지하고, 환호하는 정치 세력이 있었으니, 바로 신진 사대부들이었습니다.

신진 사대부들은 원 간섭기에 원으로부터 고려에 전파된 성리학이라는 새로운 유학 사상을 공부한 학자들이었습니다. 성리학을 기반으로 고려 말기의 각종 사회 모순을 개혁하고자 했는데요. 그들은 공민왕 시기에 과거 시험을 거쳐 오직 실력으로 중앙 정계에 진출한 사람들이었습니다. 그러니 실력도 없이 원의 세력에 기대어 권력을 누리던 권문세족을 강하게 비판할 수밖에요. 신진 사대부들은 이 같은 맥락에서 공민왕의 반원 정치 개혁을 도왔고, 우왕 때는 하나의 정치 세력으로 성장하여 부정부패를 일삼고 있는 권문세족을 몰아내고, 새로운 정치 질서를 세우고자 노력했습니다. 하지만 안타깝게도 그들에겐 개혁을 추진할 만한 튼튼한 정치 권력이 없었으므로 자신들이 구상한 개혁을 실현할 파트너로 떠오르는 별 이성계와 손을 잡은 것입니다. 신진 사대부들의 지식과 이성계의 정치 권력이 만난다면 개혁을 성공시킬 수 있다고 생각한 거죠. 따라서 이성계가 위화도 회군을 계기로 확실하게 정치 권력을 잡게 되자 신진 사대부들은 '이제 본격적인 개혁의 때가 왔다!'고 판단하였고, 고려 개혁 추진에 박차를 가하게 됩니다.

하지만 개혁을 추진하는 속도나 내용을 둘러싸고 신진 사대부들은 온건파와 급진파 둘로 갈라져요. 고려 왕조를 그대로 유지한 채 그 안에서 점진적인 개혁을 추진하고자 했던 이색·정몽주 등은 온건파 사대부, 고려 왕조를 무너뜨리고 새로운 나라를 세워 새 세상을 만들고자 했던 정도전 등은 급진파 사대부로 분류됩니다. 이성계는 급진파 사대부 정도전과 손잡았고, 새로운 나라를 만들기 위한 준비 작업을 시작합니다. 이성계와 급진파 사대부의 대표적인 개혁으로는 과전법 실시가 있습니다. 그동안 권문세족들이 농민들의 토지를 빼앗아 대토지를 소유하고 있으면서 세금도 제대로 내지 않아 국가 재정이 궁핍해졌기에 토지 문제를 해결하는 것은 여러모로 매우 시급한 과제였습니다. 따라서 이성계와 급진파 사대부는 과전법이라는 새로운 토지제도를 시행하여 권문세족의 경제 기반을 약화하고, 백성들을 안정시키는 한편 이성계와 함께 새로운 나라 건설을 꿈꾸고 있는 신진 사대부들에게도 경제적 기반을 만들어주게 됩니다.

한걸음, 한걸음 새로운 나라를 만들기 위한 작업을 하고 있던 이성계와 급진파 사대부에게는 한 가지 걸림돌이 있었으니 바로 온건파 사대부였습니다. 처음에는 고려를 개혁할 파트너로서 이성계를 지지했던 정몽주 등은 과전법 실시와 같은 급진적인 개혁에 반대하였고, 나아가 이성계가 새로운 나라를 세우고 왕이 될 움직임을 내보이자 더는 그를 지지할 수 없다고 판단합니다. 정몽주는 온건한 방식의 개혁을 통해 끝까지 고려를 지켜야 한다고 굳게 믿고 있었거든요. 한때 이성계를 지지했던 정몽주였지만 이제 정몽주에게 이성계는 고려를 멸망시키려는 위험한 인물로 비춰질 뿐이었습니다.

그러던 어느 날 정몽주에게 뜻밖의 기회가 찾아왔습니다. 명나라에 갔다가 돌아오는 세자를 마중 나갔던 이성계가 황주에서 사냥을 하다가 말에서 떨어져 위독하다는 소식이 들려온 것입니다. 이를 하늘이 주신 기회라고 생각한 정몽주는 우선 이성계의 가장 가까운 부하들을 제거하려 하였습니다. 하지만 분위기가 심상치 않음을 직감한 이성계의 아들 이방원은 아버지에게 상황의 위급함을 알리며 이성계에게 그날 밤 바로 개경으로 돌아오라고 합니다. 이방원 역시 정몽주를 위험한 인물이라고 생각하던 참이었으니까요.

정몽주는 개경으로 돌아온 이성계 쪽의 상황을 살펴보기 위해 병문안을 핑계로 직접 이성계를 찾아갔습니다. 아무 일도 없었다는 듯 정몽주를 맞이한 이성계의 병문안을 마치고, 건넌방으로 넘어간 정몽주는 작은 술상을 가운데 두고 이방원과 마주 앉았습니다. 어두운 방 안을 비추는 등잔 불빛이 희미하게 흔들리는 가운데 이방원이 먼저 입술을 뗄 때 팽팽한 긴장감을 깼습니다.

이런들 어떠하리 저런들 어떠하리
만수산 드렁칡이 얽혀진들 어떠하리
우리도 이같이 얽혀서 백 년까지 누리리라

이방원은 정몽주를 향해 힘을 합쳐 새로운 나라를 만들어보자는 은근한 신호를 보냈습니다. 곧은 절개도 좋지만 제발 현실을 바로 보고, 때로는 구부러지기도 하며 사는 것이 인생이니, 우리에게 협조하는 것이 어떠냐는 메시지를 담은 이 글이 바로 〈하여가〉입니다.

이 몸이 죽고 죽어 일백 번 고쳐 죽어
백골이 진토 되어 넋이라도 있고 없고
님 향한 일편단심이야 가실 줄이 있으랴

정몽주는 단호하게 이방원의 제안을 거절합니다. 정몽주에게 두 명의 임금을 섬기는 것은 충성스러운 신하의 자세가 아니었던 것입니다. 정몽주는 그 자리에서 바로 〈단심가〉를 지어 자신은 죽어서 뼈가 진흙이 되어도 끝까지 고려를 지키겠다고 합니다. 정몽주에게는 고려의 신하로서 마땅히 지켜야 할 도리, 곧 명분이 중요했던 것입니다.

이방원과 정몽주 모두 자신의 의견을 직접 말하지 않고, 글을 지어 상대방에게 메시지를 전달하고 있습니다. 이 장면이 마치 지금 래퍼들이 메시지를 담은 랩을 내뱉으며 상대방을 자극하는 랩배틀과 비슷해 보이지 않나요? 즉흥적으로 글을 지어 전달하는 두 사람의 모습이 프리스타일 랩을 하는 래퍼들 같기도 합니다.

이렇게 정몽주의 변하지 않는 마음을 확인한 이상 새 나라 건설에 걸림돌이 되는 그를 살려둘 수 없다고 판단한 이방원은 부하를 보내 집으로 향하는 정몽주를 습격했습니다. 끝까지 고려의 충신으로 남고자 했던 정몽주는 그렇게 목숨을 잃죠.

마침내 1392년, 고려의 마지막 왕 공양왕을 폐위시키고 새로운 나라의 왕위에 오른 이성계는 나라 이름을 조선으로 하고, 수도를 한양으로 삼아 새로운 시대를 열었습니다. 변방 무인 세력이었지만 오직 실력으로 승부하며, 고려 정치를 개혁할 기대주로 떠올라 신진 사대부의 지지를 받으며 조선을 건국한 이성계. 아버지를 도와 조선 건국 과정에서 공을 세우고 후에 조선의 3대 왕 태종으로 즉위하는 이방원. 끝까지 고려를 지키려고 했지만 시대의 흐름에 걸림돌이 되어 목숨을 잃은 정몽주. 역사 속 다양한 인물들의 행적을 살피다 보면 '나라면 어땠을까, 나의 삶의 방향은 어떠해야 할까?' 라고 되묻게 되는데요. 참고로 훗날 왕위에 오른 이방원은 조선을 건국할 때엔 정몽주가 걸림돌이었으나, 나라를 세우고 올바른 정치를 위해서는 정몽주와 같은 곧은 절개의 신하를 높이 평가해야 한다는 신하의 조언을 들은 후 이미 죽은 정몽주에게 벼슬을 내리고 충신으로 높이 평가했답니다.

#커튼콜

한 인물에 대한 평가는 시대에 따라 달라질 수 있습니다. 역사 속 인물 중 인물이 살던 시기와 현재의 평가가 달라진 인물을 찾아볼까요?

〈방 안에 켰는 촛불〉

_ 방 안의 저 촛불, 내 마음과 같이 타들어 가네

이 무대는 중학교 역사 교과서 IV. 조선의 성립과 발전 〉 1. 통치 체제와 대외 관계, 고등학교 한국사 교과서 I. 전근대 한국사의 이해 〉 5. 조선 시대 세계관의 변화 부분을 함께 보면 좋아요!

방 안에 켜있는 촛불 누구와 이별하였기에

겉으로 눈물 흘리며 속 타는 줄 모르는가

저 촛불 나와 같아서 속 타는 줄 모르는구나

어두운 방 한가운데 불 켜진 초 한 자루가 조금씩 타들어 가고 있습니다. 촛농이 흘러내리는 모습이 마치 눈물을 흘리고 있는 것처럼 보입니다. 슬프고 답답한 심정의 나처럼 말이죠.

조선의 문인이었던 이개가 지은 이 시에는 사랑하는 연인과 헤어져 슬픈 심정이 담겨 있는 것 같습니다. 하지만 이개가 이 시를 쓴 배경을 살펴보면 그가 그리는 님은 연인이 아니라 바로 자신이 모시던 왕, 단종이라는 것을 알 수 있습니다. 이개는 단종이 강원도 영월로 유배를 떠나자 슬프고 참담한 심정을 담아 위의 시를 지었거든요. 그런데 이상하죠. 유배는 잘못을 저지른 죄인을 먼 지방으로 보내는 형벌입니다. 왕이었던 단종이 대체 무슨 잘못을 저질렀기에 유배를 떠나야 했을까요? 이개의 시에 얽힌 사연을 자세히 알아봅시다.

　　여러분은 '조선의 왕' 하면 가장 먼저 누가 떠오르나요? 많은 사람이 아마도 세종을 가장 먼저 떠올리지 않을까요? 세종은 한글 창제라는 큰 업적을 남겨 지금 우리가 편하게 글을 읽고, 쓸 수 있게 해주었습니다. 뿐만 아니라 재위기간 동안 측우기 등 각종 과학 기구를 제작하여 백성들의 삶에 실질적인 도움을 주었지요. 그래서 현재까지도 많은 사람에게 존경받는 왕으로 손꼽힙니다. 여러 업적을 남기며 재위 기간 내내 열정적으로 일했던 세종은 건강이 좋지 못했고, 말년에는 왕세자(후에 문종)에게 자신을 대신하여 국정을 돌보도록 했습니다. 왕세자는 8살에 세자에 책봉되어 약 30년간 왕이 될 교육을 받아왔기 때문에 아버지를 대신해서 안정적으로 나랏일을 돌보았습니다. 사실 세자는 어릴 때부터 출중한 능력을 인정받은 데다 외모까지 준수했다고 합니다.《조선왕조실록》에는 문종의 외모와 학식이 뛰어나 명나라에서 온 사신들이 "이 나라는 산수山水가 빼어나니 이런 아름다운 인물이 나는군요"라며 칭찬했다는 기록이 있고, 이외에도 세자의 준수한 외모에 대한 기록이 여럿 남아 있습니다. 지금으로 치면 세자는 꽃미남이었던 것 같네요.

세종이 세상을 떠나자 조선의 제5대 왕으로 즉위한 문종은 오랜 세자 시절의 정치 경험을 바탕으로 안정적인 국가 운영을 시작하였습니다. 하지만 안타깝게도 문종은 왕위에 있던 시간이 너무나 짧았습니다. 문종 역시 그리 건강한 편이 아니었고, 병을 얻어 즉위 2년여 만에 세상을 떠났거든요. 문종의 아들 단종이 조선의 새로운 왕으로 즉위했지만, 그의 나이는 고작 12살이었습니다. 왕으로서의 노련함과 위엄을 기대하기에는 너무도 어린 나이었죠. 이런 경우 수렴청정이라고 해서 왕이 성인이 될 때까지 어머니나 할머니가 왕을 대신해 나랏일을 돌봐주기도 하지만 단종의 경우 할머니인 소헌왕후, 어머니인 현덕왕후 모두 세상을 떠나고 없는 상황이었습니다. 심지어 현덕왕후는 단종을 낳고 며칠 후 산후병으로 세상을 떠났으니 궁궐 안에 어린 단종을 보호해줄 사람은 아무도 없었습니다. 그래서 문종은 죽기 전 김종서, 황보인 등 믿을 만한 신하들에게 왕세자를 부탁합니다. 단종이 훌륭한 왕이 될 수 있도록 곁에서 잘 도와달라고요. 하지만 문종이 이렇게 부탁한 데에는 더 중요한 이유가 있었습니다. 문종의 바로 아래 동생 수양대군 때문이었습니다.

세종의 둘째 아들이었던 수양대군은 문종 못지않은 능력을 보유한 인물이었습니다. 세종 때 아버지를 도와 훈민정음 창제에 참여하기도 하였고, 어머니인 소헌왕후가 세상을 떠나자 소헌왕후의 명복을 빌기 위해 《석보상절》이라는 불교 경전을 편찬하기도 했습니다. 무예 실력도 뛰어났던 수양대군은 다소 온순한 성품을 갖고 있던 세자 시절의 문종에게 보란 듯이 한겨울에 여름 옷차림으로 사냥터를 누비기도 했습니다. 문무 모든 측면에서 문종에 비해 부족한 것 없었던 수양대군에게 딱 한 가지 부족한 것은 둘째 아들로 태어났다는 점이었어요. 수양대군은 형 문종에 버금가는 능력을 지녔지만 둘째라서 왕위를 이을 수 없다는 현실을 받아들여야만 했습니다. 그래서 행동에 거침이 없고 자신을 보여주는 데 주저함이 없는 수양대군의 성향을 잘 알았던 문종은 혹시라도 자신이 죽은 뒤 수양대군이 왕위를 넘보는 상황이 벌어질까 걱정할 수밖에 없었습니다.

12살에 왕이 된 어린 단종은 세종 때부터 조선을 이끌어온 김종서 등 노련한 대신들에게 의지해야 했습니다. 수양대군은 나이 어린 왕을 보필한다는 명분으로 국정을 운영하며 권력을 키운 대신들을 매우 못마땅해했고, 반대로 김종서 등 대신들은 수양대군의 야심을 견제하였습니다. 그들은 수양대군을 견제하기 위해 수양대군의 형제들인 안평대군, 금성대군 등을 자신들의 편으로 끌어들였는데요. 특히 안평대군은 문학과 예술에 뛰어나 주변에 사람이 많이 모이곤 했습니다. 그래서 수양대군은 안평대군과 김종서 세력이 힘을 합치는 것을 매우 경계했어요. 정치 권력을 둘러싼 팽팽한 긴장 구도 속에 결국 문종의 걱정은 현실로 나타났고, 단종 즉위 다음

해인 1453년 수양대군은 부하들과 함께 김종서의 집을 불시에 습격하여 김종서와 그의 아들들을 죽였습니다. 뒤이어 단종의 명령이라고 속이고 단종을 보필하며 수양대군을 견제했던 대신들을 궁궐로 불러들인 후 차례로 제거합니다. 이때 수양대군이 내세운 명분은 '나이 어린 왕을 등에 업고 권세를 누리는 대신들을 제거하여 정치 질서를 바로잡고 왕권을 높인다'는 것이었습니다. 수양대군의 견제를 받았던 안평대군 역시 강화도로 귀양을 갑니다. 그 이유는 김종서 등과 한패가 되어 왕위를 빼앗으려고 했다는 것이었습니다. 이후 안평대군은 귀양지에서 제거되었습니다. 자신의 정적들을 제거하고 더는 거리낄 것이 없었던 수양대군은 스스로 영의정부사·영경연사·영춘추관사·영서운관사·겸판이병조·내외병마도통사의 직책을 맡아 정권을 장악합니다. 지금으로 따지면 국무총리부터 국방부 장관까지 정부의 핵심 직책을 모두 한 사람이 도맡은 셈입니다. 왕의 자리에만 앉지 않았을 뿐 왕과 같은 막강한 권력을 쥐게 된 것이지요. 김종서 등을 제거하고 수양대군이 정권을 장악한 이 사건을 계유정난이라고 부릅니다.

계유정난 이후 단종은 바람 앞의 촛불과 같은 처지가 되어버렸습니다. 왕 자리에 앉아는 있지만 아무런 힘이 없었던 단종은 결국 수양대군에게 왕위를 넘겨주고 자신은 상왕(왕이 살아 있으면서 왕위를 다음 왕에게 물려주었을 때 물러난 왕을 가리킴)이 되었고, 1455년 수양대군은 조선의 제7대 왕 세조로 즉위하였습니다.

하지만 단종의 비운은 이것으로 끝이 아니었습니다. 일명 사육신으로 불리는 성삼문, 박팽년 등 집현전 출신의 젊은 관리들이 세조를 몰아내고 단종을 다시 왕의 자리에 올리기 위해 계획을 세우다가 발각되는 사건이 벌어졌거든요. 이들은 세조가 조카인 단종의 왕위를 빼앗은 것은 유교 윤리에 어긋나는 일이며, 정통성이 없는 세조를 왕으로 모실 수 없다고 생각했습니다. 더불어 이들은 문종이 병약하여 왕위를 오래 지키지 못할 것을 예상했던 세종으로부터 어린 손자(단종)를 잘 부탁한다는 당부를 받았던 사람들이었습니다. 결국 그들은 세조를 제거하기로 결심했고, 마침 명나라 사신을 대접하는 연회에 별운검(왕을 호위하는 임시 직책)으로 성삼문의 아버지가 임명된 것을 기회로 연회장에서 세조를 제거하려는 계획을 세웠습니다. 하지만 세조의 측근이었던 한명회가 낌새를 눈치채요. 그러고는 연회 장소가 좁다는 이유로 별운검을 연회 자리에서 빼버리는 등 기존 계획을 모조리 바꿔버립니다. 어쩔 수 없이 다음을 기약하고 기회를 엿보던 중 그들의 계획이 탄로 났고, 세조는 성삼문 등을 불러 직접 심문했습니다.

"너희들은 어찌 나를 배반하였는가? 내가 주는 나라의 녹(녹봉-국가가 관리에게 봉급으로 준 곡식, 옷감 등)을 먹고도 배반을 하였으므로 너희들은 상왕을 복위한다고 하지만 실제로는 정권을 차지하려고 했던 것 아니냐?"

"상왕께서 계신데 나으리가 어찌 나를 신하라고 하십니까? 나는 나으리의 녹을 먹지 않았으니, 만약 나의 말을 믿지 못하겠거든 내 집 재산을 모두 헤아려보시지요!"

세조를 향해 나으리라는 호칭을 사용하며 결코 왕으로 인정하지 않겠다는 성삼문의 당찬 대답을 들은 세조는 화가 나 성삼문에게 더욱 모진 고문을 가했습니다. 하지만 성삼문은 끝까지 태연한 모습으로 고문을 견뎌냈습니다. 단종 복위 계획에 가담했던 사람들은 죽임을 당하거나 스스로 목숨을 끊었고, 성삼문이 죽은 후 그의 집 재물을 조사해보니, 세조가 즉위한 이후 나라에서 받은 녹봉을 하나도 사용하지 않고 고스란히 모아두었다고 합니다. 사육신 중 한 명이었던 이개는 수양대군에게 왕위를 빼앗기고 불안한 생활을 하고 있을 단종을 걱정하며 시를 짓기도 했는데요, 우리가 글 첫머리에서 본 그 시입니다.

세조의 신하들은 성삼문 등이 역모를 꾸민 근본적인 원인이 상왕 즉, 단종에게 있다고 주장하였고, 이에 세조는 단종을 강원도 영월로 유배시킵니다.

숙부에게 왕위를 빼앗긴 것도 모자라 영월로 유배까지 가야 했던 단종의 심정은 과연 어땠을까요? 하지만 비극은 이걸로 끝이 아니었습니다. 단종이 유배된 지 약 한 달 뒤 이번에는 세조의 또 다른 동생 금성대군이 단종을 복위시킬 계획을 꾸미다가 발각되었거든요. 세조와 신하들은 결국 단종을 제거하기로 마음먹고 금부도사♪ 왕방연에게 사약을 들고 단종이 있는 영월로 가라고 합니다.

　　금부도사란 조선 시대 국왕 직속의 사법기관으로 중대한 범죄를 다스리던 의금부에 속한 직책입니다. 왕의 특명에 따라 죄인을 심문하는 일을 하던 사람이죠. 또한 어명에 따라 사약을 가지고 가 사형을 집행하는 임무를 갖고 있었습니다. 드라마나 영화 속에서 "죄인은 사약을 들라!" 하고 명령을 내리는 바로 그 사람입니다. 따라서 죄인에게 금부도사는 저승사자와 같은 존재였습니다.

사실 왕방연은 단종이 유배를 떠날 때 영월까지 안내하는 임무를 맡았던 사람이었습니다. 어린 단종을 영월 산골짜기에 홀로 모셔다 놓고 한양으로 돌아오는 왕방연의 마음도 편치만은 않았겠죠. 왕방연은 당시 자신의 심정을 한 편의 시로 남겼습니다.

　　천만리 머나먼 곳에 고운 임을 두고 돌아오다가
　　내 마음 둘 곳 없어 냇가에 앉아있으니
　　저 물도 내 마음과 같아 울면서 밤길을 흘러가는구나

　　초가 타면서 촛농이 흘러내리는 모습을 마치 초가 슬퍼서 눈물을 흘리는 것 같다고 표현한 이개, 졸졸 소리 내며 흘러가는 시냇물을 보며 슬퍼서 운다고 표현한 왕방연. 우리 조상들의 애틋한 감성이 느껴지나요? 더불어 옛사람들은 임금을 향한 마음을 담은 글을 지으면서 왕을 사랑하는 님으로 표현하는 경우가 많았습니다. 그래서 시가 지어진 배경을 모르고 왕방연의 시를 읽으면 마치 사랑하는 연인과 이별한 뒤에 그 심정을 담은 글처럼 보입니다. 글도 사람도 제대로 이해하려면 그 배경을 자세히 들여다봐야 하는 이유랍니다.

단종을 모시고 영월까지 왔던 왕방연은 이제 사약을 들고 단종을 찾아가야 했으니 그 심정은 정말 참담했을 것입니다. 기록에 의하면 왕방연은 차마 단종에게 사약을 들라는 말을 꺼내지 못하고 단종 앞에 엎드려 울기만 했다고 합니다. 한편《조선왕조실록》에는 왕방연이 영월에 도착하자 단종이 스스로 목을 매 목숨을 끊었다고 기록되어 있습니다. 하지만 이 기록은 사실과 다를 가능성이 있습니다. 어린 조카의 왕위를 빼앗고, 결국은 사약을 내려 조카를 죽였다는 사실은 세조에게 도덕적으로 매우 부담스러운 일이지 않겠어요? 그러니 후세 사람들이 볼《조선왕조실록》에 단종이 '스스로' 목숨을 끊었다고 기록하여 어떻게든 책임을 면하고 싶었을 겁니다.

조카의 자리를 빼앗아 왕이 된 세조도 마음에 부담을 느꼈던 걸까요? 야사에 의하면 어느 날 세조가 꿈을 꾸었는데 단종의 어머니 현덕왕후가 꿈에 등장해 자신의 아들에게 한 짓을 꾸짖고, 복수하겠다고 하며 세조에게 침을 뱉었다고 합니다. 세조는 놀라서 깨어났고, 정말로 현덕왕후의 복수가 시작된 것인지 세조의 첫째 아들은 19살의 나이에 죽었고, 둘째 아들로 왕위에 오른 예종 역시 즉위 1년 만에 죽었습니다. 꿈을 꾸고 난 세조는 피부병에 시달렸다고 합니다. 세조의 꿈에 현덕왕후가 등장했다는 이야기가 사실이 아닐

지라도, 조선의 사람들이 세조에 대해서 어떻게 평가하고 있었는지를 짐작하게 해주는 이야기입니다.

#커튼콜

어린 조카 단종에게서 왕위를 빼앗은 세조, 하지만 세조는 조선 시대 국가 통치의 기본이 되는 법전인 경국대전 편찬을 시작하고, 군사제도를 개편하는 등의 업적을 가지고 있습니다. 여러분은 세조를 어떤 왕으로 평가하고 싶은가요?

〈조선가〉

_ 그들은 왜 일본으로 끌려갔을까?

이 무대는 중학교 역사 교과서 Ⅳ. 조선의 성립과 발전 〉 4. 왜란·호란의 발발과 영향, 고
등학교 한국사 교과서 Ⅰ. 전근대 한국사의 이해 〉 5. 조선 시대 세계관의 변화 부분을 함
께 보면 좋아요!

올 날이 오늘이라

매일도 오늘이라

날은 저물어도

새도록 오늘이라

오늘이 오늘과 같으면

무슨 세상 같으랴

이리도 노세 노세

저리 저리 노세 노세

우리 방 집 밖의

노세 남기 셋튼다

한가지로 나샤

져므나 새나 노세

남산 위의 소나무

소나무마다 학이 앉았네

서산으로 해가 저도

날마다 이러하랴

하물며

새로 생긴 날이거니

날이 저무나 새나 노세 노세

산 좋고 물 좋은 골에서

잔을 잡고 고쳐 앉아

저곳을 바라보니

저 산에도 좋은 골이 있구나

저 산 좋은 골에

아니 놀고 어찌하리

〈조선가〉라는 이 노래, 여러분은 가사의 내용이 무엇인지 이해하셨나요? 조선 시대 사람들이 한글로 남겨 놓은 가사이지만 현재 우리가 쓰는 한글과는 조금 차이가 있어 그 내용이 알 듯 말 듯, 알쏭달쏭합니다. 가사 내용을 대략 풀어보면 '매일이 오늘과 같은 날이었으면 좋겠다. 새로 올 날이 오늘 같으면 얼마나 좋으랴. 날이 저물도록 놀자. 산 좋고 물 좋은 골짜기에서 바라보니 저 산에도 좋은 곳이 있으니 어찌 놀지 않을 수 있겠는가' 정도입니다. 가사만 음미해보면 이 노래는 유흥을 즐기는 노래 같아요. 아주 평화로운 시절에 이리저리 좋은 장소를 찾아다니며 놀기를 일삼는 한가하고 여유로운 사람이 부르는 노래 말입니다. 하지만 사실은 그게 아니랍니다.

이 노래는 일본으로 끌려가 일본에서 조선인 마을을 만들고 살던 조선 사람들이 부른 노래였습니다. 비행기 같은 교통수단이 잘 발달해 있고, 언제든 가족·친구들과 연락을 주고받을 수 있는 현재에도 다른 나라에서 생활한다는 것이 쉬운 일은 아니죠. 하물며 조선 시대, 심지어 일본 사람들에 의해 강제로 일본으로 끌려갔던 사람들이라면 일본에서의 생활이 편안하지 않았을 겁니다. 그런 그들이 저렇게 여유가 넘치는 가사의 노래를 불렀다니 대체 그들에게는 어떤 사연이 있었던 것일까요? 그들의 사연을 들으러 가봅시다.

건국 이후 오랜 기간 평화의 시기를 보내고 있던 조선에 임진왜란이라는 커다란 위기가 닥친 것은 1592년 4월이었습니다. 700여 척의 배를 나누어 타고 부산 앞바다에 도착해 파죽지세로 한양을 향해 질주하는 일본군을 제대로 막지 못했던 조선은 보름 만에 한양을 함락당하며 국가적인 위기를 맞습니다. 하지만 임진왜란 초반의 이런 위기는 예상된 결과였는지도 모릅니다.

조선은 임진왜란이 터지기 전 4차례에 걸친 사화♩와 동인·서인 같은 붕당 간의 정치적 대립으로 혼란을 겪으며 국방력이 약해지고 있었습니다. 그때, 일본에서는 도요토미 히데요시가 약 100년간의 전국시대戰國時代를 통일했어요. 오랜 기간 분열되어 있던 일본을 통일한 도요토미 히데요시는 자신감에 가득 차서 그동안 축적된 군사력을 바탕으로 중국 대륙의 명나라를 정벌하겠다는 야심 찬 계획을 세웠습니다. 도요토미 히데요시는 조선에 사신을 보내 일본과 조선이 동맹을 맺고 함께 명을 치자고 꼬드겨요. 심상치 않은 일본의 분위기를 감지한 조선 조정에서는 대체 도요토미 히데요시가 무슨 일을 꾸미고 있는지 알아보기 위해 통신사를 파견했습니다. 서인 황윤길, 동인 김성일이 통신사가 되어 일본으로 건너

♩ 사화士禍란 훈구파의 공격으로 많은 사람이 화를 입은 것을 말합니다. 연산군 때의 무오사화와 갑자사화, 중종 때의 기묘사화, 명종 때의 을사사화까지 총 네 차례의 사화가 발생했습니다. 사화는 성종 이후 새롭게 정치 세력이 된 사림들이 기존에 정치 권력을 쥐고 있던 훈구파들의 부정과 비리를 비판하자 이에 맞서 훈구파가 사림파들을 탄압하면서 발생했습니다. 네 차례의 사화에도 불구하고 사림들은 결국 정치 권력을 쥐게 되었고, 선조 때는 이 사림들이 갈라져 동인, 서인 등의 붕당이 형성되었습니다.

가 둘 다 도요토미 히데요시를 직접 만나고 돌아오지요.

그런데 이게 웬일인가요? 일본에서 돌아온 황윤길과 김성일이 서로 다른 내용을 왕에게 보고한 겁니다. 황윤길은 일본이 많은 병력을 가지고 있어 조선이 뜻대로 따르지 않을 경우 조선을 침략할 기미가 있고, 도요토미 히데요시의 눈빛이 예사롭지 않다고 하였습니다. 반면 김성일은 일본이 조선을 침략할 기미를 발견하지 못했고, 도요토미 히데요시는 마치 쥐와 같은 눈을 가지고 있어 두려워할 것이 없다고 했죠. 같은 것을 보고 와서 서로 다른 이야기를 하는 김성일과 황윤길. 조선의 조정은 누구의 말을 따라야 할지 혼란에 빠졌습니다.

동인과 서인 간의 대립 분위기 속에서 조정의 신하들은 사실을 떠나 무조건 자기 붕당 사람의 말이 맞을 것이라고 주장합니다. 팩트 체크는 뒷전이었던 거예요. 결국 '설마 무슨 일이 있겠어?'라는 생각, 일어나지 않을지도 모르는 전쟁에 대비하다가 백성들에게 부담만 지울 수 있다는 의견, 그리고 서인보다 우세한 정치적 지위에 있었던 동인 쪽 김성일의 말을 따라 조선은 군사적 대비에 소홀하게 됩니다.

하지만 설마가 사람 잡는다고 하죠? 도요토미 히데요시는 군사를 보내 조선을 침략했습니다. 사실 황윤길과 김성일 사건 이후로도 일본의 침략에 대비할 수 있는 기회는 여러 차례 있었습니다. 하지만 조선의 조정과 국왕 선조는 이 기회를 번번이 무시해버렸어요. 조선과 일본 간의 외교 업무를 담당하며 자주 조선을 방문하던 일본인으로부터 "일본이 조선의 길을 빌려 명나라를 정복할 준비를 하고 있다"는 말을 전해 듣고 이 사실을 선조에게 보고한 관리가 오히려 관직에서 잘리는 일까지 발생했을 정도였습니다.

　부산의 왜관(조선 시대 일본인과의 교역을 위해 조성한 지역)에 머무르고 있던 일본인들이 본국으로 건너가버린 바람에 왜관이 텅 빈 것을 보고서야 조선은 일본의 침입을 사실로 받아들입니다. 그러고는 뒤늦게 무기를 정비하고, 군사 시설들을 점검하지만, 전국시대를 거치며 전쟁에 단련된 무사들을 모아 모든 준비를 마치고 조선으로 침략해 온 일본군을 막아낼 수는 없었습니다. 심지어 일본군의 손에는 포르투갈을 통해 일본으로 들어온 조총이 들려 있었습니다. 요란한 소리를 내는 조총을 쏘아대는 일본군 앞에서 조선의 관군은 제대로 대응조차 하지 못했고, 부산에 이어 상주가 함락되었다는 소식에 이어 기대를 걸었던 신립 장군이 충주성에서 패배했다는 소식을 듣게 되지요. 이에 선조는 급히 한양 도성을 빠져나와 피난 길에 올랐습니다. 피난 중 한양마저 적의 손에 함락되었다는 소식이 전해지자 다급해진 선조는 의주로 향하는 피난길 와중에 명나라에 지원군을 요청합니다. 일본군은 거침없이 황해도, 함경도까지 진격하여 각지의 고을에서 약탈을 일삼고 있었고요.

　관군은 패배를 거듭하고, 선조는 명의 지원군이 오기만을 기다리며 피난 가기에 바쁜 엄청난 위기 상황입니다. 그때 조선을 구하겠다는 일념으로 백성들이 힘을 합쳐 일어섰는데요. 바로 전국 각지의 의병이었습니다. 경상도의 곽재우, 전라도의 고경명, 충청도의 조헌 등 여러 의병장과 그를 따르는 수많은 의병이 자신의 가족과 고을을 지키기 위해 목숨을 걸고 적과 맞서 싸웠고, 각 사찰의 승려들도 나라를 지키기 위해 의병을 일으켰습니다. 육지에서 의병이 일어나 일본군과 싸우는 동안 바다에서는 이순신이 이끄는 수군이 맹활약을 펼쳤습니다. 1592년 5월 옥포 해전 승리를 시작으로, 사천 해전, 한산도 해전에서 승리를 거두었는데요. 특히 거북선의 투입은 수군을 승리로 이끄는 데 매우 중요한 역할을 했습니다. 탁월한 지휘 능력과 뛰어난 전술을 발휘한 이순신과 그가 이끄는 수군의 연이은 승리는 일본군의 보급로를 끊어 큰 타격을 주었습니다.

1952년 7월부터는 명의 지원군이 전쟁에 참여합니다. 조·명 연합군은 일본군이 차지하고 있던 평양성을 탈환하였고, 권율 장군은 행주산성에서 일본군에 대승을 거두었습니다. 이에 위기를 느낀 일본은 명에 화의를 요청했고, 3년간에 걸쳐 화의 교섭이 이루어졌으나 일본 측의 무리한 요구로 인해 교섭은 실패로 돌아가지요. 1597년, 도요토미 히데요시는 다시 조선을 침략했는데, 이를 정유재란이라고 합니다. 육지에서 조·명 연합군이 일본군과 맞서는 동안 이순신은 명량 대첩을 승리로 이끌었고, 전세는 일본군에게 불리하게 돌아갔지요. 결국 도요토미가 병으로 사망했다는 소식이 전해지면서 일본군은 조선에서 모든 병력을 철수하였고, 이로써 기나긴 전쟁은 끝이 났습니다.

7년간의 전쟁이 남긴 상처는 너무나 참혹했습니다. 전쟁 중 수많은 백성이 목숨을 잃었고, 전쟁이 휩쓸고 간 자리에는 황폐해진 땅만 남았습니다. 인명 피해는 단순히 목숨을 잃는 것으로 끝이 아니었습니다. 일본군은 전쟁터에서의 공을 인정받기 위해 목숨을 잃은 조선군의 귀와 코를 베어 소금에 절이거나 식초에 담아 일본으로 가져갔고, 더 많은 공을 인정받고 싶었던 일본군들은 군인이 아닌 일반 백성들, 심지어 살아있는 사람의 귀, 코를 베어 가기도 했습니다. 일본으로 실려 간 조선인들의 코와 귀는 땅에 묻혔고, 현재에도 '귀무덤耳塚'으로 불리며 일본 각지에 분포하고 있습니다.

전쟁의 비극은 여기서 그치지 않았습니다. 전쟁 중 강제로 일본으로 끌려간 사람들도 많았습니다. 당시 일본으로 끌려간 사람들의 숫자는 대략 5만 명 내지 10만 명 정도로 추정하고 있는데요. 조선의 인구가 약 650만 명 정도였다는 것을 감안하면 그 숫자가 결코 적지 않습니다. 일본으로 끌려간 사람들은 노예가 되거나 전쟁에 동원된 군인들을 대신하여 농사를 지어야 했고, 여성들은 일본인의 아내나 첩이 되기도 했습니다.

이때 끌려간 조선 사람 중에는 도자기 만드는 장인인 '도공'도 포함되어 있었습니다. 당시 일본에서는 질 좋은 차를 우려내고, 마시면서 마음을 수련하는 다도가 유행하고 있었는데요. 도요토미 히데요시도 다도를 즐기기로 유명했습니다. 일본 내에서 다도가 발달하고 널리 퍼지면서 질 좋은 찻잔에 대한 수요도 늘어났습니다. 하지만 일본에는 조선의 백자나 청자 같은 우수한 자기를 만들 수 있는 기술이 없었고, 조선에서 건너온 자기 찻잔은 일본 내에서 명품 대우를 받으며 상상을 초월한 금액으로 거래되고 있었죠. 이러한 상황에서 자신의 부하들을 이끌고 임진왜란에 참여한 많은 영주가 도공 납치에 열을 올렸고, 도요토미 히데요시는 임진왜란에 참여한 사쓰마번의 영주 시마즈 요시히로에게 조선인 도공 납치를 직접 지시하기도 했습니다. 그래서 임진왜란을 '도자기 전쟁'이라고 부르기도 해요. 요시히로 역시 조선 도자기에 대한 관심이 컸기에 닥치는 대로 도공들을 붙잡아 들였고 박평의, 심당길 등 도공들을 일본의 사쓰마번으로 끌고 갔습니다.

낯선 땅에 던져진 도공들은 굶주림과 가난, 그리고 조선인을 차별하며 괴롭히는 일본 사람들 속에서 고통의 나날을 보내야만 했습니다. 몇 년 뒤 시마즈 요시히로는 조선인 도공들을 사쓰마번의 나에시로가와로 이주시켜 조선인 마을을 만들었고, 도공들에게 백자 생산을 지시하였습니다. 도공들은 살아남기 위해 도자기를 굽기 시작했는데, 이들이 만든 질 좋은 도자기는 사쓰마번의 특산물이 되어 일본 각지로 팔려나갔습니다. 조선인 도공들이 만든 도자기는 사쓰마번을 부유하게 만들어주었고, 요시히로는 매우 흡족해하며 조선인 도공들을 우대하게 되었지요. 요시히로는 조선인들이 사쓰마번으로 끌려간 도공 박평의, 심당길 이외에도 수많은 도공이 일본으로 끌려갔고, 그중에는 일본 도자기의 신으로 불리게 되는 이삼평이라는 도공도 있었습니다. 조선인 도공을 사로잡는 데 가장 열을 올린 영주 중 한 명이었던 히젠번의 영주 나베시마 나오시게는 이삼평을 비롯한 도공들을 끌고 가 아리타 지역에 조선식 가마를 만들어 자기를 생산하도록 하였습니다. 아리타에서 만들어진 질 좋은 도자기는 일본 각지로 팔려나갔고, 네덜란드 동인도 회사를 통해 유럽으로까지 수출되었습니다. 현재까지도 아리타 도자기는 일본의 대표 도자기로 인정받고 있고, 아리타 도자기를 창시한 이삼평은 도자기의 신으로 불리고 있습니다.

그 문화를 온전히 보존하고 있어야 조선에서 만들던 것과 같은 질 좋은 도자기가 나올 수 있다는 생각으로 나에시로가와의 조선인 마을에는 일본인들의 출입을 금지하였고, 이곳의 조선인들이 일본인과 결혼하거나 일본식 이름을 사용하는 것도 금지했습니다. 옷차림, 머리 모양 등 조선의 문화를 그대로 유지하도록 한 것입니다.

17세기 초 일본으로 끌려간 도공의 후손이 만든 것으로 추정되는 찻사발.
'개야 짖지 마라, 밤 사람이 다 도둑이냐'로 시작되는 글이 한글로 적혀 있는데 이를 통해 당시 밤에만 돌아다닐 수 있었던 조선인 도공들의 심정을 느낄 수 있다.
〈국립중앙박물관 소장〉

그렇게 조선인으로서의 정체성을 지키며 일본 땅에 정착해 살아갔던 그들이었지만 마음 한구석에는 늘 조선 땅, 고향에 대한 그리움이 있었습니다. 그때마다 그들은 〈조선가〉를 불렀습니다. 임진왜란이 일어나기 전 평화로운 시기 조선에서 불렸던 이 노래는 일본으로 끌려온 도공들이 고향을 생각하며 부르는 노래가 되었고, 나아가 일본으로 끌려가 갖은 고생과 차별을 겪은 그들이 평화를 기원하며 부르는 노래이기도 했습니다.

#커튼콜

인류의 역사를 돌아보면 수많은 전쟁이 있었다는 것을 알 수 있습니다. 전쟁은 사람의 목숨을 앗아가고, 일상의 평화를 깨뜨리는 사건입니다. 한편으로는 전쟁을 통해 문화와 문물의 교류가 이루어지기도 하고, 새로운 발명과 발견이 이루어지기도 합니다. 전쟁을 계기로 국가의 발전을 이루게 된 사례도 있고요. 우리는 전쟁을 어떻게 평가해야 할까요?

〈가노라 삼각산아〉

_ 명분의 한계에 빠진 조선의 운명

이 무대는 중학교 역사 교과서 IV. 조선의 성립과 발전 〉 4. 왜란·호란의 발발과 영향, 고등학교 한국사 교과서 I. 전근대 한국사의 이해 〉 5. 조선 시대 세계관의 변화 부분을 함께 보면 좋아요!

"전하, 아니 되옵니다! 오랑캐에게 항복이라니요!"

"전하, 오랑캐에게 항복이라니요, 있을 수 없는 일이옵니다! 다시 한번 생각해보소서!"

1637년 1월 겨울날, 조선의 16대 왕 인조는 왕의 옷인 곤룡포 대신 죄인임을 나타내는 푸른 옷을 입고 삼전 나루터에 쌓아 올린 높은 단상 위에 앉은 청 태종을 향해 절을 하기 시작했습니다.

한 번, 두 번, 세 번. 인조는 절을 할 때마다 머리가 땅에 닿도록 세 번 조아리는 삼배구고두를 실시하였습니다. 청 태종에게 항복한다는 의미였죠. 오랑캐라고 업신여기던 청 황제 앞에서 조선의 왕이 절을 하고 머리를 조아리는 굴욕적인 모습을 지켜볼 수밖에 없었던 신하들과 인조의 아들들은 눈물을 훔치며 다짐합니다. 오늘의 이 치욕을 반드시 되갚아주겠다고요. 인조는 어떻게 하다가 이런 수모를 겪어야만 했을까요? 과거로 거슬러 올라가 살펴봅시다.

1592년부터 1598년까지 약 7년간 이어진 임진왜란이 남긴 것은 황폐한 땅과 전쟁터에서 죽어 나간 사람들, 살아남았어도 궁핍한 삶을 이어갈 수밖에 없는 백성들이었습니다. 광해군이 즉위하던 1608년은 전쟁이 끝난 지 10여 년이 지난 뒤였지만 백성들의 삶은 조금도 나아지지 않았습니다. 국가 재정도 바닥나 있었고요. 이에 광해군은 왕위에 있는 동안 여러 방면으로 백성들의 삶을 돌보기 위한 정책들을 시행합니다. 전국의 토지를 조사하여 세금을 정확하게 거두어들이기 위한 기초 자료를 만들고, 개간 사업을 통해 농사 지을 수 있는 땅을 늘렸습니다. 또한 국가에 필요한 물건을 충당하기 위해 각 지역의 토산물을 바치도록 한 공납제도를 개선하여 토산물 대신 쌀이나 옷감을 내도록 하는 대동법을 시행하였습니다.

백성들의 삶을 보살피는 것 이외에도 광해군에게는 한 가지 더 신경을 써야 할 중요한 부분이 있었는데요. 바로 국방력을 강화하는 일이었습니다. 임진왜란은 오랫동안 평화 시기를 보내며 국방에 소홀했던 조선이 맞은 커다란 위기 상황이었습니다. 세자의 신분으로 강원도, 함경도 등지에서 의병을 일으키며 온몸으로 전쟁을 겪었던 광해군에게 전쟁은 두 번 다시 겪고 싶지 않은 고통스러운 기억이었습니다. 외적의 침략에 대비해 군사 훈련을 시행하고, 무

♪

　　공납은 국가에서 필요한 물건을 각 고을에 배정하여 토산물로 내도록 한 제도입니다. 땅이 많아 부유한 백성이나, 땅이 없어 가난한 백성 모두 그 고을에 배정된 양을 똑같이 나누어 부담했기에 땅이 없는 사람에게는 많은 부담이 될 수밖에 없었습니다. 또한 국가에서 각 고을에 바쳐야 할 물건을 정해줄 때 그 고을에서 생산되지 않는 물건을 바치라고 하는 경우가 있었고, 그런 경우 고을 사람들은 상인에게 부탁해 다른 고을에서 그 물건을 사서 바쳐야 했습니다. 이때 부탁받은 상인이 물건값을 원래 값보다 올려서 받기도 하고, 수고비까지 요구하는 바람에 공납은 많은 사람에게 상당한 부담을 주었습니다. 광해군 때 이 문제를 해결하기 위해 백성들이 각기 소유하고 있는 토지의 많고 적음에 따라 쌀이나 옷감으로 세금을 내도록 하는 대동법을 시행하였고, 땅이 적거나 없는 백성들은 이전보다 세금 부담을 훨씬 덜 수 있었습니다. 대동법은 양반 지주들의 반대로 처음에는 경기도에서만 시험적으로 시행하였지만, 시간이 지나면서 전국으로 확대·시행되었습니다.

너진 성벽들을 다시 튼튼하게 쌓아 올린 것도 당연한 일이었습니다.

　하지만 당시 동아시아의 국제 정세는 요동치고 있었습니다. 중국 대륙의 명나라가 혼란에 빠져 힘을 잃어가는 동안 만주에서 여진족의 누르하치가 각 부족을 통합해 후금을 세우고, 명을 위협하는 새로운 강자로 떠올랐기 때문입니다. 관리들의 다툼으로 정치마저 혼란스러웠던 명은 몽골족과 왜구의 침입으로 어려움을 겪고 있었던 데다 임진왜란 때 조선을 지원하기 위해 대규모 군사를 파견하면서 국가 재정은 바닥나 있었습니다. 무거운 세금 부담을 지고 있던 백성들은 각지에서 봉기를 일으켰고요.

이런 상황에서 후금으로부터 군사적인 위협까지 받자 명은 조선에 지원병을 요청합니다. 조선의 사대부들은 임진왜란 때 우리를 도와준 명 황제의 은혜를 갚기 위해 군사를 보내야 한다고 주장했습니다. 사대부들에게 명은 목숨을 구해준 은인이었으니까요. 하지만 광해군의 생각은 달랐습니다. 그는 선뜻 명나라의 요청을 받아들일 수 없었어요. 임진왜란이 끝난 지 그리 오래 지나지 않은 때에 군사를 보내야 하는 것이 부담스러웠을 뿐 아니라, 명을 도왔다가 후금을 자극해서 오히려 조선이 위기에 빠질 수도 있다고 판단했기 때문입니다.

당시 후금은 새롭게 뜨는 별, 명은 지는 별이었습니다. 아무리 생각해도 명이 후금과 싸워 이길 수 있을 것 같이 보이지 않았죠. 조선을 도와준 명의 은혜를 갚느냐, 국제 정세를 잘 살펴 조선을 보호하느냐, 명분과 실리 사이에서 광해군은 깊은 고뇌에 빠집니다. 긴 고민 끝에 광해군은 결단을 내렸고, 강홍립에게 군사를 내주어 명을 지원하러 나가도록 했습니다. 단, 절대로 앞장서 싸움에 나서지 말고, 상황에 따라 유연하게 대처하여 조선군의 피해를 최소화하라고 당부합니다. 광해군의 뜻을 받든 강홍립은 군대를 이끌고 명을 따라 전투에 나섰습니다. 상황이 여의치 않자 강홍립은 광해군의 지시에 따라 후금에 투항하였고, 명의 요청에 어쩔 수 없이 전투에 나선 것일 뿐 절대 후금과 싸울 마음이 없다는 뜻을 알렸습니다. 강홍립의 말을 들은 후금의 누르하치는 조선의 부득이한 사정을 이해하고, 앞으로도 좋은 관계를 유지하자고 제안했습니다. 명의 요청을 들어주되, 조선군의 피해를 줄이고, 후금을 자극하지 않는 이 선택은 당시 조선이 할 수 있는 최선이었습니다.

하지만 강홍립의 군대가 후금에 투항했다는 소식이 들려오자 조선의 조정에서는 한바탕 난리가 납니다. 특히 성리학에 따른 명분을 중요하게 여겼던 서인들 사이에서 강한 비판의 목소리가 터져 나왔습니다. 임진왜란 때 조선을 도와준 명에 대한 의리를 버리고, 오랑캐의 나라 후금에게 투항했다는 사실을 서인들은 도저히 받아들일 수 없었던 거예요. 명분론이라는 안경을 끼고 세상을 바라보았던 서인들에게 현실적인 국제 정세와 조선의 안전은 안중에 없었던 것일까요? 결국 서인들은 잘못된 것을 바로잡는다는 명분으로 반정을 일으켜 광해군을 쫓아냈고, 새로운 왕으로 인조를 즉위시켰습니다. 이 사건을 인조반정이라고 합니다.

인조가 즉위하면서 조선의 대외 정책은 변화하였습니다. 인조와 서인들은 후금을 자극하여 국제 정세에 휘말리지 않도록 노력했던 광해군의 중립 외교 대신 명을 가까이하고 후금을 배척하는

조선 시대에는 정치적인 입장이나 학문적 차이에 따라 형성된 붕당이 존재했습니다. 현재의 정당과 비슷한 개념이라고 할 수 있죠. 선조 때 동인과 서인으로 처음 붕당이 형성되었고, 이후 동인은 다시 남인과 북인으로, 서인은 숙종 때 노론과 소론으로 갈라집니다. 광해군이 왕으로 있을 당시에는 남인과 북인, 서인이 붕당으로 존재했습니다.

'친명배금' 정책을 펼쳤습니다. 명 장수 모문룡이 이끄는 군대가 후금을 공격할 수 있게 조선의 평안북도 철산에 주둔하도록 허락하는 등 군사적인 지원도 아끼지 않았어요. 이에 자극을 받은 후금은 군사를 이끌고 조선을 공격해 왔습니다. 명을 멸망시키고 중국 대륙을 차지할 계획을 세우고 있었던 후금은 명과 전쟁을 치르는 동안 뒤에서 명을 지원하기 위한 조선군의 공격을 받을 수도 있다고 생각했기 때문에 조선을 먼저 정복해 후환을 없애고자 했던 것입니다. 이 사건을 1627년 1월, 정묘년에 오랑캐가 쳐들어와 난을 일으켰다 하여 정묘호란이라 부릅니다. 무방비 상태에서 후금의 군대를 맞은 인조와 신하들은 강화도로 피신하였고, 소현세자는 전주로 피난을 떠났습니다. 당시 명과의 전투 상황에 더 집중해야 했던 후금은 조선에 강화를 요청하였고, 협상 과정에서 두 나라는 '형제 관계'를 맺기로 약속합니다.

후금의 군대가 철수하면서 전쟁은 끝났지만, 두 나라 간의 관계가 완전히 안정된 것은 아니었어요. 조선은 전쟁을 끝내기 위해 후금과의 형제 관계를 맺겠다고는 했지만 이를 굴욕으로 받아들였습니다. 설상가상으로 후금이 요구해오는 각종 공물은 매우 부담스러운 수준이었죠. 후금 역시 조선과 형제 관계를 맺어 후방을 안정시키고자 했지만, 조선이 계속 명과 가까이 지내는 것이 영 불안했습니다. 이후 세력을 더욱 확장한 후금은 만리장성을 넘어 명의 수도 베이징까지 공격했고, 조선에 대해서도 '형제 관계' 대신 '군신 관계'를 맺자고 요청해왔습니다. 이전보다 훨씬 더 많은 공물까지 요구했지요. 후금과 형제 관계를 맺은 것도 굴욕인데 군신 관계를 맺다니 이는 더욱더 받아들일 수 없다면서 조선 내부에는 '이 기회에 후금에 선전포고를 하자'는 의견까지 등장하게 되지요.

1636년, 후금은 나라 이름을 '청'으로 바꾸었습니다. 곧이어 조선의 왕자를 인질로 보내고, 청을 적대시하는 태도를 사죄하지 않으면 조선을 공격하겠다고 협박을 해왔습니다. 하지만 조선이 청의 요구를 받아들일 리 없습니다. 이에 청 태종은 직접 군사를 이끌고 조선을 쳐들어왔는데요. 이것이 바로 1636년 병자년에 있었던 병자호란입니다.

청의 군사가 빠른 속도로 한양을 향해 진격해오고 있다는 소식이 전해지자 대신들은 세자빈과 왕자들을 데리고 강화도로 피난을 떠났습니다. 그날 밤 인조는 소현세자와 함께 남대문을 통해 한양 도성을 빠져나와 강화도로 가려고 했지만 길은 이미 청나라 군사에 의해 막혀버린 터였어요. 하는 수 없이 인조와 세자는 잠시 남한산성으로 들어가 몸을 피했습니다. 다음 날 다시 강화도로 향했지만 산성을 내려가는 길은 한겨울 내린 눈으로 꽁꽁 얼어붙어 있었습니다. 인조를 태운 말이 얼음판 위에서 미끄러지자 왕은 말에서 내려 걸어가기 시작합니다. 그러나 눈길이 워낙 미끄러웠던 탓에 인조는 결국 강화도로 가는 것을 포기하고 남한산성으로 들어갑니다.

성안에는 겨우 50일 정도를 버틸 수 있는 식량이 있었고, 산성 밖은 청의 군사들에 의해 포위된 상태였습니다. 청 태종은 산성 밑에 20만의 군사를 대기시키고, 산성 동쪽의 망월봉에 올라 성안을 굽어보며 상황을 살피고 있었습니다. 인조를 구하기 위해 각지에서 올라오는 지방군들은 목적지에 다다르기도 전에 청군에 의해 무너져버렸습니다. 지원군도 없고, 버틸 수 있는 식량은 점점 바닥을 보이는 절망적인 분위기 속에 성안에 갇힌 대신들은 청과 강화를 맺자는 주화파主和派와 끝까지 저항해야 한다는 주전파主戰派로 갈라졌습니다. 그 속에서 인조의 고뇌는 깊어만 갔습니다. 그러나 시간만 흐를 뿐 상황은 나아지지 않았습니다.

결국 대세는 청과 강화를 맺자는 쪽으로 기울었습니다. 인조는 청군 진영에 사신을 보내 화해를 청하였고, 청 태종은 조선의 국왕이 직접 산성에서 나와 항복하고, 끝까지 청과 싸울 것을 주장한 인물들을 결박하여 청군 진영으로 보내라고 명령합니다. 화의를 청하기로 결심했지만 막상 청 태종의 요구 사항을 듣고 나니 이를 따라야 하는지 또 한 번 논란이 일어납니다. 그때 세자빈과 왕자들이 피난 가 있었던 강화도가 함락되었다는 소식이 들려오자 인조는 마침내 결심을 굳힙니다. 1637년 1월, 인조는 세자와 함께 산성을 나와 한강 동쪽의 삼전도에서 청 황제에게 항복의 의식을 행하였고, 이로써 전쟁은 끝이 났습니다.

삼전도비(국립중앙박물관 소장 사진, 일제 강점기 촬영). 청 태종이 삼전도에서 인조의 항복을 받은 사실을 영원히 기념해야 한다고 하여 세운 비석. 현재 서울 송파구 석촌호수 부근에 위치해 있다.

하지만 이걸로 끝이 아니었습니다. 청은 항복의 조건으로 몇 가지 사항을 요구했습니다. 조선은 청에게 신하로서의 예를 다하고, 명의 연호 대신 청의 연호를 사용할 것, 인조의 첫째 아들인 소현세자와 둘째 아들 봉림대군, 대신의 아들들을 인질로 청에 보낼 것, 청이 명을 정벌할 때 지원군을 보낼 것 등 조선으로서는 매우 부담스럽고 고통스러운 것들을 요구한 것입니다.

청의 요구에 따라 소현세자와 봉림대군은 조선을 떠나 당시 청의 수도였던 심양으로 들어갔습니다. 이때 봉림대군은 인질이 되어 청으로 떠나는 자신의 심정을 담은 시를 남겼습니다.

청강(淸江)에 비 떨어지는 소리 그것이 무엇이 우습기에
산을 덮은 울긋불긋한 꽃과 풀들이 온몸을 흔들면서 웃고 있구나!
두어라, 봄바람이 며칠이나 더 불겠느냐, 웃고 싶은 대로 웃어라.

봉림대군은 산을 덮은 꽃과 풀들이 비바람에 흔들리는 모습을
보면서 오랑캐라고 업신여기던 청에 굴복하고 인질로 끌려가는 자
신을 비웃는다고 생각하고 있습니다. 하지만 봄바람이 오래가지 않
듯, 청의 세력이 오래가지 않을 것이며, 언젠가는 지금의 치욕을 갚
아줄 때가 올 것이니 꽃과 풀들이 자신을 비웃는 것을 상관하지 않
겠다고 합니다.
　주전파의 대표적 인물이었던 김상헌 역시 청으로 끌려가면서
한 편의 시를 남겼습니다.

가노라 삼각산아 다시 보자 한강수야
고국산천을 떠나고자 하지만
시절이 매우 뒤숭숭하니 다시 돌아올지 모르겠구나

　삼각산은 북한산의 옛 이름인데요. 시에는 조국의 산과 강을
뒤로하고 청으로 끌려가며 언제 다시 고국으로 돌아올지 몰라 암
담해하는 글쓴이의 심정이 담겨 있습니다.
　그렇게 청으로 끌려갔던 김상헌은 6년 만에 조선으로 돌아올

수 있었고, 소현세자와 봉림대군은 8년 만에 귀국하게 됩니다. 그러나 귀국 후 두 달 만에 소현세자는 사망하였고, 이후 봉림대군은 인조의 뒤를 이어 조선의 제17대 왕 효종으로 즉위하지요. 효종은 재위 동안 청에 대한 복수를 꿈꾸며 북벌을 준비했습니다. 하지만 실제로 북벌은 진행되지 않았고, 북벌론은 명분에 사로잡혀 정묘호란과 병자호란을 불러온 서인들이 정치적 책임을 피하기 위한 수단으로 사용되었습니다.

#커튼콜

당시 국제 정세 속에서 외교적인 선택을 해야만 했던 광해군과 인조. 여러분은 누구의 손을 들어주고 싶은가요? 더불어 인조와 서인들의 선택이 현재의 우리에게 주는 교훈은 무엇일까요?

열일곱 번째 무대

〈두꺼비 파리를 물고〉

_ 변화의 물결 속에 울고 웃었던 사람들

이 무대는 중학교 역사 교과서 V. 조선 사회의 변동 〉 2. 사회 변화와 농민의 봉기, 고등
학교 한국사 교과서 I. 전근대 한국사의 이해 〉 6. 양반 신분제 사회와 상품 화폐 경제 부
분을 함께 보면 좋아요!

여러분, 《흥부전》을 아시지요? 누가 언제 쓴 것인지는 알 수 없지
만, 조선 후기 유행했던 일명 판소리계 소설이랍니다. 흥보가, 박타
령 등으로 불리기도 해요. 형 놀부가 돌아가신 부모님의 재산을 다
차지하고 동생 흥부를 내쫓았지만, 착하게 살았던 흥부는 제비가
물어다 준 박씨를 심었고, 박속에서 나온 금은보화 덕분에 부자가
되었다는 줄거리인데요. 《흥부전》은 흔히 착하게 살아야 복을 받는
다는 교훈적인 이야기로 전해졌지만, 실은 그리 단순한 내용만 담
은 게 아니랍니다. 조선 후기 사회와 경제 상황이 변화하는 모습을
고스란히 반영한 사회 풍자 소설이기도 하거든요. 예를 들어 놀부
가 돌아가신 부모님의 재산을 모두 차지했던 것은 놀부의 심보가

못됐기 때문만은 아닙니다.

고려 시대, 조선 전기까지만 하더라도 우리나라의 가족 제도 안에서 재산의 상속은 아들, 딸 구분 없이 균등하게 이루어지는 것이 일반적이었습니다. 하지만 임진왜란, 병자호란을 겪으며 백성들로부터 신뢰를 점점 잃게 된 지배층은 권력 유지를 위해 지배층과 피지배층, 어른과 아이, 남과 여의 역할과 경계를 철저히 하는 성리학적 유교 윤리를 더욱 강조했는데요. 이로써 가족 제도 안에도 큰 변화가 생깁니다. 남자 중심, 맏아들 중심으로 가족 질서가 형성된 거예요. 이전까지는 조상에 대한 제사를 아들, 딸 남녀 구별 없이 차례로 돌아가며 지냈지만, 조선 후기에는 제사를 맏아들이 담당하게 되었고, 이에 따라 더 많은 재산을 물려받는 것이 일반적인 현상이 되었습니다. 바로 이러한 분위기 속에서 맏아들이었던 놀부가 부모님의 재산을 모두 차지할 수 있게 된 것입니다.

《흥부전》 속에도 이런 내용이 등장합니다. 놀부에게 쫓겨난 흥부는 먹을 곡식도 없고, 살길이 막막해지자 놀부에게 곡식을 조금만 나누어 달라고 부탁하러 갑니다. 하지만 곡식은커녕 흥부가 몽둥이로 실컷 맞고 돌아오자 그 모습을 본 흥부의 아내는 바닥에 주저앉아 "태산같이 쌓인 곡식 누구를 주려고 아껴서 이리도 사람을 때렸을꼬. 어떤 사람은 팔자 좋아 장손으로 태어나서 제사 모신다고 호의호식 잘사는데, 누구는 버둥대도 이리 살기 어려울까"라고 한탄합니다.

여기서 우리가 또 하나 살펴볼 것은 놀부의 집에 곡식이 '태산' 같이 쌓여 있었다는 점입니다. 부모님의 재산을 모두 물려받았다고 는 하지만 그것을 잘 지키고 불려 나가지 않으면 계속해서 부자로 살기는 어렵겠죠. 놀부는 어떻게 계속해서 부를 쌓을 수 있었던 걸 까요?

놀부가 부모님으로부터 물려받은 재산은 '땅'이었습니다. 농업 이 중요 산업이었던 조선에서 가장 큰 재산은 바로 농사를 지을 수 있는 땅이었거든요. 놀부는 이 땅을 기반으로 큰 부를 쌓았습니다. 게다가 조선 후기 농업 기술이 크게 발달하면서 생산량이 늘어난 것도 '놀부 부자 되기'에 한몫을 했지요. 조선 후기에는 모내기법이 전국적으로 퍼져 조선 전기보다 농업 생산량이 훨씬 증가했습니다. 모내기법이란 볍씨를 논에 직접 뿌리지 않고, 모판에서 먼저 싹을 틔운 다음 모가 일정한 크기로 자라면 물을 댄 논에 옮겨 심는 방법 입니다. 모내기법에는 여러 가지 장점이 있는데요, 첫째 튼튼하게 자란 모만 골라서 논에 심기 때문에 이전보다 수확량이 증가했습 니다. 또 같은 논에서 벼와 보리를 동시에 재배하는 이모작도 가능 해졌습니다. 모가 모판에서 자라고 있는 동안 논에서는 보리를 길 러 추수할 수 있었기 때문입니다. 또 모를 논에 옮겨 심을 때 벼 포 기 사이를 넓게 심기 때문에 모 사이에 자라는 잡초를 뽑는 것도 쉬 워져 일손을 줄일 수 있었습니다. 이처럼 모내기법은 생산력의 증 대와 노동력의 절감이라는 이점이 있었고, 모내기법을 잘 활용한 농민 중에는 부유한 농민들도 생겨났습니다. 그 부유한 농민 중 한 명이 바로 놀부였던 겁니다.

부모님에게 물려받은 땅에 모내기법을 적용해 더 많은 곡식을 수확하게 된 놀부는 이전에 비해 적은 노동력으로 벼농사를 짓게 되자 집안 노비들의 힘만으로도 충분히 농사를 지을 수 있다고 생각했습니다. 그래서 '흥부 따위 필요 없어' 하면서 동생을 내쫓아버렸던 것입니다. 형 놀부가 동생의 처지를 생각하지 않고 내쫓은 것은 도덕적으로 비난받을 일이긴 하지만, 그 안에는 당시의 사회·경제적 변동이 고스란히 반영되어 있었던 것입니다. 집에서 쫓겨나 살길이 막막해진 흥부는 날품팔이를 하면서 먹고살 수밖에 없었습니다.

조선 후기 모내기법이 확산하면서 놀부처럼 더욱 부자가 된 농민이 있는가 하면 흥부처럼 농사지을 땅도 없고, 그렇다고 해서 남의 집 땅을 빌려 농사짓기도 어렵게 된 가난한 농민들도 늘어났습니다. 이런 농민 중에는 산속으로 들어가 화전민이 되거나 아예 농촌을 떠나 도시로 가는 사람들도 생겨났습니다. 도시로 가면 그나마 임금 노동자로 먹고살 수 있는 길이 있었기 때문입니다.

조선 후기에는 농업에서의 변화와 함께 상품 화폐 경제의 발달이라는 또 다른 변화의 물결이 일어납니다. 지역의 토산품을 내도록 하는 공납 대신 쌀, 옷감, 동전 등을 내도록 한 대동법이 실시되면서 정부가 거두어들인 쌀, 옷감, 동전을 가지고 필요한 물건을 구해서 공급하는 특권 상인, 즉 '공인'이 등장하게 됩니다. 공인들은 각기 자신이 담당한 물건을 구하기 위해 전국을 다녔고, 아예 물건을 직접 제작하거나 유통 과정에 참여하기도 했습니다. 전국을 누비는 공인들의 활동으로 자급자족하는 농업 국가였던 조선에 화폐 등을 이용해 상품을 거래하는 상품 화폐 경제가 발달하기 시작하고, 거래의 활성화를 위해 '상평통보'라는 화폐가 전국적으로 유통되었습니다. 물건을 사고파는 장소인 장시가 전국에 발달하게 되었고, 물자를 운반하기 위한 강이나 바다의 포구에도 사람들이 붐볐지요. 또한 각 지역을 연결하는 주요 중심지는 상업 도시로 성장해 갑니다. 이러한 분위기 속에 농촌에서 밀려난 가난한 농민들은 상업 도시나 포구 등으로 가서 임금을 받고 날품팔이를 하는 노동자가 되었는데요. 상품 화폐 경제의 발달은 점점 '돈'이 힘을 갖는 세상을 만들었습니다. 《흥부전》 속 흥부만 봐도 알 수 있어요. 흥부역시 먹고살기 위해 죄인들이 맞을 매를 대신 맞아주고 돈을 받는 매 품팔이에 나서기도 했으니까 말입니다.

상품 화폐 경제의 발달은 농민들에게 또 하나의 기회를 가져다주었습니다. 장시에 내다 팔아 돈을 벌 수 있는 상품 작물을 재배하는 농민들이 생겨난 것입니다. 특히 담배나 인삼 등은 당시 최고로 인기가 있는 상품 작물이었습니다. 이렇게 농업과 상업 분야에서 불어온 변화의 바람 속에 부자가 된 농민은 이제 신분 상승을 꿈꿉니다. 조선 시대 최고의 신분인 양반이 되고 싶다는 욕망을 품게 된 거예요.

철저한 신분제 사회였던 조선에서 신분 상승을 할 수 있는 중요한 수단은 바로 과거 시험을 통해 관리가 되어 양반 신분을 얻는 것이었습니다. 농민들은 법적으로는 과거 시험에 응시할 자격이 있었지만, 이른 아침부터 논밭에 나가 일하고, 집에 돌아와서 과거 시험을 준비하기란 결코 쉽지 않았겠지요? 그러던 중 임진왜란과 병자호란을 겪으며 국가 재정이 부족해지자 정부는 재물을 바친 사람에게 명예 관직 임명장(공명첩)♩을 주었고, 이름뿐인 관직이었지만 어쨌든 관직을 받은 사람은 양반 신분이 될 수 있었습니다. 이렇게 양반 신분을 돈으로 살 수 있게 되면서 조선의 신분제도는 점차 흔들리게 됩니다.

다시 《흥부전》 이야기로 돌아가볼까요? 사실 놀부네 집안에도 숨겨진 비밀이 있었습니다. 제비의 부러진 다리를 고쳐주고 박씨를 얻어 부자가 된 흥부의 이야기를 들은 놀부는 일부러 제비의 다리를 부러뜨린 후 치료해주고, 박씨를 하나 얻게 됩니다. 이 박씨를 심어 박을 얻은 놀부는 금은보화를 기대하며 박을 갈라보았지만,

> 공명첩이란 받는 사람의 이름을 적지 않고 주는 명예 관직 임명장입니다. 이름을 적는 칸이 비어있는 문서라고 해서 공명첩空名帖이라고 불렀습니다. 양인의 경우는 재물을 바치고 공명첩을 통해 명예 관직에 임명되었지만, 천민의 경우에는 공명첩을 통해 천민 신분에서 벗어날 수 있었습니다.

그 속에서 나온 것은 그동안 놀부가 저질렀던 나쁜 짓을 꾸짖는 사람들이었습니다. 게다가 박 속에서 나온 무서운 장군은 과거 놀부네 부모가 어느 집안의 노비였는데 주인집 재산을 훔쳐 먼 곳으로 달아났다는 것을 말해줍니다. 실제로 조선 후기에는 놀부의 집안처럼 원래는 천민 신분이었지만 여러 가지 기회로 신분을 상승시킨 천민들이 존재했습니다. 임진왜란이나 병자호란 때 공을 세워 천민 신분에서 벗어난 사람도 있었고, 상품 화폐 경제의 발달 속에 여러 기회로 부를 쌓은 천민들이 재물을 바치고 공명첩을 사서 신분세탁을 하는 경우도 종종 생겨났지요. 조선의 신분제도는 더욱더 흔들릴 수밖에 없었습니다.

조선의 신분제도가 흔들리게 된 또 다른 이유로 붕당 간의 극한 대립 속에 몰락한 양반들이 생겼다는 점을 들 수 있습니다. 조선 후기로 갈수록 붕당 간의 비판과 견제에 의한 건전한 정치 형태는 사라집니다. 상대 붕당의 존재를 인정하지 않고 오로지 자신의 붕당만이 권력을 쥐고자 하는 극한 대립의 상황이 펼쳐지면서 정치 권력에서 밀려난 붕당의 양반들은 정치의 중심인 한양을 떠나 고향으로 돌아갔는데요. 그중에는 신분은 양반일지언정 당장 먹고살 길이 막막한 양반들도 존재했습니다. 이런 양반들을 바라보는 부유한 농민들은 과연 어떤 생각을 했을까요? 몰락한 양반 중에는 현실을 인정하고, 양반 체면을 벗어던진 채 생계에 뛰어드는 사람이 있는가 하면 끝까지 양반으로서의 체통을 지키겠다며 허례허식을 중시하는 이들도 있었습니다. 여전히 양반 신분을 내세우며 백성들을 얕보는 사람도 있었고요. 당시 사람들은 이런 양반들을 풍자하는 시를 남기기도 했습니다.

두꺼비가 파리를 물고 거름더미 위에 뛰어올라 앉아
건너편 산을 바라보니 흰 송골매가 떠 있거늘
가슴이 섬뜩하여 펄쩍 뛰어 내닫다가 거름더미 아래 자빠졌구나
마침 날랜 나였기에 망정이지 하마터면 피멍이 들 뻔했구나

위 시 속의 허세 가득한 두꺼비가 바로 양반입니다. 두꺼비가 물고 있는 파리는 힘없는 백성이고요. 두꺼비는 자신보다 약한 파리를 물고 의기양양하게 거름더미 위에 앉았지만, 자신보다 센 송골매를 보자 바로 겁을 먹고 뛰어내리면서 자빠지고 맙니다. 백성들 앞에서는 떵떵거리다가 자신보다 권력이 있는 사람을 만나면 비굴하게 돌변하는 양반을 보면서 백성들은 참으로 우습고, 어처구니가 없었겠죠. 놀라 자빠지면서도 끝까지 아무렇지도 않은 척하는 두꺼비는 당시 백성들이 비판하고 싶은 양반의 이중적인 모습이었을 것입니다.

농업을 기반으로 한 철저한 신분제 사회 조선은 점점 더 흔들립니다. 부를 통해 신분 상승을 하는 사람이 있는가 하면 지배계층이었던 양반이 하루아침에 몰락하기도 했거든요. 이제 양반은 더는

권위 있는 존재가 아니었습니다. 상품 화폐 경제가 발달하면서 누군가는 더 많은 부를 축적했고, 누군가는 기존의 일자리마저 잃고 더 어려운 처지에 놓이기도 했습니다. 점차 변해가는 사회·경제적 분위기 속에 웃는 사람과 눈물을 흘릴 수밖에 없는 사람이 생긴 것입니다. 착하게 살았던 흥부가 재물을 얻어 부자가 되었다는《흥부전》의 결말은 당시 사회 변화 속에서 몰락한 사람들이 꿈꾸던 이상적인 결말이 아니었을까요?

#커튼콜

《흥부전》속에서 놀부는 악한 인간으로 흥부는 선한 인간으로 그려집니다. 하지만 흥부를 마냥 선한 인간으로만 그릴 수 있을까요? 흥부와 놀부는 변해가는 당시 시대상을 대표하는 인물들입니다. 현재 우리 사회의 변화 속에 흥부와 놀부를 대표하는 이들은 어떤 사람들일까요?

4막
개화기의 노래

〈경복궁 타령〉

_ 백성들의 원망을 샀던 그 사람의 정체는?

이 무대는 중학교 역사 교과서 VI. 근현대 사회의 전개 〉 1. 국민 국가의 수립, 고등학교 한국사 교과서 II. 근대 국민 국가 수립 운동 〉 1. 서양 열강의 접근과 조선의 대응 부분을 함께 보면 좋아요!

흥선대원군 이하응은 조선 역사상 유일하게 살아서 대원군 칭호를 받은 인물입니다. 조선에서는 왕위를 이을 자손이나 형제가 없는 상태에서 왕이 죽으면 왕의 친척 중 촌수가 가까운 사람이 왕위를 이어받았는데요. 대원군은 그렇게 왕위를 이어받은 사람의 아버지에게 준 호칭입니다.

조선에서 대원군 칭호를 받은 사람은 선조의 아버지 덕흥대원군, 인조의 아버지 정원대원군, 철종의 아버지 전계대원군, 고종의 아버지 흥선대원군까지 총 4명입니다. 선조, 인조, 철종, 고종은 모두 아버지가 왕이 아니었지만 왕족으로서 왕위를 이어받은 거예요. 4명의 대원군 중 흥선대원군만이 유일하게 살아있을 때 대원군 칭호를 받았고, 나머지 3명은 자신들이 죽은 뒤에 아들이 왕위에 오르면서 대원군이 되었습니다. 또한 흥선대원군은 아들이 12살의 어린 나이에 왕위에 올랐으므로 왕의 아버지로서 섭정(왕이 어린 나이에 즉위하거나 병 또는 다른 사정이 생겼을 때 왕을 대신해서 국가의 통치권을 맡아 나라를 다스리는 일)을 하며 최고의 권력을 누렸던 인물입니다. 왕이 된 아들을 대신하여 최고의 권력자가 된 흥선대원군 이하응. 하지만 최고의 권력자가 되기 전까지 그가 살아온 삶은 그리 순탄치 않았습니다.

흥선대원군이 젊은 시절을 보냈던 때는 세도 정치의 시기였습니다. 선조 때 동인과 서인으로 붕당이 형성된 이후 시간이 흐르며 붕당 간에 권력을 독점하기 위한 극한 대립이 벌어졌고, 비판과 견제를 바탕으로 한 붕당 정치의 이상적인 모습은 자취를 감추었습니다. 이에 영조와 정조는 탕평책을 실시하여 문제를 해결하고자 하였습니다. 능력과 카리스마를 두루 갖춘 두 왕 덕분에 붕당 간의 대립은 잦아들었지만, 그것은 일시적인 현상이었습니다. 탕평책은 붕당 간의 다툼을 근본적으로 해결하지 못했어요. 설상가상으로 정조가 갑작스럽게 세상을 떠나자 정조의 어린 아들 순조가 왕위에 오릅니다. 그러면서 세도 정치라고 불리는 비정상적인 정치 형태가 등장해요. 세도 정치란 특정 가문을 중심으로 국가가 운영되는 정치 형태인데요, 특정 가문이 한 나라의 운영을 좌우한다니, 누가 보아도 이것은 정상적인 정치 형태가 아니잖아요? 실제로 세도 정치

영조는 즉위하기 전 붕당 간의 극한 대립이 낳은 여러 가지 문제점을 보았습니다. 특히 서인에서 갈라진 노론과 소론 간의 권력을 둘러싼 대립 속에 왕권마저 무너져가고 있던 상황 속에서 왕위에 오른 영조는 강력한 탕평책을 실시합니다. 영조는 노론과 소론의 대표 인물을 불러 두 붕당이 사이좋게 지낼 것을 권유하였고, 붕당을 가리지 않고 인재를 등용하고자 하였습니다. 나아가 자신의 탕평책에 따르지 않는 사람은 관직에서 물러나도록 하고, 성균관 입구에 탕평비를 세워 탕평책에 대한 의지를 드러냈습니다. 또한 영조가 신하들에게 붕당 간의 조화를 강조하는 탕평책을 이야기하는 자리에 녹두묵, 고기볶음, 미나리, 김 등을 섞어 만든 음식이 올라왔고, 여기에서 음식의 이름 '탕평채'가 유래하였습니다. 탕평채에 들어간 다양한 색의 재료들이 서로 섞여 맛있는 조화를 이룬 것처럼 붕당 간에도 서로 잘 어우러지라는 의미가 담겨 있었지요.

가 이루어지던 시기의 조선은 정말이지 형편이 말이 아니었습니다. 정치 기강이 무너진 것은 물론이고, 백성들은 갖은 수탈을 당하며 힘겨운 삶을 이어가고 있었습니다.

당시 대표적인 세도 가문은 안동 김씨와 풍양 조씨였습니다. 이 두 집안은 조선 중기 이후 오랫동안 정치에 참여하며 세력을 확대해왔는데요. 특히 순조, 헌종, 철종 3명의 왕이 즉위해 있었던 약 60년 동안 왕실과의 혼인 관계를 통해 더욱 큰 권력을 누리게 되었습니다. 특히 안동 김씨는 순조, 헌종, 철종 시기 연속으로 왕비를 배출하며 막강한 권력을 누렸습니다. 게다가 순조는 11세, 헌종은 8세의 나이로 왕위에 올랐으니 안동 김씨는 어린 왕을 등에 업고 막강한 권력을 휘두를 수 있었지요. 철종의 경우는 조금 특이합니다. 그는 안동 김씨에 의해 갑자기 왕이 된 인물이었습니다. 안동 김씨는 헌종이 자손을 남기지 못하고 세상을 떠나자 발 빠르게 강화도에서 농사지으며 살고 있던 19세의 이원범을 데리고 와서 왕으로 즉위시켰는데, 그가 바로 철종입니다. 한 나라의 왕 자리에 농사꾼을 데려와 앉혔던 안동 김씨의 속셈은 무엇이었을까요? 철종은 왕실의 피를 이어받기는 했으나 그의 형이 역모 사건에 연관되어 온 가족이 강화도로 유배 와서 농사를 지으며 살고 있었습니다. 당연히 왕이 될 준비가 되어 있지 않았죠. 안동 김씨는 정치와는 거리가 먼 삶을 살았던 철종을 왕으로 앉혀 놓고 마음대로 권력을 휘두르고 싶었던 것입니다.

흥선대원군이 젊은 시절을 보냈던 시기는 바로 철종 시기, 안동 김씨가 천하를 호령하던 때였습니다. 안동 김씨의 세도 정치는 극에 달했고, 돈을 주고 관직을 사고파는 일이 공공연하게 이루어지고 있었습니다. 과거 시험장에서는 대리 시험, 문제 유출 등 부정행위가 빈번하게 발생하고 있었고요.

조선 후기의 대표적인 화가 김홍도가 과거 시험장의 풍경을 그린 〈공원춘효도〉.
그림 속 양산 아래 모인 사람들은 수험생과 수험생의 합격을 돕기 위해 함께 온 이들입니다. 시험
응시자가 손가락 하나 까딱하지 않아도 글을 지어주는 사람, 글을 써주는 사람 등이 하나의 팀이
되어 도왔답니다. 그야말로 시험 부정행위의 끝판왕이었죠. 새벽 과거 시험장의 문이 열리면 과거
시험 주제가 잘 보이는 좋은 자리를 차지하기 위한 경쟁이 치열했고, 그 과정에서 몸싸움이 일어나
기도 했습니다. 이런 혼란스러운 조선 후기 과거 시험장의 모습에서 '난장판'이라는 단어가 유래했
답니다. 과거 시험은 능력에 따른 인재 선발이라는 순기능을 발휘하며 조선 시대 관리 선발의 거의
유일한 통로로 존재했지만, 조선 후기로 갈수록 과거 시험에서의 부정행위 등 여러 문제가 발생하
면서 1894년 갑오개혁 때 폐지되었습니다. (성호 박물관 제공)

그렇게 부정한 방법으로 관직에 오른 사람들이 과연 자신의 자리에서 책임감을 느끼고 열심히 일했을까요? 그럴 리 없지요. 관직에 나아가기 위해 들인 돈을 되찾고 싶었던 관리들은 부정부패를 일삼았습니다. 특히 지방으로 발령 난 지방관은 실제 업무를 담당하는 향리와 한통속이 되어 백성의 삶을 돌보는 일은 뒷전으로 한 채, 온갖 방법을 동원해 더 많은 세금을 거두어 자신의 배를 채우기에 바빴습니다.

당시에는 땅에 매겨지는 세금인 전정, 16~60세 사이의 남성들이 군사 훈련을 받는 대신 군포軍布를 내는 군정이 운영되고 있었는데요. 탐관오리들은 이 두 가지를 운영하면서 정해진 액수보다 더 많은 양을 내도록 하여 백성들의 원망을 샀습니다. 특히 군정의 경우 어린 아기, 또는 이미 죽고 없는 사람 몫의 군포를 내라고 집으로 찾아오는 관리의 등쌀에 백성들은 견딜 수가 없었어요. 세금 부담을 견딜 수 없어 도망간 이웃이나 친척이 있을 경우 남아 있는 사람이 그들의 몫까지 부담해야 했습니다.

심지어 가난한 백성을 구제하기 위해 봄에 곡식을 빌려주었다가 가을철 수확 시 약간의 이자를 부쳐 갚도록 했던 환곡은 탐관오리들의 배를 채우는 가장 손쉬운 수단으로 악용되었습니다. 환곡이 필요하지 않은 사람들에게 강제로 환곡을 빌려주는가 하면, 터무니없이 높은 이자를 받았고, 환곡 속에 돌이나 지푸라기 등을 섞어 빌려주는 쌀의 양을 줄인 후 가을에 돌려받을 때는 빌려준 무게만큼의 쌀을 갚도록 했습니다. 백성들을 위해 만들어진 제도가 도리어 백성들을 가장 괴롭히는 제도가 되었던 거예요.

이처럼 전정, 군정, 환곡(환정)이 어지럽게 운영된 것을 일컬어 삼정의 문란이라고 합니다. 삼정의 문란을 견디다 못한 백성들은 전국 곳곳에서 농민 봉기를 일으켰고, 정부에서는 암행어사를 보내 지방 관리들을 단속하고자 했지만 큰 효과는 없었습니다. 사실 이 시기 농민 봉기는 삼정의 문란 이외에도 조선 후기의 각종 사회·경제적 변화가 맞물려서 일어난 것이었습니다. 하지만 당시는 세도 정치의 시기였잖아요? 안동 김씨는 가문의 정치 권력을 유지하는 데 급급하여 임시 조치만 내려 문제를 해결하려 했을 뿐 근본적인 문제가 무엇인지에 대해서는 큰 관심이 없었습니다. 그 속에서 백성들만 등골이 휘었죠. 그런데 백성들만 이 시기를 힘들어했던 게 아닙니다. 왕실의 피를 물려받은 왕족들 역시 안동 김씨의 세도 아래 숨죽여 살 수밖에 없었습니다.

철종이 낳은 아들들이 모두 채 2살이 되기도 전에 죽는 비극이 이어지는 상황에서 안동 김씨는 능력 있는 왕족이 나타날까 봐 노심초사했습니다. 그들이 행여 왕실의 위엄을 되찾고 정치 권력을 바로잡고자 하면 자신들에게 타격이 클 테니 말입니다. 그래서 왕족 중에 조금이라도 똑똑하거나 왕으로서의 자질이 보이는 사람이 있으면 역모 사건을 조작하여 귀양을 보낸 후 죽여버리는 일도 서슴지 않았습니다. 상황이 이렇다 보니 흥선대원군은 왕족이었음에도 최대한 몸을 낮추어 살면서, 자신은 권력에 대한 의지가 없다는 것을 증명해야 했습니다. 하지만 그런 흥선대원군의 삶은 그의 아들이 왕이 되면서 180도 달라집니다.

당시 왕실에는 헌종의 어머니 조대비가 큰 어른으로 존재하고 있었는데요, 조대비는 안동 김씨 집안의 순원왕후를 시어머니로 두어 한 많은 궁궐 생활을 견뎌야 했습니다. 조대비와 흥선대원군은 만일 철종이 끝내 후사를 남기지 못하고 세상을 떠날 경우, 흥선대원군의 아들을 왕으로 즉위시켜 안동 김씨의 권력을 견제하자는 비밀 약속을 했는데요. 실제로 1863년 철종이 후사 없이 세상을 뜨는 바람에 흥선대원군의 둘째 아들이 고종으로 즉위하게 됩니다.

처음에는 어린 고종 대신 조대비가 고종을 도와 나라를 다스렸지만, 2년 뒤 조대비가 물러난 뒤부터는 흥선대원군이 섭정하며 중요한 나랏일을 결정하지요.

안동 김씨 세도 아래 몸을 낮추어 살며 백성들의 힘겨운 삶의 모습을 보았던 흥선대원군은 그동안 감추어 왔던 칼날을 꺼내 들고, 조선의 그 어떤 왕보다 강력한 개혁을 추진합니다.

먼저 세도 정치의 핵심이었던 안동 김씨를 중요 직책에서 몰아내고, 국가 최고 의사 결정 기관이자 안동 김씨의 권력 기반으로 존재하고 있던 비변사를 폐지했습니다. 또한, 다양한 인재를 등용하고, 비변사로 인해 제 역할을 하지 못했던 의정부를 다시 국가 최고 정책 결정 기관으로 되돌려 놓는 등 정치 기강을 바로잡기 위해 힘썼습니다. 나아가 그동안 백성들에게 원망을 샀던 삼정의 문란 상황을 개혁하고 국가 재정을 확보하기 위해 양반들에게도 군포를 내게 하는 과감한 조처를 했습니다. 사실 군포를 내는 것은 가난한 백성들에게 만만치 않은 부담이었고, 관리들의 부정까지 더해지면서 백성들의 부담은 나날이 늘어만 갔습니다. 이에 백성들은 양반 신분을 사서라도 군포의 부담에서 벗어나려고 했습니다. 당시 양반들은 군역의 의무에서 벗어나 군포도 내지 않고, 양반으로서 권리만 누리고 있었거든요. 그래서 흥선대원군은 양반과 상민을 가리지 않고 집집마다(호) 군포(포)를 내도록 하는 호포제를 실시하였던 것입니다. 사실 이전에도 양반에게 군포를 내도록 해야 한다는 주장은 여러 차례 등장했지만, 번번이 양반들의 반발로 좌절되었습니다. 하지만 흥선대원군은 과감하게 호포제를 실시했어요. 또한 삼정 중 백성들의 부담이 가장 컸던 환곡의 문제를 개선하기 위해 사창제를 시행하여 관청이 아닌 민간에서 곡식을 저장하고, 가난한 백성들에게 빌려주도록 했습니다.

앞서 언급한 호포제 실시와 더불어 양반들의 가장 큰 불만을 산 개혁이 있었으니, 바로 서원을 철폐하도록 한 것입니다. 서원은 유교 국가 조선에서 학문적으로 뛰어나고 지혜로운 유학자를 기리는 곳이자, 학생들을 교육하기 위한 기관이었습니다. 나라에서는 서원에 소속된 유생들의 군역을 면제해주고, 서원에 땅과 노비를 하사해 유생들이 공부에만 몰두할 수 있도록 했습니다. 하지만 조선 후기로 갈수록 양반 유생들이 서원을 중심으로 모여 붕당 간의 당쟁을 일삼고, 서원을 군역 면제와 면세의 수단으로 삼으면서 문제가 되었습니다. 또한 지방의 백성들을 수탈하기까지 했었죠. 이에 흥선대원군은 붕당 간의 갈등과 국가 재정 부족의 원인 중 하나가 전국에 있는 수많은 서원이라고 생각하여 일부 서원을 남기고 나머지를 없애버렸습니다. 서원을 통해 누리고 있었던 각종 특권을 잃게 된 양반들은 당연히 흥선대원군의 정책에 반발했습니다. 하지만 백성들의 생각은 달랐겠죠? 세도 정치 시기 삼정의 문란, 서원을 통한 수탈 등으로 힘들었던 백성들에겐 흥선대원군의 각종 개혁 정책이 반가웠을 것입니다.

　무너져가던 조선을 다시 일으키기 위한 과감한 개혁을 추진했던 흥선대원군은 그동안 땅에 떨어질 대로 떨어진 왕권을 바로잡기 위한 상징적인 사업으로 경복궁을 다시 짓기로 합니다. 경복궁은 임진왜란 때 불에 타버렸고, 이후 재정적인 문제로 다시 지을 엄두를 내지 못하고 있었습니다. 흥선대원군은 왕실의 위엄이 바로 서는 것이 나라가 바로 서는 것으로 생각하여 경복궁을 다시 짓기로 합니다. 하지만 궁궐을 다시 짓는 것은 절대 쉽지 않은 일입니다. 노동력과 비용이 엄청나게 들어가는 대사업이거든요. 그래서 흥선대원군의 경복궁 공사에 반대하는 의견도 많았죠. 흥선대원군은 이에 굴하지 않고 경복궁 공사를 추진하였고, 팔도의 장정들이 경복궁을 다시 짓기 위한 고된 공사에 동원되었습니다. 이때 집을 떠나 힘든 노동에 동원된 장정들은 그 고달픈 심정을 달래기 위해 노래를 불렀습니다.

남문을 열고 파루(罷漏)를 치니 계명산천(鷄鳴山川)이 밝아온다.
에 에헤이에이야 얼럴럴거리고 방아로다.
을축사월 갑자일에 경복궁을 이룩하세.
에 에헤이에이야 얼럴럴거리고 방아로다.
도편수(都邊手)의 거동을 봐라 먹통을 들구선 갈팡질팡한다.
에 에헤이에이야 얼럴럴거리고 방아로다.
단산봉황(丹山鳳凰)은 죽실(竹實)을 물고 벽오동 속으로 넘나든다.
에 에헤이에이야 얼럴럴거리고 방아로다.
남산하고 십이봉에 오작(烏鵲) 한 쌍이 훨훨 날아든다.
에 에헤이에이야 얼럴럴거리고 방아로다.
왜철쭉 진달화 노간죽하니 맨드라미 봉선화가 영산홍이로다.
에 에헤이에이야 얼럴럴거리고 방아로다.
조선 여덟도 유명한 돌은 경복궁 짓는 데 주춧돌감이로다
에 에헤이에이야 얼럴럴거리고 방아로다.
근정전을 드높게 짓고 만조 백관이 조하(朝賀)를 드리네
에 에헤이에이야 얼럴럴거리고 방아로다.

노래의 첫 시작을 보면 남대문이 열리고 파루(밤 동안 이루어진 한

양 도성의 통행금지를 해제하기 위해 종각의 종을 치는 것)가 울려 산천이 밝아오는 아침, 경복궁 공사를 시작해보자는 힘찬 의지를 담고 있습니다. 하지만 공사 진행 과정이 원만하지는 않았나 봅니다. 가사 속에 도편수(목수 중의 우두머리)가 연장을 들고 갈팡질팡하고 있다고 하네요. 조선 팔도의 유명한 돌은 경복궁 주춧돌로 다 들어간다는 가사 내용이 있는데요, 실제로 당시 경복궁을 짓기 위해서는 많은 나무와 돌 등이 필요했습니다. 그런데 나무가 부족해지자 양반의 묘지림에 사용된 좋은 나무들을 베어가기도 해서 양반들의 원성이 자자했습니다. 경복궁 짓는 데 들어가는 비용을 충당하기 위해 한양 도성의 출입문에서 통행세를 걷기도 하고, 원납전願納錢이라는 기부금을 걷기도 했습니다. 하지만 말이 기부금이지 거의 강제나 다름없어서 사람들은 원망하며 내는 돈이라는 의미로 원납전怨納錢이라 불렀습니다. 또한 기존에 사용되고 있던 상평통보의 100배의 가치를 가진 당백전을 발행하여 유통했지만, 실제로는 당백전이 그 값을 제대로 하지 못해서 국가 경제에 혼란을 초래했습니다.

사람들의 반대와 우여곡절 끝에 약 3년간의 경복궁 공사는 사실상 마무리 되었습니다. 하지만 너무 무리한 공사를 추진했던 것일까요? 왕실의 위엄을 살리고 나라를 바로 세우겠다는 뜻으로 시작한 경복궁 공사는 국가 재정을 악화시키는 한편 공사 과정에서 양반과 백성들에게 큰 부담이 되어 원성을 사게 되지요. 그 결과 흥선대원군의 정치적 생명력도 단축되고 말았습니다.

#커튼콜

흥선대원군은 시대의 개혁가로 평가받기도 하지만, 한편으로는 섭정 시기 서양 세력의 접근을 차단하고, 통상 수교 거부 정책을 고집하여 조선의 개화를 늦춘 보수주의자로 평가받기도 합니다. 여러분의 생각 은 어떤가요? 흥선대원군을 시대의 흐름에 걸맞은 진정한 개혁가로 평가할 수 있을까요?

〈아리랑 타령〉

_개화의 물결 속에 소외된 사람들의 노래

이 무대는 중학교 역사 교과서 VI. 근현대 사회의 전개 〉1. 국민 국가의 수립, 고등학교 한국사 교과서 II. 근대 국민 국가 수립 운동 〉1. 서양 열강의 접근과 조선의 대응 부분을 함께 보면 좋아요!

한국 사람이라면 누구에게나 익숙한 아리랑. 아리랑은 '아리랑 아리랑 아라리요'를 기본으로 지역마다 조금씩 다른 가사와 가락으로 이루어진 우리나라의 대표적인 민요입니다. 우리나라 사람들의 정서를 잘 표현하는 민요인 아리랑의 특징은 무엇일까요? 바로 한 번 만들어진 노랫말이 그대로 고정되는 것이 아니라 시간이 흐르면서 사람들에 의해 내용이 조금씩 변화했다는 점입니다. 옛날부터 전해 내려오는 아리랑에 그때그때 사람들이 처한 상황, 감정을 새롭게 담아 살아있는 노래로 불렀던 거예요. 덕분에 오늘날의 우리도 아리랑을 통해 당대 사람들의 삶을 엿볼 수 있게 되었습니다. 이번 무대에서는 여러 아리랑 중 하나인 〈아리랑 타령〉을 함께 감상할 거예요. 과연 이 아리랑에는 어떤 삶의 모습이 담겨 있는지 살펴봅시다.

이씨의 사촌이 되지 말고
민씨의 팔촌이 되려무나
아리랑 아리랑 아라리요
아리랑 배 띄워라 노다 가세

남산 밑에다 장춘단을 짓고
군악대 장단에 받들어총만 한다
아리랑 아리랑 아라리요
아리랑 배 띄워라 노다 가세

아리랑 고개다 정거장 짓고
전기차 오기만 기다린다
아리랑 아리랑 아라리요
아리랑 배 띄워라 노다 가세

문전의 옥토는 어찌되고
쪽박의 신세가 웬 말인가
아리랑 아리랑 아라리요
아리랑 배 띄워라 노다 가세

밭은 헐려서 신작로 되고
집은 헐려서 정거장 되네
아리랑 아리랑 아라리요
아리랑 배 띄워라 노다 가세

'아리랑 아리랑 아라리요, 아리랑 배 띄워라 노다 가세'의 후렴이 반복되는 이 노래는 과연 누가, 어떤 심정으로 불렀을까요? 그 실마리를 찾기 위해 19세기 후반의 조선으로 가보겠습니다.

당시 조선을 비롯한 아시아 지역에는 제국주의♪의 물결이 거세게 밀려오고 있었습니다. 조선의 바닷가에는 통상을 요구하는 영국, 프랑스, 미국 등의 배가 접근해왔고, 처음 본 낯선 모양새의 배를 본 조선 사람들은 그것을 모양이 이상한 배, 일명 '이양선異樣船'이라 불렀습니다. 조선의 조정에서도 이양선들을 매우 경계했습니

제국주의란 강한 군사력과 경제력을 바탕으로 다른 나라나 민족을 침략하여 영토를 확장하는 등의 정책을 말합니다. 산업 혁명을 이룬 서양의 열강들은 자국의 영향력을 확대하기 위해 19세기 후반부터 본격적으로 제국주의의 길로 접어들었습니다. 영국, 프랑스, 독일, 러시아 등은 산업 발전과 경제 성장 등의 이익을 추구하며 값싼 원료를 확보하고, 더 넓은 상품 판매 시장을 확보하기 위해 경쟁적으로 아시아와 아프리카 각 나라를 침략하여 식민지로 삼거나 자국의 영향력 아래 두고자 하였습니다. 제1, 2차 세계대전은 이러한 제국주의 국가 간의 경쟁 속에서 발생한 비극이었습니다.

다. 청이 영국과 두 차례나 아편전쟁을 치른 끝에 영국의 막강한 군사력 앞에 힘없이 무릎을 꿇었다는 소식이 들려왔기 때문입니다.

1차 아편전쟁(1840~1842)이 끝난 후 청은 영국과 난징 조약을 체결하여 막대한 전쟁 배상금 지불 및 무역 확대를 위한 항구 개방 등 영국의 일방적인 요구를 수용해야만 했습니다. 심지어 2차 아편전쟁(1856~1860) 때에는 영국과 프랑스 연합군에게 청의 수도 베이징이 점령당했다는 소식이 들려왔으니 서양 세력의 접근을 극도로 경계할 수밖에 없었지요.

당시 권력을 잡고 있던 흥선대원군은 프랑스와 미국의 침략적 접근을 막아낸 후↓, '서양과 화친을 주장하는 것은 나라를 파는 것'이라는 내용의 척화비를 전국 각지에 세워 서양과의 통상 수교 거부 의지를 강력하게 드러냈습니다. 하지만 주변 국가의 상황은 빠르게 변하고 있었습니다. 청과 일본은 서양 국가들과 근대적 조약을 체결하고, 본격적인 교류를 시작하고 있었거든요.

한때 동아시아의 최강대국으로 군림했던 청은 아편전쟁에서

천주교 탄압 과정에서 프랑스 신부가 처형을 당하자 프랑스는 이를 빌미로 조선의 항구를 열기 위해 강화도로 침략해왔고, 이를 병인양요(1866)라고 합니다. 한편 미국의 상선 제너럴셔먼호가 평양의 대동강을 거슬러 올라와 통상을 요구하며 만행을 저지르자 평양의 군민들이 제너럴셔먼호를 불태우는 일이 발생했고 (1866), 이를 빌미로 미국이 강화도로 공격해온 것을 신미양요(1871)라고 합니다.

패배한 결과 여러 항구를 열었지만, 전쟁 중 서양의 과학 기술, 특히 무기의 우수성에 눈을 뜨면서 양무운동이라 불리는 근대화 운동을 추진하기 시작했습니다.

한편 일본은 미국의 페리 제독이 함대를 이끌고 와서 통상을 요구하자 1854년 미·일 화친조약을 맺고 항구를 열었습니다. 일본 역시 아편전쟁에서 청이 패배하였다는 소식을 듣고 큰 충격에 빠졌는데요, 이에 미국이 대포를 실은 군함을 앞세워 위협적으로 접근해왔을 때 맞서 싸우지 않고 항구를 열었던 것입니다. 이것을 시작으로 일본은 영국·러시아·네덜란드·프랑스 등 서양 각국과 통상조약을 체결하고 본격적인 교류를 시작하였습니다. 1868년에는 메이지 유신을 단행하여 모든 정치권력을 천황에게 집중시키고, 서양 문물을 적극적으로 받아들여 근대적 개혁을 단행합니다. 이때 일본에서는 정치 제도부터 음식문화에 이르기까지 많은 변화가 일어났고, 나아가 서양식 군대와 산업을 키워나갔습니다.

이렇게 새롭게 변신한 일본은 조선에 대해 이전과는 다른 방식으로 외교 문서를 보내왔는데요. 조선은 과거와는 다른 일본의 태도에 교류를 단절해버리고 말았습니다. 일본 역시 서양 오랑캐와 마찬가지라고 생각했던 거예요. 그렇게 조선은 오로지 청나라와만 교류하며 문을 꼭꼭 걸어 잠그고 있었습니다. 그러는 사이 근대 국가로 발돋움하고자 발 빠르게 대처했던 일본은 조선과의 통상이 일본에 가져다줄 정치·경제적 이익을 따져보고는 조선의 항구를 강제로 열고자 하였습니다. 미국이 자신들에게 했던 방식을 그대로 조선에 적용한 겁니다. 이것이 일명 운요호 사건입니다. 그 과정을 함께 볼게요.

일본은 영국에서 사들인 전함 운요호를 강화도로 보내 상륙을 시도하였고, 강화도를 지키는 조선인 수비병들은 이를 막기 위해 경고 사격을 합니다. 그러면서 군사적 충돌이 발생하게 되었는데요. 이 운요호 사건은 일본이 미리 치밀하게 계획하여 도발한 것이었습니다. 하지만 일본은 이 사건을 구실로 조선에 협상을 요구해 왔고, 협상 결과 부산 등의 항구를 여는 내용을 포함한 강화도 조약이 체결되었습니다. 이전까지 서양은 물론 일본과도 교류를 단절하고 있었던 조선이 일본과 강화도 조약을 체결하고, 개항한 이유는 운요호 사건 발생 당시 조선의 정치적 분위기가 이전과는 많이 달라져 있었기 때문입니다.

통상 수교 거부 정책을 고집하던 흥선대원군은 고종이 성인이 되면서 권력을 내려놓았고, 고종은 직접 정치를 주도하고 있었습니다. 한편에서는 아편전쟁에서 패배한 청의 모습을 보면서 조선이 자주적으로 문호를 개방하고, 서양과 교류해야 한다고 주장하는 젊은 정치 세력이 성장하고 있었습니다. 항구를 걸어 잠그는 것은 나라에 도움이 되지 않는다고 주장하는 사람도 생겨났고요. 이러한 분위기 속에 조선은 일본과 강화도 조약을 체결하고 부산에 이어 인천, 원산을 개항하였던 것입니다.

사실 강화도 조약에는 조선에 불리한 항목들이 포함되어 있었습니다.♪ 하지만 여기에는 동시에 조선이 통상 수교 거부 정책을 버리고 근대적 조약을 통해 외국에 항구를 개방함으로써 국제무대에 첫발을 내밀었다는 역사적 의미도 담겨 있습니다.

이렇게 국제무대에 진출한 조선에는 해결해야 할 큰 과제가 놓여 있었습니다. 약육강식의 제국주의 시대에 강대국들의 틈바구니에서 살아남기 위해서는 빠르게 근대 문물을 수용하고, 군사력을 길러 다른 나라의 침략으로부터 나라를 지킬 힘을 길러야 했거든요. 특히 강화도 조약 체결 직후 일본에 파견된 외교 사절단인 '수신사'는 메이지 유신 이후 엄청나게 변화한 일본의 모습을 보고 조선

총 12개 조항으로 이루어진 강화도 조약의 주요 내용은 다음과 같습니다.

제1조　조선은 자주국으로 일본과 평등한 권리를 갖는다.

제4조　부산 이외에 추가로 2개 항구를 개항하고 일본인이 왕래하는 것을 허가한다.

제7조　일본의 항해자가 조선의 해안을 자유로이 측량함을 허가한다.

제10조　일본인이 조선이 지정한 각 항구에서 죄를 저지른 것이 조선인과 관련된 사건일 때 모두 일본 관원이 재판한다.

여기서 우리가 특히 눈여겨보아야 하는 조항이 제7조와 제10조입니다. 제7조에 의해 일본은 조선의 바닷가 지형을 조사하여 지도로 만들 수 있었고, 이 지도는 일본의 조선 침략에 이용될 수 있다는 점에서 매우 위험한 내용이었습니다. 또한 제10조는 우리나라의 항구에서 조선인을 상대로 일본인이 범죄를 저질러도 우리나라 법에 따라 처벌할 수 없다는 것으로 일본인들이 우리나라에서 저지르는 불법적인 행동에 대해서 대응하기가 어려웠습니다. 따라서 강화도 조약은 조선에 불리한 불평등 조약으로 평가받고 있습니다.

에도 변화가 필요함을 실감합니다.

이들이 일본에서 보고 듣고 느낀 것을 정리하여 쓴 글은 조선 정부가 국제 정세에 관심을 두는 계기가 되었습니다. 이에 근대적인 문물을 수용하고 개화 정책을 담당할 새로운 기구로 통리기무아문을 설치하고, 청과 일본의 발전된 모습을 살펴보기 위해 청에 '영선사', 일본에 '조사 시찰단'을 파견하였습니다. 조사 시찰단은 4개월간 일본에 머물며 근대화된 일본의 정치, 군사, 교육 등을 조사하고 돌아왔습니다. 이후 조선에는 '별기군'이라는 서양식 군사 훈련을 받는 신식 군대가 만들어졌고, 이들은 일본에서 초빙해온 교관으로부터 훈련을 받았습니다. 또한 청에 영선사를 보내 근대식 무기 제조 기술을 배워오게 했는데요, 그 결과 서울에 기기창이라는 근대식 무기 제조 공장이 세워졌습니다. 이외에도 근대식 인쇄소인 박문국이 설치되어 우리나라 최초의 근대적 신문인 《한성순보》가 발간되었고, 근대식 화폐를 제조하기 위한 전환국도 만들어졌습니다. 조선은 일본에 이어 미국, 영국, 독일, 러시아, 프랑스와도 조약을 맺어 문호를 개방했는데, 서양 국가들과의 교류가 증가하면서 개화에 대한 필요성을 더욱더 실감하게 됩니다.

하지만 이러한 변화를 모든 사람이 환영한 것은 아니었습니다. 외국으로 사절단을 파견하고, 각종 새로운 근대적 기구를 만들기 위해서는 많은 돈이 필요했을 텐데요. 그 돈은 결국 백성이 내는 세금으로 충당해야 했기에 여기저기서 불만이 터져 나오기 시작합니다. 특히 신식 군대인 별기군이 만들어지면서 기존의 구식 군대는 찬밥 신세가 되었습니다. 이후 구식 군인들이 1년 이상 월급을 받지 못하는 일이 벌어지면서 구식 군인들은 더는 참지 않고 봉기를 일으킵니다. 그들은 별기군 훈련 교관인 일본인을 살해하고, 구식 군인의 월급을 담당하는 관청을 습격했는데, 이 사건을 임오군란이라고 합니다. 이 봉기에는 서울의 하층민들도 가담하였습니다. 강화도 조약 체결 이후 일본과의 무역 과정에서 우리나라의 쌀이 대량으로 일본으로 팔려나가는 바람에 쌀 가격이 폭등하는 문제가 발생했고, 폭등한 쌀값에 가장 부담을 느끼는 것은 도시의 하층민이었습니다. 따라서 구식 군인, 서울의 하층민들은 일본에 대한 반감 및 정부의 정책에 대한 불만을 품고 봉기를 일으켰던 것입니다.

당시 조선에서는 민씨 세력이 실권을 쥐고 있었습니다. 이들은 고종의 왕비였던 명성황후를 등에 업고 정치 권력을 쥐게 된 사람들이었는데요, 권력을 내세워 부정부패를 일삼는 통에 날이 갈수록 백성들의 원성만 높아졌습니다. 이 상황은 〈아리랑 타령〉의 처음 가사에도 등장합니다. '이씨의 사촌이 되지 말고, 민씨의 팔촌이 되어라'는 가사는 왕의 가까운 친척보다 명성황후 가문인 민씨의 먼 친척이 되는 편이 사는 데 유리하다는 뜻입니다. 민씨 세력의 힘이 그만큼 컸다는 것을 백성도 알고 있었던 거예요.

흥선대원군은 자신이 실권을 쥐고 있을 당시 안동 김씨의 세도 정치를 끝내기 위해 노력했잖아요? 하지만 안타깝게도 명성황후의 민씨 세력이 또 다른 세도 가문이 되었던 것입니다. 뒤이어 등장하는 가사에서 '군악대 장단에 받들어총만 한다'는 것도 신식 군대로 만들어진 별기군이 군인으로서의 제대로 된 역할을 못 하고, 겉만 번지르르하다는 점을 비판하는 노랫말입니다. 이어지는 노래 가사 속에 정부의 개화 정책으로 전차가 만들어지고, 도로가 반듯하게 정리되지만, 그 과정에서 백성들은 집을 잃고, 어려운 처지에 놓였다는 것도 알 수 있습니다. 당시 정부의 개화 정책이 모두에게 환영받았던 것은 아니라는 것을 짐작하게 해줍니다.

근대화는 당시 조선의 피할 수 없는 운명이었습니다. 국제무대에서 살아남기 위한 필수적인 과정이었죠. 하지만 변화하는 세상에서 약자의 위치에 있었던 백성들의 고통이 지배층의 눈에는 잘 보이지 않았나 봅니다. 권력을 잡은 민씨 세력은 나라의 발전보다는 자신들의 권력 유지에 더 관심을 쏟았고, 개화파는 이 상황을 답답해했습니다. 거센 파도가 몰아치는 바다 위에서 근대화라는 목적지로 향하는 조선이라는 배는 무사히 목적지에 도착할 수 있을까요? 〈아리랑 타령〉에 '아리랑 아리랑 아라리요, 아리랑 배 띄워라 노다 가세'라는 반복되는 후렴에는 당시 사람들이 노래라도 부르며 이 어지러운 현실의 모든 것을 잊고 싶어 했던 심정이 고스란히 담겨 있습니다.

#커튼콜

개화 정책의 과정에서 소외되고, 고통받는 백성들이 존재했던 것처럼, 현재의 우리도 AI 기술의 발달로 인해 일자리를 잃는 사람이 생겨나는 등의 문제가 발생하고 있습니다. 현재 우리는 어떠한 변화의 물결을 맞이하고 있는지, 그 변화 속에서 소외되는 사람들이 없도록 하려면 어떤 준비가 필요한지 생각해봅시다.

〈새야 새야 파랑새야〉

_그 시절 사람들의 파랑새는 무엇이었을까?

이 무대는 중학교 역사 교과서 VI. 근·현대 사회의 전개 〉 1. 국민 국가의 수립, 고등학교 한국사 교과서, II. 근대 국민 국가 수립 운동 〉 3. 근대 국민 국가 수립을 위한 노력 부분을 함께 보면 좋아요!

역사 속 인물 중에는 특별한 별명을 가진 사람들이 있습니다. 율곡 이이는 평생 한 번 하기도 어렵다는 장원급제를 무려 9번이나 해서 구도장원공이라는 별명이 붙었고, 임진왜란 때 의병을 이끈 의병장 곽재우는 늘 붉은 옷에 말을 타고 다녀 홍의장군이라 불렸습니다. 조선의 25대 왕 철종은 강화도에서 농부로 살다가 왕위에 올라 강화도령이라고 불렸죠. 녹두장군이라는 별명이 붙은 사람도 있었는데요, 워낙 유명한 별명이라 이미 눈치챈 사람도 있을 것 같습니다. 여러분이 떠올린 바로 그 사람 전봉준입니다. 작은 키에 다부진 체형이 마치 곡물 '녹두' 같았기 때문에 어릴 때 녹두라는 별명이 붙었고, 이후 사람들은 그를 녹두장군이라고 불렀습니다. 전봉준은 어떤 사람이었기에 사람들로부터 장군으로 불렸을까요? 심지어 사람들이 그를 그리는 노래도 존재합니다.

새야 새야 파랑새야
녹두밭에 앉지마라
녹두꽃이 떨어지면
청포장수 울고간다

단순하지만 구슬픈 가락의 이 노래 속에는 당시 상황을 알 수 있는 '파랑새' '녹두밭' '청포 장수' 등의 단어가 들어가 있습니다. 과연 이 단어들에는 어떤 의미가 숨겨진 것일까요? 지금부터 전라도 지역으로 함께 가보겠습니다.

사건은 전라북도 고부군에서 시작됩니다. 1894년 1월, 전봉준과 그를 따르는 1,000여 명의 농민들이 고부 관아로 몰려들었습니다. 그들의 얼굴은 잔뜩 상기되어 있었고 뭔가 굳은 결심을 한 듯 입술은 굳게 닫혀 있었어요. 관아로 몰려 들어간 농민들은 서둘러 이곳저곳 관아 건물의 문을 열어보았지만, 어디에도 그들이 찾고 있는 사람은 없었습니다. 농민들이 찾고 있었던 인물은 바로 고부군을 다스리는 군수 조병갑. 그는 이미 농민들이 몰려온다는 사실을 눈치채고 달아난 상태였습니다.

1892년 고부 군수로 부임해 온 조병갑은 그동안 고부 사람들에게 원성의 대상이었습니다. 부임한 다음 해 만석보(논에 물을 대기 위해 하천 등에 둑을 쌓고 물을 가두는 시설을 '보'라고 함)를 만든다며 농민들을 동원해 일을 시키고는 품삯을 제대로 주지 않는가 하면, 만석보가 완성되자 그곳의 물을 끌어다 쓰는 사람에게 강제로 물세를 내도록 했습니다. 만석보가 완성되면 누구나 자유롭게 물을 쓸 수 있게 해주겠다는 약속은 지켜지지 않았죠. 고부 농민에 대한 조병갑의 횡포는 여기서 그치지 않았습니다. 아무런 잘못이 없는 사람에게 죄를 뒤집어씌워 재산 가로채기, 불효세 물게 하기 등 온갖 말도 안 되는 이유로 세금을 거둬 자기 주머니를 채웠습니다. 심지어 자신의 아버지를 기리는 비석을 세운다며 고부 사람들에게 1,000냥을 강제로 내도록 하는 만행까지 저질렀어요. 그저 앉으나 서나 어떻게 하면 백성들의 재물을 빼앗을까 궁리했던 모양입니다.

참다못한 사람들은 조병갑을 찾아가 항의했습니다. 하지만 조병갑을 찾아갔던 사람들은 곤장만 실컷 맞고 돌아올 뿐 상황은 나아지지 않았습니다. 그렇게 조병갑을 찾아가 항의한 사람 중에 전봉준의 아버지도 있었습니다. 하지만 전봉준의 아버지 역시 곤장을 맞고 돌아왔고, 그 매가 화근이 되어 결국 세상을 떠났습니다. 억울하게 아버지를 잃은 전봉준은 사람들과 함께 뜻을 모아 관아로 쳐들어가 조병갑을 몰아내기로 합니다.

약속한 1894년 1월 어느 날 전봉준과 농민들은 봉기를 일으켜 고부 관아를 습격하였지만, 조병갑은 농민들이 몰려오기 전에 이미 달아난 후였습니다. 농민들은 관아 창고를 열어 무기를 빼내고, 쌓여있는 곡식을 꺼내 백성들에게 나누어 주었습니다. 만석보는 허물어버렸고요. 고부에서 봉기가 발생했다는 소식을 들은 정부는 조병갑 대신 새로운 군수를 임명하고 고부 봉기를 조사하고 사태를 수습하기 위해 이용태를 조사관으로 파견했습니다. 그런데 이게 웬일인가요. 농민들의 이야기를 들어주고 상황을 바로잡아야 할 이용태마저 농민들에게 갖가지 횡포를 부리는가 하면 심지어 고부 관아를 습격한 농민들을 동학교도라며 잡아들이고 죽이기까지 하는 것이었습니다.♩

동학이란 1860년 몰락 양반이었던 최제우가 만든 새로운 종교입니다. 당시는 서양 세력의 침략 위협과 천주교의 확산으로 서양에 대한 위기감이 높던 때였습니다. 세도 정치가 이어지며 국가 기강이 무너지고 자연재해와 전염병이 자주 발생해 백성들의 삶은 피폐해졌습니다. 이에 최제우는 서양의 천주교('서학')에 맞서 우리 것을 지키고, 고통 속에 있는 백성들을 구제하기 위해 '동학'을 창시하였습니다. 동학의 핵심은 '사람이 곧 하늘'이라는 인내천人乃天 사상입니다. 모든 사람을 귀중한 존재로 대해야 한다는 것이죠. 또한 후천개벽後天開闢 즉, 지금의 세상이 끝나고 새로운 세상이 열린다는 사상을 전파하였습니다. 하지만 동학은 성리학을 근본으로 한 신분제 사회인 조선의 통치 질서를 어지럽힌다는 이유로 탄압받았습니다. 급기야 정부는 동학을 만든 최제우를 잡아들여 처형합니다. 그럼에도 동학은 탐관오리의 수탈로 고통받으며 고달픈 생활을 이어가던 백성들에게 환영받으며 널리 퍼져나갔습니다. 1876년 강화도 조약 체결 이후 날로 심각해지는 일본의 경제 침탈 등으로 더욱 힘든 삶을 살 수밖에 없었던 백성들 사이에 동학은 한 줄기 빛과 같은 것이었습니다. 정부의 탄압에도 불구하고 시간이 갈수록 동학교도가 늘어났다는 사실은 당시 백성들이 그만큼 새로운 세상을 간절히 꿈꾸었다는 것을 알게 해주는 대목입니다.

상황이 심각해지자 고부 지역의 동학 접주(각 지역의 동학교도를 이끄는 책임자)였던 전봉준은 다른 지역의 동학 접주들에게 이 소식을 알리고 함께 봉기할 것을 호소하였습니다. 그렇게 고부를 점령한 전봉준과 농민군은 백산으로 이동하였고, 각지에서 백산으로 모여든 동학 지도자들과 대나무 창 등 무기를 든 동학 농민군의 수는 모두 1만 명이 넘었습니다.

"우리가 지금 봉기를 일으키는 것은 백성을 편안하게 하고, 나라를 보호하기 위함이다! 백성은 나라의 근본인데 지금 조정의 관리들은 자신들의 배를 채울 궁리만 하고 있다. 이제 우리는 의로운 깃발을 들고 한양으로 들어가 권력을 가진 자들을 모조리 없애자!"

전봉준의 외침과 함께 본격적으로 동학 농민 운동이 시작되었습니다. 동학 농민군의 봉기 소식이 전해지자 정부는 서둘러 관군을 내려보내 이들을 진압하려고 하였습니다. 하지만 동학 농민군은 관군을 물리치고 연이은 승리를 거두며 전라도 각지를 점령하였고 결국 전라도의 핵심 지역인 전주성까지 점령했습니다.

동학 농민군은 총을 든 관군에 맞서 어떻게 승리할 수 있었을까요? 자신들에게 익숙한 지형을 잘 이용했기 때문입니다. 전투하는 방법을 설명한 《손자병법》에도 지형지물을 얼마나 적절하게 이용하느냐가 전쟁의 승패를 가른다고 나오는데요. 동학 농민군은 평소 잘 알고 있던 지형을 활용해 관군을 기습 공격할 수 있었고, 닭이나 병아리를 가둬놓고 키울 때 쓰는 길고 둥근 장태를 굴려 산 아래에서 관군이 쏘아대는 총알을 막아낼 수 있었습니다. 하지만 무엇보다 중요한 승리의 배경은 농민들이 똘똘 뭉쳐 하나로 단합했다는 점입니다.

정부의 해산 명령에도 동학 농민군이 파죽지세로 연승을 거두며 전주성까지 점령하자 위기에 몰린 정부는 청에 군대 파견을 요청합니다. 하지만 이것은 당시 정치 권력을 잡고 있던 명성황후의 민씨 세력이 선택한 매우 어리석은 결정이었습니다. 나라 안의 문제를 스스로 해결하지 못하고 외국의 군대를 끌어들이는 것은 정부의 무능을 그대로 보여주는 행동이었으니까요. 더불어 당시는 청과 일본이 조선을 둘러싸고 치열한 경쟁을 벌이고 있는 시기였습니다. 전통적으로 조선과 사대 관계를 맺고 있었던 청은 어떻게 해서든 조선이 일본의 영향력 아래 놓이는 것을 막고자 했고, 일본은 그런 청을 몰아내고 조선에서 자신들의 영향력을 확대하고자 했습니다. 이런 상황에서 조선 정부가 청에 군대 파견을 요청한 것이었고, 이에 청은 기회를 놓치지 않기 위해 신속하게 군대를 보냈습니다. 청으로부터 조선에 군대를 파견한다는 소식을 통보받은 일본은 청군이 충청도 아산만에 상륙한 바로 다음 날, 조선에 설치된 일본 공사관을 보호하고 조선에서 활동하고 있는 일본인들을 보호한다는 구실을 내세우며 일본군을 제물포(지금의 인천)에 파견하였습니다. 이렇게 하여 조선에 청, 일본 두 나라의 군인들이 들어와 있는 상황이 되었습니다.

일본군까지 조선에 올 것은 상상도 하지 못했던 정부는 당황하였고, 일이 커질 것을 우려하여 동학 농민군에게 화해를 요청해 왔습니다. 상황이 심상치 않음을 느낀 동학 농민군도 정부의 화해 요청을 받아들이되 화해의 조건으로 정부가 실시해야 할 개혁안을 제시하였습니다. 동학 농민군의 요구 사항을 수용한 정부와 동학 농민군 사이에는 전주 화약이 맺어졌고 동학 농민군은 해산하여 각기 자신들의 고향으로 돌아갔습니다. 그리고 전라도 각지에는 집강소라는 자치 기구가 세워져 동학 농민군이 전주 화약 당시 제시한 각종 개혁 내용을 농민들이 중심이 되어 실현할 수 있게 되었습니다.

이렇게 동학 농민 운동은 해피 엔딩으로 마무리되는가 싶었지만, 현실은 그렇지 않았습니다. 조선 정부는 독단적으로 군대를 파견한 일본에 군대 철수를 요구하였습니다. 하지만 일본은 들은 체도 하지 않았죠. 왜냐하면 일본은 이번이 조선에서 청 세력을 몰아낼 수 있는 절호의 기회라고 판단하고 있었고 이미 청과의 전쟁까

동학 농민군이 제시했던 개혁안 속에는 탐관오리를 엄벌할 것, 노비 문서는 불태워 버릴 것, 천인에 대한 차별 대우를 개선할 것, 여성의 재혼을 허용할 것, 이름 없는 잡다한 세금을 거두지 말 것, 관리를 선발할 때 지역이나 가문을 보지 말고 능력에 따라 선발할 것, 일본과 통하는 자를 엄벌할 것, 토지를 공평하게 나눌 것 등의 내용이 포함되어 있습니다. 우리는 이 개혁안의 내용을 통해 당시 사람들이 원하는 세상이 어떤 모습이었는지 알 수 있습니다.

지도 생각하고 있었기 때문입니다. 청과의 전쟁 구실을 찾고 있던 일본은 청이 거절할 것을 뻔히 알면서도 청과 일본이 함께 조선의 내정을 개혁하자고 제안했는데요. 예상대로 청이 제안을 거절하자 일본은 거침없이 야욕을 드러냅니다. 조선의 경복궁을 점령하여 친일 정권 세우고, 풍도 앞바다에서 청의 함대를 기습 공격하여 본격적으로 청·일 전쟁♪을 시작한 것입니다.

　일본의 경복궁 점령 소식에 이어 청·일 전쟁이 일어났다는 소식이 들려오자 이대로 있다가는 일본이 조선을 집어삼킬 수 있다는 위기의식이 퍼졌고 1894년 9월 동학 농민군은 다시 한번 봉기를 일으켰습니다. 이대로 앉아 일본에 나라를 빼앗길 수만은 없었습니다. 전봉준이 이끄는 전라도 지역의 동학 농민군뿐만 아니라 경상도, 충청도의 동학 농민군이 모인 대규모 동학 농민군은 충청도 논산에 모여 일본군을 몰아내기로 약속하고 충청도 공주를 거쳐 한양으로 진격할 계획을 세웁니다. 동학 농민군이 다시 봉기했다는 소식을 들은 정부는 관군을 출동시켰습니다. 청과 전쟁 중이던 일본도 동학 농민군을 진압하기 위해 군대를 동원했고요. 전주 화약

♪
　청·일 전쟁은 일본이 본격적으로 제국주의의 대열에 합류하게 되는 시작점이었습니다. 전쟁에서 승리한 일본은 조선에서 청의 영향력을 완전히 제거함과 동시에 그동안 청(중국)을 중심으로 형성되었던 동아시아 국제 질서를 무너뜨렸습니다. 전쟁 당시 조선은 두 나라 간의 전쟁터가 되었을 뿐 아니라 수많은 조선인이 전쟁의 소용돌이에 휘말려 희생되었습니다.

으로 마무리된 1차 봉기 때에는 관군에 맞서 승리를 거두었던 동학 농민군이었지만 이번에는 상황이 달랐습니다. 대나무 창을 든 동학 농민군이 신식 무기로 무장한 일본군에 맞서는 것은 만만치 않은 일이었습니다. 결국 공주 남쪽 우금치 고개에서 일본군과 맞서 죽음을 무릅쓴 전투를 벌이던 동학 농민군은 쓰라린 패배를 맛보아야만 했습니다. 전봉준을 잡기 위해 일본은 현상금까지 걸어 놓은 상태였으므로 전봉준도 몸을 숨기며 지낼 수밖에 없었습니다. 그 이후 일본군과 치른 전투도 모두 동학 농민군의 패배로 돌아갔습니다. 몸을 숨기고 있던 전봉준도 끝내 체포되어 재판을 받고 처형당했습니다. 너무도 안타깝고 허무한 결말이죠.

사람들은 전봉준을 그리워하며 노래를 불렀습니다. 그것이 바로 〈새야 새야 파랑새야〉입니다. 노래 가사 속 '파랑새'는 일본군을 뜻합니다. 왜냐하면 당시 일본군이 푸른색 군복을 입었기 때문입니다. '녹두밭'은 녹두라는 단어를 통해 전봉준을 뜻한다는 것을 알 수 있죠. '청포 장수'는 백성을 뜻합니다. 그래서 '새야 새야 파랑새야 녹두밭에 앉지 마라'라는 가사는 '일본군아 전봉준 장군을 괴롭히지 마라' 정도로 해석할 수 있습니다. '녹두꽃이 떨어지면 청포 장수 울고 간다'는 꽃이 떨어져 녹두가 여물지 않으면 녹두로 청포묵을 만들어 팔아야 하는 청포 장수가 슬퍼한다는 것이지만 실제로는 녹두꽃 즉, 전봉준이 쓰러지면 백성들이 슬퍼한다는 의미가 담겨 있습니다. 또 다른 해석은 파랑새를 전봉준으로 보는 것입니다. 전봉준의 전全자가 팔八, 왕王으로 나누어지므로 팔왕이 '파랑새'로 변형되었다고 해석하기도 하죠.

여러분에겐 어떤 해석이 더 그럴듯하게 보이나요? 어떤 해석이든 당시 백성들에게 전봉준이 어떤 존재였는지를 잘 느끼게 해주는 노래인 것만큼은 분명합니다.

나라를 구하고 백성들을 편안하게 살게 하겠다는 목표로 일어났던 동학 농민 운동은 비록 실패로 끝났지만 그렇다고 해서 아무런 의미가 없는 것은 아닙니다. 동학 농민군이 정부에 제안했던 신분제 폐지나 여성의 재가 허용 등의 개혁 내용은 정부가 추진한 갑오개혁으로 실현되거든요.

#커튼콜

역사를 살펴보면 당시 사람들이 부조리하게 생각하고 바꾸고자 하는 현실의 모순은 시간이 조금 걸릴지라도 결국은 많은 사람의 노력으로 변화하는 것을 볼 수 있습니다. 그게 바로 역사의 발전이겠죠. 여러분이 생각하는 우리 사회에서의 개선점은 무엇인가요?

〈애국하는 노래〉

_ 우리나라에서 처음으로 신문이 만들어지던 그때

이 무대는 중학교 역사 교과서 VI. 근·현대 사회의 전개 〉 1. 국민 국가의 수립, 고등학교 한국사 교과서 II. 근대 국민 국가 수립 운동 〉 3. 근대 국민 국가 수립을 위한 노력 부분을 함께 보면 좋아요!

자, 지금부터 퀴즈를 내볼게요. 어렵지 않은 문제니까 긴장을 풀고 맞춰보세요. 첫 번째 문제입니다. 5월 5일은 무슨 날일까요? 네, 맞습니다. 5월 5일은 우리나라 모든 어린이가 손꼽아 기다리는 어린이날입니다. 두 번째 문제입니다. 8월 15일은 무슨 날일까요? 바로 광복절이죠. 일제의 식민지 지배에서 벗어나게 된 기쁜 날입니다. 문제가 너무 쉬웠나요? 그럼 세 번째 문제. 4월 7일은 무슨 날일까요? 조금 어렵나요? 4월 7일은 신문의 날입니다. 달력에도 잘 나오지 않을 만큼 조금 생소한 기념일인데요. 이날은 신문의 사회적 책임과 사명을 강조하기 위해 1957년에 언론인들이 제정한 기념일입니다. 그런데 왜 하필 4월 7일일까요? 바로 1896년 4월 7일에 우리

역사상 최초의 민간 발행 신문인 《독립신문》이 창간되었기 때문입니다.

　정보화 사회를 살아가는 우리는 각종 미디어가 발달한 덕에 매우 편리하게 나라 안의 소식뿐 아니라 세계 곳곳에서 일어나는 일들을 실시간으로 접할 수 있습니다. 스마트폰만 있으면 궁금한 거의 모든 내용을 찾아볼 수 있죠. 하지만 종이에 인쇄된 신문이 세상 돌아가는 일을 알려주는 거의 유일한 창구였던 시절이 있었습니다. 우리나라 최초의 텔레비전 방송이 시작된 때가 1956년이었고, 라디오 방송은 1927년 일제 강점기에 설립된 경성방송국에서 시작했으니, TV도 라디오도 없던 시절 사람들이 새로운 소식을 접할 수 있는 매체는 오직 신문밖에 없었습니다.

　우리나라에서 발간된 최초의 근대 신문은 《한성순보》였습니다. 1882년 수신사로 일본에 건너간 박영효는 국민의 의식을 계몽하려면 신문이 필요하다는 것을 실감합니다. 그래서 돌아오는 길에 신문 제작에 필요한 기자, 인쇄공 등 몇 명의 일본인을 데리고 와 고종에게 신문 발간의 필요성을 강력하게 주장하지요. 당시 조선은 청, 일본 등 외세로부터 나라를 지키고 국민의 의식을 깨우쳐 근대적인 국가로 변신해야 하는 과제를 안고 있었습니다. 박영효는 신문이 이러한 과제를 해결하는 데 중요한 수단이 될 수 있다고 판단했던 것입니다. 그렇게 해서 1883년 통리아문 박문국에서 《한성순보》가 발간되었습니다. 신문은 '순보旬報'라는 이름에서도 알 수 있듯이 열흘에 한 번씩, 월 3회 발간되었습니다. 창간호에서 '우리 조정에서 관청을 만들어 외국 신문을 널리 번역하고 아울러 국내의 사건도 실어서 나라 안에 배포할 것'이라고 밝힌 《한성순보》에는 중국이나 일본의 신문을 번역하여 나라 밖의 전쟁 소식, 정치 제도, 개화 문물 등을 소개하는 기사가 실렸고, 정부의 정책 및 국내 소식 등을 알리는 기사도 실려 각 관청에 배포되었습니다. 물론 일반인들도 원하는 사람은 구독할 수 있었고요. 하지만 이 신문은 그리 오래가지 못했습니다. 1884년 12월 갑신정변 당시 정변에 반대했던 시위 군중이 박문국에 불을 지르면서 건물과 인쇄 시설 등이 불에 타는 바람에 1년 넘게 신문 발행이 중단될 수밖에 없었습니다. 이후 1886년 《한성순보》를 이은 《한성주보》가 일주일 단위로 발간되었

갑신정변은 개화파로 불렸던 김옥균, 박영효, 서광범, 홍영식, 서재필 등 양반 출신 청년 지식인들이 근대적 개혁에 소극적이었던 민씨 세력을 몰아내고 새로운 정권을 세워 조선을 자주적인 독립 국가, 근대 국가로 변화시킬 것을 목표로 일으킨 것입니다. 김옥균, 박영효 등 급진 개화파로 불렸던 이들은 일본이 메이지 유신을 통해 빠르게 변화하는 모습을 보면서 조선도 서둘러 개혁하지 않으면 독립을 유지하기 어렵다고 판단했습니다. 더구나 1882년 임오군란 당시 이를 진압하며 조선에서 영향력을 키운 청의 존재는 조선의 근대화를 더욱 어렵게 만들고 있었습니다. 이에 일본의 군사적 지원을 약속받고 갑신정변을 일으켜 정권을 잡고 개혁의 시동을 걸었지만, 이번에도 청이 군사적으로 개입하여 정변을 진압하면서 급진 개화파의 개혁 시도는 '3일 천하'로 끝이 나고 말았습니다. 갑신정변이 실패로 돌아가면서 사건에 가담했던 사람들은 대역죄인이 되어 처단되거나 일본으로 가는 배에 몸을 싣고 조선을 떠났습니다.

습니다. 하지만 그마저도 1888년 박문국이 재정 문제로 문을 닫으면서 신문 발간도 중단되고 말았습니다.

《한성순보》《한성주보》가 정부에서 발행한 신문이라면 1896년 발간을 시작한 《독립신문》은 민간에서 발간한 최초의 신문입니다. 여러분은 혹시 서울 서대문구에 있는 서대문독립공원에 가본 적이 있나요? 공원에는 한 남자가 오른손에 종이를 말아쥐고 팔을 위로 힘껏 들고 있는 동상이 세워져 있습니다. 그가 바로 《독립신문》 발간을 주도한 서재필입니다.

갑신정변에 가담하였다가 대역죄인이 된 서재필은 김옥균, 박영효, 서광범 등과 같이 일본으로 건너갔고, 그곳에서 다시 미국으로 망명하였습니다. 낯선 미국 땅에 도착한 서재필은 낮에는 일하고, 밤에는 공부하면서 본격적으로 서양의 학문을 접하게 됩니다. 그동안 일본의 근대화 개혁 과정만을 보고 동경해왔다면 이제는 서양식 자유민주주의를 경험하게 된 것이죠. 서재필은 힘든 환경 속에서도 치열하게 공부하며 미국에서 대학을 졸업하고 의사가 되어 병원을 운영하며 비교적 안정적인 삶을 살게 되었습니다. 그러던 어느 날 미국에 들른 박영효로부터 정부에서 1895년 3월 1일 자로 갑신정변 주도자들의 대역죄를 면해주기로 했다는 소식을 듣게 됩니다. 그리고 갑오개혁으로 정권을 잡게 된 개화파 동료들이 서재필이 돌아오기를 기다리고 있다는 소식도 듣게 됩니다.

고심하던 서재필은 그해 말, 약 10년 만에 다시 조국 땅을 밟았습니다. 하지만 약 10년 만에 돌아온 조선의 상황은 그가 떠날 때보다 더욱 심각했습니다. 청·일 전쟁에서 승리한 일본은 조선을 보호국으로 만들기 위해 혈안이 되어 있었고, 나라의 운명은 그야말로 바람 앞의 촛불과 같은 상황이었습니다. 귀국한 서재필에게 정부의 요직을 맡아달라는 요청이 들어왔지만, 그는 정치에 참여하는 일보다 더 중요한 것을 해야 한다고 결심했습니다. 바로 국민을 계몽하는 것이었습니다.

서재필은 과거 독립국으로서의 조선, 근대 국가 조선을 꿈꾸며 갑신정변에 가담하였지만 뼈아픈 실패를 경험했던 터였습니다. 나라를 살리기 위해서는 위로부터의 정치 개혁도 중요하지만, 국민에게 근대적 의식을 심어주어 개혁의 필요성을 이해시키는 일이 더욱 중요하다는 깨달음도 얻었고요. '나라의 독립은 오직 교육, 특히 민중을 계몽하는 것에 달렸다'고 판단한 서재필은 정부의 지원을 받아 신문 발간을 계획하였고, 정부의 보조금과 개화파 인사들의 후원을 받아 1896년 4월 7일 《독립신문》을 창간하였습니다.

총 4면으로 제작된 《독립신문》은 3면까지는 한글로 작성된 국문판, 마지막 4면은 영문판으로 제작되어(1897년 1월부터는 영문판을 분리해 독립된 신문으로 발간함) 주 3회(화·목·토요일) 사람들에게 제공되었습니다. 《독립신문》의 창간호에 실린 논설을 보면 이 신문이 어떤 취지로 만들어졌는지 알 수 있는데요. 잠시 함께 보겠습니다.

"우리가 독립신문을 오늘 처음으로 출판하는데 조선에 있는 내외국 인민에게 우리 생각을 미리 말하여 알게 하노라. 우리는 첫째 한쪽으로 치우치지 않고 어떤 당에도 상관없고, 상하 귀천을 다르게 대접하지 않고, 모두 조선 사람으로만 알고 조선만 위하여 공평하게 인민에게 말할 것이다. 우리가 서울 백성만 위한 것이 아니라 조선 전국 인민을 위하여 무슨 일이든지 대변하여 줄 것이다. 정부에서 하는 일을 백성에게 전할 것이요, 백성의 일을 정부에 전할 것이니 만일 백성이 정부 일을 자세히 알고, 정부에서 백성의 일을 자세히 알면 서로 간에 유익한 일만이 있을 것이요, 불평할 마음과 의심하는 생각이 없어질 것이다. 우리가 이 신문을 출판하는 것은 이익을 취하려는 것이 아니므로 값을 싸게 하였고, 모두 한글로 쓰는 것은 남녀 상하 귀천이 모두 볼 수 있게 함이다. 또한 띄어쓰기를 한 것은 알아보기 쉽게 함이다. 우리는 바른 신문을 만들 것이므로, 정부 관원이라도 잘못하는 이가 있으면 우리가 말할 것이요, 탐관오리는 세상에 그 사람의 행적을 알릴 것이요, 백성이라도 법을 어기는 사람은 우리가 찾아 신문에 설명할 것이다. …(중략)…한쪽에 영문으로 기록하는 것은 외국 인민이 조선의 사정을 자세히 몰라서 한쪽으로 치우친 말만 듣고 조선을 잘못 생각할 수 있으므로 제대로 된 사정을 알게 하고자 영문으로 기록하였다. …(후략)…"

《독립신문》은 이전에 정부에서 발간한 신문들과는 차이점이 있었습니다. 《한성순보》는 순한문으로, 《한성주보》는 순한문·국한문 혼용·한글 전용 세 가지 버전으로 제작되었는데요. 이와 달리 《독립신문》 국문판은 한글 전용 신문이었으므로 한글이 사람들의 일상 속에 자연스럽게 자리 잡을 수 있도록 큰 역할을 하였습니다. 또한 《한성순보》와 《한성주보》가 논평이나 비평의 글을 싣지 않고, 오직 소식을 전하는 데 집중했다면 《독립신문》은 창간호 논설에서 밝혔듯이 정부 정책이나 탐관오리에 대한 비판과 더불어 조선에서 이권을 차지하기 위해 경쟁을 벌이는 열강들의 부당한 요구를 비판하는 기사를 실었습니다. 그래서 언론으로서의 신문 역할을 처음으로 수행했던 《독립신문》이 처음 세상에 나온 날을 언론인들은 '신문의 날'로 정했던 것이죠.

독립신문은 처음에는 약 300부 정도 발간되었지만, 시간이 갈수록 독자가 늘어나 나중에는 약 3,000부 정도가 발간되었습니다. 하지만 《독립신문》은 한 사람이 1부를 구독하거나 가판대에서 사서 읽고 끝나는 것이 아니라, 1부를 돌아가며 읽고, 시장에서 신문을 낭독해주는 사람도 있었기 때문에 실제로 《독립신문》을 접한 사람들은 신문 발간 부수보다 몇 배나 많았을 것으로 추측됩니다. 《독립신문》을 통해 사람들은 그동안 하늘과 같은 존재로 여겨지는 왕에게 통치받는 '백성'이라는 인식에서 벗어나 국민이 나라의 주인이라는 사실을 깨닫게 되었습니다. 또한 조선을 둘러싼 국제 상황을 이해하고, 교육의 중요성, 민주주의 사상, 의회 설립의 필요성도 이해하게 되었습니다. 그 결과 《독립신문》이 처음 발간되던 1896년 독립문 건립을 위한 조직으로 출발하여 국민 계몽의 중심 역할을 담당하고 있던 독립협회에 일반 민중의 참여가 점차 늘어나게 되었습니다.

1898년 독립협회가 중심이 되어 열강의 이권 침탈에 대항하기 위해 종로에서 만민 공동회가 열리자 약 1만여 명의 민중들이 자발적으로 참여했습니다. 당시 서울 시민의 17분의 1이 한 장소에 모인 규모였습니다. 이 만민 공동회에서 사람들은 쌀장수 현덕호를 대표로 선출하고, 다수의 사람이 단상 위에 올라 러시아의 군사 교관과 재정 고문 파견 철회를 주장하였습니다. 여기서 그치지 않고 사람들은 정부에 자신들의 의견을 전달하기로 결의하였습니다. 우리 역사에서 처음으로 민중 집회가 열려 사람들이 힘을 모아 나라

청·일 전쟁이 일본의 승리로 끝나면서 조선에 대한 일본의 영향력이 강화되자 조선 정부는 러시아 세력과 손잡고 일본을 견제하고자 하였습니다. 이에 일본은 1895년 친러 정책을 주도하고 있었던 명성황후를 시해하는 만행을 저질렀고, 신변에 위협을 느낀 고종은 러시아 공사관으로 피신합니다. 이를 아관파천이라고 합니다. 이로써 조선은 러시아의 보호를 받는 신세가 되어 나라의 자주권이 훼손되었고, 고종이 러시아 공사관에서 돌아온 이후에도 러시아는 조선에 군사 교관, 재정 고문 등을 파견하여 조선의 내정을 간섭하고자 하였습니다. 이런 상황은 동아시아 지역에서 힘의 대결을 벌이고 있던 러시아와 일본의 치열한 경쟁 속에서 벌어진 것들이었습니다.

를 지키기 위한 목소리를 높였던 순간이었습니다. 이 만민 공동회가 진행되는 모습을 조선에 파견된 러시아 외교관뿐 아니라 다른 나라에서 온 외교관들도 놀란 눈으로 지켜보았습니다. 결국 정부는 만민 공동회에서 결정된 사항을 따르기로 하고, 러시아에 군사 교관과 재정 고문 철수를 요구하는 문서를 보냈습니다. 이틀 후 다시 만민 공동회가 열렸습니다. 하지만 이번에는 독립협회가 주관한 것이 아니라 민중들이 자발적으로 모인 것이었죠. 이런 변화는 《독립신문》이 있었기에 가능한 것이었습니다. 사람들에게 국제 정세를 알리고, 우리나라가 처한 상황을 이해시키며, 이를 해결하기 위해 정치에 참여하는 방법을 인식시켰던 《독립신문》. 신문이 처음 발간되고 한 달여 남짓 지난 1896년 5월 9일, 신문에는 독자가 보내온 한 곡의 노래가 실렸습니다.

아시아의 대조선이 자주독립 분명하다
(합창) 애야에야 애국하세 나라 위해 죽어 보세
분골하고 쇄신토록 충군하고 애국하세
(합창) 우리 정부 높여 주고 우리 군면 도와주세
깊은 잠을 어서 깨어 부국강병 진보하세
(합창) 남의 천대 받게 되니 후회막급 없이하세
합심하고 일심 되어 서세동점 막아보세
(합창) 사농공상 진력하야 사람마다 자유하세

남녀 없이 입학하여 세계 학식 배워 보자

(합창) 교육해야 개화되고, 개화해야 사람되네

팔괘 국기 높이 달아 육대주에 횡행하세

(합창) 산이 높고 물이 깊게 우리 마음 맹세하세

　"학부(현재 교육부) 주사 이필균씨가 대조선 자주독립 애국하는 노래를 지었다"는 소개와 함께 실린 이 노래는 후대 사람들에 의해 〈애국하는 노래〉라는 제목이 붙었습니다. 이필균이 어떤 인물인지 알려진 정보가 거의 없지만 노래 가사를 살펴보면 그가 노래를 통해 전하고자 하는 생각이 무엇인지 정확하게 알 수 있습니다. '나라의 자주독립을 지키기 위해 뼈가 부서지도록 노력하자. 깊은 잠에서 깨어나 나라를 부유하게 하고 군사를 강하게 하여 다른 나라에 자주권을 빼앗기는 후회를 만들지 말자. 남녀노소 모든 사람이 열심히 배우고, 개화하여 태극기를 전 세계에 휘날려보자'는 노래 가사는 당시 조선이 처해 있는 상황과 우리나라 사람들이 나아가야 할 길을 정확하게 짚어내고 있습니다.《독립신문》의 발간 취지와도 일맥상통했고요.

　하지만 안타깝게도 당시 여론을 선도하던 《독립신문》은 1899년 폐간되고 말았습니다.《독립신문》을 발간하고, 독립협회를 이끌던 서재필은 자신의 정치적 이익만을 추구하던 보수파 관료들에게 매우 위험한 인물이었습니다. 러시아와 보수파 관료들은 그를 추방해야 한다고 목소리를 높였죠. 결국 서재필은 1898년 5월 미국으로 돌아갔고, 독립협회가 고종을 끌어내리려 한다는 보수파 관료들의 모함으로 같은 해 12월 독립협회 활동도 중단되고 말았습니다.《독립신문》은 서재필이 미국으로 간 이후에도 발간되었지만 결국 1899년 폐간되지요.《독립신문》이 계속 발간되고, 독립협회가 꾸준히 활동을 이어갔다면 우리나라의 운명은 어떻게 달라졌을까요?

#커튼콜

시대의 정신이 잘 담겨 있었던《독립신문》은 그만큼 많은 사람에게 호응을 받는 신문이었습니다. 요즘 우리가 접하는 신문, 나아가 각종 미디어 매체들은 우리 시대의 상황을 정확하게 전달하고 있나요? 가짜 뉴스가 전파되어 사람들의 판단을 흐리게 하는 일이 늘어난 요즘, 언론과 미디어가 갖추어야 할 기본적인 자세는 무엇일까요?

5막
일제 강점기의 노래

〈눈물 젖은 두만강〉

_ 그날 밤, 여인이 슬프게 운 이유는?

이 무대는 중학교 역사 교과서 VI. 근·현대 사회의 전개 〉 1. 국민 국가의 수립, 고등학교
한국사 교과서 III. 일제의 식민지 지배와 민족 운동의 전개 〉 3. 다양한 민족 운동의 전개
부분을 함께 보면 좋아요!

1936년 여름, 두만강 건너 중국 만주의 도문이라는 도시에서 있었
던 일입니다. 중국 동북 지역을 돌며 공연을 하던 '예원좌'라는 극단
이 조선 사람이 운영하는 한 여관에 머물게 되었습니다. 그날 밤,
극단 소속 작곡가였던 한 남자는 잠을 이루지 못하고 뒤척이다가
밤바람을 쐬러 나왔습니다. 머리를 식힐 겸 여관 뒷마당을 서성이
며 이런저런 생각에 잠겨 있었죠. 뒷마당에서 인기척을 느끼고 여
관 밖으로 나온 주인은 생각에 잠겨 있는 남자에게 다가가 말을 걸
었습니다.

"저기 서 있는 나무 두 그루 보이세요? 저 나무, 내가 만주로 건
너올 때 고향에서 가지고 와 심은 것들이에요."

"아, 그렇습니까? 나무 볼 때마다 고향 생각이 많이 나시겠어요."

"그렇지요. 그런데 언제 다시 돌아갈 수 있을지 모르겠어요. 나죽기 전에는 갈 수 있을는지…"

여관 주인과 남자는 더는 말을 잇지 못하고 쓴웃음을 지으며 나라 잃은 서러운 마음을 나누었습니다.

다시 방으로 돌아온 남자는 극단에서 새로 선보일 노래를 만들기 위해 종이와 펜을 꺼내 앉은뱅이책상 위에 올려두었습니다. 악상을 떠올리며 오선 위에 하나씩 음표를 그려 넣고 있던 그때였습니다. 여인의 구슬픈 울음소리가 여관방의 벽을 타고 남자의 귀에 들려왔습니다. 한여름 밤, 여인의 울음소리라니 왠지 오싹한 기분에 등골이 서늘해지는 듯했지만, 계속해서 들리는 여인의 울음소리를 듣고 있자니 궁금증이 일었습니다. 대체 무슨 사연이 있어 그리 슬프게 우는 걸까요?

여관 주인을 통해 알게 된 여인의 사연은 참으로 가슴 아픈 것이었습니다. 독립운동을 하겠다며 언제 돌아오겠다는 기약도 없이 집을 떠난 남편은 돌아오지 않았고, 한 해 두 해 시간은 흐르는데 남편의 생사조차 알 길이 없자 여인은 남편의 행방을 수소문하며 이리저리 헤매고 있었습니다. 그렇게 만주까지 건너와 남편을 찾아 헤맸지만 결국 여인에게 들려온 소식은 남편이 독립운동을 하다가 일본 경찰에 붙잡혀 사형을 당했다는 것이었습니다. 여인이 구슬프게 울던 그날 밤은 마침 남편의 생일이었습니다. 여인의 사정을 딱하게 여긴 여관 주인이 여인의 남편을 위한 상을 차려 내어주자 상 앞에 앉은 여인은 그만 북받치는 설움을 주체하지 못했던 것이지요.

여인의 이 기막힌 사연을 들은 남자는 바로 방으로 돌아와 떠오르는 악상을 거침없이 오선지 위에 쏟아냈습니다. 그렇게 만들어진 노래는 순회공연 중 극단의 한 여배우가 무대에서 불러 관객들의 박수 세례를 받았습니다. 이후 조선으로 돌아온 남자는 1절밖에 없었던 가사를 한 시인에게 부탁해 3절까지 완성하였고, 김정구라는 가수가 이 노래를 녹음하여 1938년 음반이 발매되었습니다. 이 노래가 광복 이후 1980년대까지도 우리나라 사람들에게 인기를 얻은 가요 〈눈물 젖은 두만강〉입니다.

두만강 푸른 물에 노 젓는 뱃사공
흘러간 그 옛날에 내 님을 싣고
떠나든 그 배는 어데로 갔소
그리운 내 님이여
그리운 내 님이여 언제나 오려나

강물도 달밤이면 목메어 우는데
님 잃은 이 사람도 한숨을 지니

추억에 목메인 애달픈 하소
그리운 내 님이여
그리운 내 님이여 언제나 오려나

님 가신 강언덕에 단풍이 물들고
눈물진 두만강에 밤새가 울면
떠나간 그 님이 보고 싶구나
그리운 내 님이여
그리운 내 님이여 언제나 오려나

이 노래가 만들어진 배경을 모르고 들었다면 '사랑하는 님과 이별한 심정을 담았나 보다' 하고 생각할 수 있습니다. 하지만 남편 잃은 여인의 사연을 알고 나니 노래 가사 한 줄 한 줄이 더 큰 울림으로 다가옵니다. 여인이 그토록 찾아 헤매던 남편, 즉 노래 가사 속 '내 님'의 실제 주인공은 문창학이라는 독립운동가였습니다. 함경북도 출신이었던 문창학은 함경북도 경원군의 신건원 주재소(현재의 파출소와 같은 개념)에서 헌병 보조원으로 일하다가 1919년 3·1 운동이 발생하자 이에 가담하였고, 그 일로 인해 일제의 추적을 받게 되면서 만주로 망명하였습니다. 만주에서 여러 독립운동가와 함께 활동하다가 만주에서의 활동마저 어려워지자 러시아 땅으로 넘어가 독립운동을 이어갔죠. 문창학은 동지들과 함께 국내에 있는 일제의 식민 통치 기관을 파괴하고, 한편으로는 밀정을 찾아내 처단할 것을 결의하고서 함경북도 웅기군의 경찰서와 금융기관을 습격하기로 계획했습니다. 그런데 일제의 감시가 너무 삼엄한 거예요. 그들은 하는 수 없이 목표를 변경해서 함경북도 경원군의 신건원 주재소를 습격하기로 합니다. 일본 순사들을 제거하고, 주재소에 있는 무기들을 빼내어 무장 독립운동에 사용하려고요.

그런데 잠깐, 이들이 다른 곳도 아닌 신건원 주재소를 목표로 삼은 이유를 혹시 알아챘나요? 맞습니다. 좀 전에 이야기했듯 신건원 주재소는 문창학이 독립운동에 가담하기 전에 헌병 보조원으로 일하던 곳이었습니다. 당연히 문창학은 주재소 내부 사정을 훤히 알고 있었겠지요? 실제로 신건원 주재소를 습격하기로 한 날 문창학은 어둠 속에서 앞장서 주재소로 접근합니다. 그러고는 순사들의 동태를 파악하여 신호를 보냅니다. 이에 동지들은 주재소를 급습해 사격을 가함과 동시에 폭탄 2개를 투척하여 일본인 순사 2명을 사살하고, 주재소 건물을 파괴하는 데 성공하죠. 1922년 1월 5일의 일이었습니다.

사람들은 문창학이 독립운동에 가담하기 전 일본의 헌병 주재원으로 일한 것을 두고, 그의 사촌 형으로서 일찍부터 독립운동에 가담하고 있던 문창범(그는 대한민국 임시 정부에서 활동하기도 하였습니다)의 권유로 훗날 거사를 도모하기 위해 헌병 주재원으로 일했을 것이라고 추측하기도 해요. 혹은 문창학이 헌병 주재원으로 일하면서 목격한 일본 순사들의 잔인한 행태에 반감을 갖고 독립운동에 가담했을 것이라고 추측하기도 합니다. 어쨌든 이 일로 인해 문창학과 동지들은 일본의 끈질긴 추격을 받았고, 결국 일본 경찰에 체포되어 1923년 11월 사형이 확정되었습니다. 같은 해 12월 문창학은 서대문 형무소에 수감 중 사형 집행을 당합니다. 독립운동을 하겠다고 집을 떠난 남편 문창학을 찾아 헤매던 아내가 남편의 사망 소식을 들었을 때는 이미 남편이 죽고 한참 뒤였던 것입니다.

이런 가슴 아픈 사연이 비단 문창학과 그의 아내에게만 있었던 것은 아니었을 것입니다. 일제 강점기 독립운동에 헌신했던 수많은 독립운동가가 가족들에게 생사조차 알리지 못하고, 먼 타국에서 일제의 총, 칼 앞에 쓰러졌습니다. 국내에서 일제의 살벌한 감시로 인해 독립운동을 하는 것이 매우 어려워지자 뜻있는 많은 사람이 압록강, 두만강을 건너 인접한 중국 만주로 건너갔기 때문입니다. 덕분에 일제 강점기 동안 만주는 독립운동의 주요 무대가 되었습니다.

그런데 문창학이 만주로 건너가기 훨씬 이전부터 사람들은 그곳에 터전을 잡고 독립운동을 전개할 수 있는 기지를 건설하고 있었습니다. 대표적인 두 지역이 북간도와 서간도 지역*이었습니다.

間도는 만주 중에서도 압록강과 두만강 건너편 우리나라와 인접한 지역을 지칭하는 용어입니다.

북간도 지역에서는 국내에서 의병 활동을 하던 대종교♪ 신도들이 만주로 망명하여, 항일 무장 독립 단체인 중광단을 조직하였는데요. 중광단은 3·1 운동 이후 북로 군정서로 개편되었습니다. 우리가 앞서 이야기했던 문창학도 만주로 건너간 후 북로 군정서에 가입하여 활동한 거죠. 한편 서간도 지역에서는 신민회♬가 독립운동 기지를 건설하는 데 앞장섰습니다. 삼원보에 한인 마을을 건설하고, 민족 교육을 위한 학교도 세웠는데요. 그것이 바로 항일 독립군을 지휘할 간부를 길러내기 위한 신흥 강습소(후에 신흥 무관 학교)입니다. 이곳을 졸업한 학생들은 항일 독립군 조직인 서로 군정서에 들어가 항일 무장 투쟁을 전개하였습니다.

서간도에 독립운동 기지가 건설되는 과정에서 빼놓을 수 없는 사람이 바로 이회영입니다. 이회영의 가문은 명문가이자 대단한 재산을 소유하고 있었습니다. 하지만 일제에 국권이 넘어가자 이회영

♪

대종교는 1909년 나철이 창시한 것으로, 단군을 섬기는 민족종교입니다. 대종교의 처음 시작은 종교조직이었지만, 일제 강점기라는 특수한 상황에서 종교 조직으로서의 기능보다 항일 독립운동에 더 많이 공헌했습니다.

♬

신민회는 1907년 신채호, 양기탁, 안창호 등이 중심이 되어 국내에서 조직된 애국 계몽 운동단체입니다. 일제의 침략이 나날이 거세어지고 있는 가운데 국권을 빼앗기지 않기 위해서는 민족 산업을 육성하고, 교육을 통해 국민을 계몽시켜야 한다는 생각을 바탕으로 결성되었습니다. 실제로 신민회는 대성학교·오산학교를 세우고 자기회사·태극서관 등을 운영하며 국권을 지키기 위해 힘썼습니다.

을 비롯한 여섯 형제는 전 재산을 처분하여 만주로 떠나 독립운동에 나섰습니다. 서간도에 한국인 마을이 만들어지고 신흥 강습소가 무료로 운영될 수 있었던 것은 모두 이회영의 집안에서 전 재산을 처분한 돈을 독립운동에 사용할 수 있게 해준 덕분입니다. 이렇게 북간도와 서간도에 독립운동 기지가 건설되고 독립군이 조직되면서 3·1 운동 이후 본격적인 항일 무장 독립 전쟁이 시작됩니다. 그 대표적인 사례가 바로 봉오동 전투와 청산리 대첩이었습니다.

서간도와 북간도에서 조직된 독립군들은 여러 차례 국경을 넘어 일본군 헌병 초소를 습격하여 타격을 주었습니다. 이에 일제는 병력을 동원하여 독립군 토벌 작전을 전개하지만, 1920년 6월, 홍범도가 이끄는 독립군 연합 부대가 봉오동 계곡으로 일본군을 유인하여 승리를 거두었습니다. 전투에 참여한 일본군을 거의 전멸시킨 놀라운 승리였습니다. 봉오동 전투에서 승리한 후 독립군의 사기도 치솟습니다. 하지만 일제는 더 많은 병력을 만주 지역으로 보내 독립군을 공격했는데요. 이 소식을 들은 북로 군정서 등 독립군 부대는 청산리 부근에서 일본군에 맞서 싸워 큰 승리를 거두었습니다. 이것이 우리나라 항일 독립 전쟁사에서 가장 큰 승리로 기록된 청산리 대첩입니다. 청산리 대첩을 승리로 이끈 김좌진 장군은 북로 군정서의 총사령관이었고요.

봉오동 전투에 이어 청산리 대첩에서도 승리한 독립군의 사기는 하늘을 찌를 듯했습니다. 하지만 기쁨도 잠시 전투에서 패배한 일본군은 간도 지방으로 대규모 군대를 파견해 보복을 감행합니다. 독립군을 토벌한다는 명목으로 1920년 10월부터 3~4개월간 간도 지방의 한국인들을 무참히 학살하는 만행을 저지른 거예요. 한국인 마을을 포위하고 마을의 남자들을 한자리에 모아 총이나 창으로 학살하였고, 여성들은 보이는 대로 겁탈하고 살해하였습니다. 집들은 모두 불태우고 마을을 폐허로 만들어버렸습니다. 이 사건을 간도참변 혹은 경신참변이라고 합니다. 이 비극적인 사건으로 인해 만주에서의 독립군 활동은 위축될 수밖에 없었죠.

이에 러시아 땅으로 넘어가 활동을 이어가고자 하는 독립군들이 나타납니다. 앞서 이야기했던 문창학이 만주에서 활동하다 러시아로 넘어간 것도 이와 같은 맥락에서죠. 일본의 감시와 탄압을 피해 가며 만주에서는 다시 한번 항일 독립 전쟁을 위한 독립군과 독립운동 조직의 재정비가 이루어졌습니다. 그러던 중 1931년 일제는 만주 사변을 일으켰고, 곧이어 만주국을 세워 중국 침략의 야욕을 드러냅니다. 이 사건으로 중국인들 역시 일본에 대한 반감이 높아졌고, 이에 만주 지방에서 활동하던 독립군들은 중국군과 연합하여 공동의 적인 일제에 맞서는 항일 전쟁을 전개했습니다. 한·중 공동 작전으로 일본군과 맞서 싸워 승리한 전투도 있었지만, 점점 더 거세지는 일본군의 공격 앞에 만주에서의 독립운동은 점차 어려워지게 됩니다. 만주에서 활동하던 독립군은 다시 러시아 땅으로 이동하거나, 중국 대륙으로 이동해 활동을 이어가고요.

그렇게 일제 강점기 동안 만주는 수많은 독립운동가가 일제와 맞서 싸우며 승리를 거둔 지역이기도 했지만, 한편으로는 이름 석 자 남기지 못하고 스러져간 슬픈 운명의 장소이기도 했습니다. 〈눈물 젖은 두만강〉에 나오는 '내 님'은 문창학인 동시에 강 건너 만주로 떠났던 수많은 독립운동가이기도 한 것입니다.

#커튼콜

독립운동가들이 독립운동을 전개했던 지역이 만주에 국한된 것만은 아니었습니다. 만주 이외에도 해외의 많은 곳에서 독립운동이 전개되었습니다. 그곳은 과연 어디일까요? 그 현장들을 알아보고, 그곳에서 독립을 꿈꾸었던 사람들의 흔적을 찾는 것도 지금의 우리가 꼭 해야 할 일이겠죠?

〈봉선화〉

_그 사람이 친일의 길을 걸어간 이유

이 무대는 중학교 역사 교과서 IVI. 근·현대 사회의 전개 〉1. 국민 국가의 수립, 고등학교 한국사 교과서 III. 일제의 식민지 지배와 민족 운동의 전개 〉5. 전시 동원 체제와 민중의 삶 부분을 함께 보면 좋아요!

담장 아래 빨갛게 핀 봉선화꽃을 따다가 오목한 그릇에 담고, 작고 둥근 돌로 콕콕 빻아 짓이긴 후 손톱 위에 올라갈 만큼 작게 뭉쳐 다섯 손가락 손톱 위에 조심히 올립니다. 봉선화꽃 뭉치가 손톱에서 떨어지지 않게 봉선화 파란 이파리로 돌돌 감싸고, 실로 동여맵니다. 몇 시간 지난 후 실을 풀고, 손톱 위에 얹어놓았던 봉선화꽃 뭉치를 들어내면, 어느새 손톱에는 봉선화꽃 빨간 물이 들어 있습니다. 손톱뿐 아니라 손가락 끝마디 전체에 빨간 물이 들어 있습니다. 다섯 손가락을 유심히 들여다보며, 봉선화 꽃물이 첫눈 올 때까지 다 지워지지 않았으면 좋겠다고 생각합니다. 그러면 소원이 이루어진다는 이야기를 들었거든요. 어릴 적 여름방학을 맞아 할머니

댁에 놀러 가면 오랜만에 만난 사촌들과 함께 봉선화꽃을 따다가 꽃물을 들이곤 하던 일은 지금의 어른 세대에게는 추억으로 남아 있습니다. 도시에서 자란 요즘 친구들에게는 특별한 농촌 체험을 할 때 해볼 수 있는 이색적인 경험이지만요.

봉선화는 뱀이나 귀신을 쫓는 꽃이라고 여겨져 옛사람들은 집 울타리나 장독대 옆에 봉선화를 많이 심었습니다. 그만큼 봉선화는 동네에서 흔하게 볼 수 있는 꽃이었습니다. 봉선화 빨간 꽃물을 손톱에 들이는 것도 예부터 붉은색이 못된 귀신이나 질병을 막아준다고 여겼기 때문입니다. 이렇듯 우리나라 사람들의 삶에 늘 가까이 있었던 봉선화꽃은 장미 같은 꽃에 비하면 그 크기나 생긴 모습이 연약해 보입니다. 그래서인지 일제 강점기 한 음악가는 나라를 잃고 힘겨운 삶을 살아가는 우리 민족을 봉선화에 빗대어 한 곡의 노래를 만들었습니다.

울 밑에 선 봉선화야
네 모양이 처량하다
길고 긴 날 여름철에
아름답게 꽃 필 적에
어여쁘신 아가씨들
너를 반겨 놀았도다

어언간에 여름가고
가을바람 솔솔불어
아름다운 꽃송이를
모질게도 침하노니
낙화로다 늙어졌다
네 모양이 처량하다

북풍한설 찬바람에
네 형체가 없어져도
평화로운 꿈을 꾸는
너의 혼이 예있나니
화창스런 봄바람에
환생키를 바라노라

이 노래가 바로 〈봉선화〉입니다. 1926년 《세계명작가곡선집》
에 수록된 이후 1932년에는 음반으로도 제작되어 많은 이들에게 알
려졌는데요. 이 노래는 서정적인 가사와 단조 선율의 바이올린 연
주가 어우러져 슬프고 처량한 분위기를 자아냅니다. 나라 잃은 설
움을 안고 살아가는 우리 민족의 심정을 대변하는 슬픈 가락이 사
람들의 마음에 와닿았던 걸까요? 노래는 사람들에게 널리 퍼져나
갔습니다. 1920~30년대 라디오에서 자주 흘러나오는 노래이기도

했고요. 이 노래의 3절은 당시 사람들의 서글픈 마음을 어루만져주었고, 듣는 이로 하여금 조용히 눈물짓게 하였습니다. 일제의 통치를 겨울철 불어오는 차갑고 모진 북풍과 눈에 비유하며 독립의 꿈을 품은 우리 민족의 정신이 사라지지 않는 한, 겨울이 끝나면 화창한 봄이 오듯 독립이 찾아오리라는 희망을 이야기하는 내용이어서, 독립을 원하는 사람들에게 이 곡은 위로의 노래이자 희망의 노래였습니다.

〈봉선화〉는 광복 이후 지금까지도 그 생명력을 이어오며 중·고등학교의 음악 교과서에 실리기도 했습니다. 그렇다면 일제 강점기 우리 민족을 상징하는 노래였던 〈봉선화〉를 만든 사람은 누구일까요? 바로 홍난파입니다. 홍난파라는 이름을 들어보지 못했던 사람이라도 〈고향의 봄〉〈퐁당퐁당〉〈낮에 나온 반달〉 등의 노래는 알고 있을 겁니다. 어린 시절 누구나 한 번쯤은 불러보았을 이 노래들을 작곡한 사람이 바로 홍난파예요. 그의 본명은 홍영후이지만 호號인 난파를 따서 홍난파로 불렸습니다. 많은 동요를 작곡한 사람으로만 알기 쉬운 홍난파는 사실 우리나라에서 서양 근대 음악을 개척한 인물이기도 합니다.

1898년 경기도 화성에서 태어난 홍난파는 아버지의 영향으로 교회에 다니며 교회 음악을 통해 처음으로 서양음악을 접하게 됩니다. 홍난파의 아버지 홍준은 통역관이었습니다. 그는 당시 우리나라에서 활동하던 선교사 언더우드, 아펜젤러가 성경을 우리말로 번역하는 작업을 돕기도 했는데요. 그런 아버지의 영향으로 홍난파도 교회에 다니며 서양식 음악을 접했던 것입니다. 홍난파가 본격적으로 음악 공부를 시작한 것은 1912년 우리나라 최초의 민간 음악 교육기관이었던 조선정악전습소 성악과에 입학하면서부터였습니다. 약 1년간의 교육을 마친 홍난파는 다시 조선정악전습소 서양악부 기악과에 입학하여 바이올린을 배웁니다. 1년간의 과정을 마친 그는 더 넓은 세상에서 음악 공부를 하기 위해 1918년 일본으로 유학을 떠났고 동경음악학교 예과(본과에 들어가기 위한 예비 과정)에 입학하였습니다.

일본 유학 중 홍난파는 유학생 신분으로 일본에서 예술 잡지 《삼광三光》을 발행하는 등 활발하게 활동했습니다. 《삼광》에서 삼三은 미술, 음악, 문학 세 가지를 가리키는데요. 문화 전반을 다루는 예술 잡지였던 《삼광》의 창간사에서 홍난파는 "우리 조선은 깨는 때올시다. 무엇이든지 하려고 하는 때"라고 하며 "음악은 반드시 아름다운 것만을 표현하는 것이 아닌 민족혼이 깃들어야 한다"라고 하였습니다. 이 창간사를 통해 우리는 그가 어떤 생각을 가졌었는지 짐작할 수 있습니다.

그런데 홍난파가 《삼광》을 처음 발행했던 1919년 2월은 우리 역사 속에서 매우 의미 있는 일이 있었던 시기이기도 합니다. 일본에서 공부하고 있던 조선인 유학생들이 1918년 조직한 '조선 청년 독립단'이 중심이 되어 1919년 2월 8일 일본의 수도 도쿄 중심부에

서 조선의 독립을 요구하는 '2·8 독립 선언'을 발표한 때거든요.♩
일본 경찰의 진압으로 강제 해산되긴 했지만, 일본 유학생들의 독
립 선언 소식은 국내의 뜻있는 사람들에게 큰 자극을 주었습니다.
2·8 독립 선언의 영향으로 국내에서도 독립 선언을 위한 준비 작업
이 이루어졌고, 그 결과 1919년 3·1 운동이 발생하게 되었습니다. 하
지만 이 일로 동경음악학교 예과를 마치고 본과에 진학하려던 홍
난파의 계획은 산산이 부서져요. 2·8 독립 선언 발표로 인해 일본
내 조선인 유학생들은 위험인물로 낙인찍혔고, 홍난파 역시 불온사

일본의 조선인 유학생들이 1919년 2월 8일 독립 선언문을 발표한 배경에는
제국주의 국가 간에 벌어진 제1차 세계대전이라는 사건이 큰 영향을 미쳤습니다.
1914년 시작되어 1918년에 끝난 이 전쟁에서 영국, 프랑스, 러시아의 연합국은 독
일, 오스트리아-헝가리, 오스만 제국의 동맹국을 상대로 승리를 거두었습니다.
전쟁이 끝난 후 열린 '파리 강화 회의'에서는 다시 평화로운 세계 질서를 만들자
는 의견이 등장하였고, 이때 미국의 대통령 윌슨은 세계 여러 민족이 자신의 운명
을 스스로 결정해야 한다는 '민족 자결주의'를 주장하였습니다. 윌슨의 '민족 자결
주의'는 당시 식민 지배를 받고 있던 약소국에게 큰 희망을 안겨주었습니다. 스스
로의 운명을 결정해 식민 지배에서 벗어날 수 있다는 기대감을 주었던 것이죠. 민
족 자결주의는 일제 식민 지배를 받고 있던 우리나라 사람들에게도 희망을 불어
넣었고, 중국에서 결성된 독립운동 단체인 신한 청년당에서는 우리나라의 사정
을 국제 사회에 알리기 위해 김규식을 파리 강화 회의에 파견하기도 했습니다. 그
러한 분위기 속에서 일본의 유학생들도 2·8 독립 선언을 발표했던 것입니다. 하
지만 윌슨의 민족 자결주의는 모든 식민지를 독립시켜야 한다는 주장은 아니었
습니다. 제1차 세계대전에서 패배한 국가들이 다시 힘을 키우는 것을 막기 위해
패배한 국가들이 가지고 있던 식민지를 독립시키겠다는 주장이었으니까요.

상가로 분류되어 본과 입학을 거부당했기 때문입니다.

홍난파는 다시 조선으로 돌아올 수밖에 없었습니다. 당시 우리나라가 처한 사정과 그로 인한 개인적인 좌절을 맛본 그는 자신의 심경이 담긴 〈애수哀愁〉를 작곡하였습니다. '애수'란 마음을 슬프게 하는 시름이라는 뜻이죠. 제목에서부터 곡의 분위기가 어땠을지, 홍난파가 어떤 심정을 담아 작곡했는지가 느껴집니다. 그 후 몇 년 뒤인 1925년 홍난파와 개인적으로 친분이 두터웠던 시인 김형준은 이 쓸쓸한 〈애수〉라는 곡에 가사를 지어주었고, 그렇게 탄생한 노래가 바로 〈봉선화〉였습니다. 일본 유학은 실패했지만, 홍난파는 1924년 YMCA 강당에서 바이올린 독주회를 열어 음악가로서 이름을 알리기 시작합니다. 우리나라 최초의 음악 잡지인 《음악계音樂界》를 창간하기도 했고요. 그는 1926년 다시 일본으로 건너가 동경 고등음악학원에 입학하여 바이올린을 전공하였고, 1931년에는 미국으로 건너가 셔우드 음악 학교에 입학하여 바이올린과 작곡을 공부하였습니다.

미국에서 유학하던 시절 홍난파는 '흥사단'이라는 단체에 가입하였습니다. '흥사단'이란 1913년 도산 안창호가 미국 샌프란시스코에서 우리 민족의 부흥을 위해서는 민족의 힘을 기르는 것이 중요하다고 강조하며 조직한 단체였습니다. 사실 민족의 힘을 기르는 것을 목표로 한다고 했지만, 흥사단은 독립운동 단체였어요. 약 1년간의 미국 유학을 마치고 귀국한 홍난파는 경성 중앙 방송국 방송

관현악단 지휘자로 활발한 활동을 이어가던 중, 그의 운명을 바꾸어놓을 사건에 맞닥뜨리게 됩니다. 바로 1937년 6월에 있었던 '동우회 사건'이었습니다.

동우회는 도산 안창호가 조직한 흥사단과 국내의 여러 계몽 단체가 통합된 조직이었습니다. 일제는 동우회가 독립 정신을 불러 일으킨다고 파악하고, 관련된 인물을 대거 체포하였는데 이때 홍난파 역시 미국 유학 시절 흥사단에 가입한 일로 사건에 연루되어 종로 경찰서에 잡혀가 조사받게 된 것입니다. 이때 홍난파는 모진 고문을 받았습니다. 그리고 이 '동우회 사건'은 홍난파가 그동안 걸어왔던 인생과는 다른 길로 그를 인도합니다.

'동우회 사건' 발생 한 달 뒤인 1937년 7월 일제는 본격적으로 중국을 침략하여 중·일 전쟁을 일으켰고, 그해 9월 홍난파는 일본의 중국 바오딩 함락 축하 황군 감사 대음악회에서 본인이 작곡한 노래를 발표하였습니다. 그는 이 음악회에서 〈공군의 노래〉 등을 발표하였는데 이는 일본이 일으킨 전쟁을 미화하는 노래였습니다. 한 달 뒤 10월에는 '음악보국대연주회'에서 바이올린을 연주하는가 하면, 이 연주회에서 자신이 얻은 수익금을 모두 국방헌금으로 내겠다고 발표하기도 해요.♩ 같은 달, 홍난파는 동우회 사건에서 벗어났고, 11월에는 과거 독립운동 단체에 가입했던 것을 후회하며, 일제의 신민으로 그 본분을 다하며 살겠다는 다짐을 글로 써서 발표했습니다. 1938년에는 '천황의 뜻을 받들어 팔굉일우八紘一宇♪를

♩

일제는 1937년 중·일 전쟁을 시작으로 전쟁을 확대해 나가면서 전쟁 수행에 필요한 물자와 노동력을 동원하기 위해 보국대報國隊를 조직하였습니다. 보국대란 말 그대로 국가에 충성하는 단체였습니다. 일제는 근로보국대를 조직하여 노동력을 동원하였고, 같은 맥락으로 음악보국대는 음악을 통해 일제의 침략 전쟁을 미화하고, 정당화하기 위한 목적에서 만들어진 것이었습니다. 또한 일제는 전쟁 수행에 필요한 자금을 충당하기 위해 조선인에게 국방헌금을 내도록 강요하였습니다.

♪

'팔굉일우'를 단어 그대로 풀이하면 '전 세계가 하나의 집'이라는 뜻입니다. 일제는 자신들의 제국주의 침략 전쟁을 미화하며 '전 세계가 모두 천황의 지배 아래 하나의 집'이라는 의미를 담은 '팔굉일우' 구호를 내세웠습니다.

만들자'라는 가사가 담긴 〈희망의 아침〉도 발표하고요. 나아가 그해 6월에는 내선일체와 황국신민화 등을 목적으로 설립된 친일 단체인 대동민우회에 가입했습니다. 경성 중앙 방송 관현악단 지휘자로서 일제의 침략 전쟁을 미화하는 노래를 연주하고, 조선인 청년들에게 지원병, 징병 등을 선전하기도 했지요.

이후로도 홍난파는 연주자이자 지휘자로서 일제를 찬양하는 활동을 이어갑니다. 1941년에는 국민총력조선연맹에 속해 활동하였는데, 이 단체는 일제의 전쟁 수행에 대한 조선인의 협력과 전쟁 중의 사회 통제 등을 목적으로 조선총독부가 조직한 단체였습니다. 이렇게 일본에 협력하는 활동을 벌이던 홍난파는 1941년 8월 43세의 나이로 세상을 떠나게 됩니다.

서울 종로구 홍파동에 위치한 홍난파 가옥으로 그가 죽기 전까지 6년간 살던 집입니다. 현재 국가등록문화재로 지정되어 있습니다.

동우회 사건 이후 홍난파가 걸어간 길은 친일의 길이었습니다. 과거 '음악에도 민족혼이 담겨 있어야 한다'고 강조했던 홍난파는 어쩌다가 친일의 길을 걸어가게 되었을까요? 자기 인생의 모든 것이었던 음악 활동을 이어가기 위한 어쩔 수 없는 선택이었을까요? 아니면 돌이 채 지나지 않은 어린 딸과 아내를 위한 길이었을까요? 누구나 어떤 행동을 한 데에는 나름의 이유가 존재합니다. 자신의 전부와도 같았던 음악을 위해, 또는 살기 위해 어쩔 수 없이 일제가 시키는 대로 친일의 길을 걸을 수밖에 없었다고 하기에는 같은 시기를 살아가며 독립을 위해 자신의 목숨도, 가족도 돌보지 못했던 수많은 독립운동가 앞에서 홍난파뿐 아니라 당시 친일을 걸었던 많은 사람이 자신의 행동을 정당화하기는 어려울 것 같습니다.

홍난파가 세상을 떠난 다음 해 일본에서는 일본 음악 대학 졸업생 대표들이 참가하는 '전일본신인음악회'가 열렸습니다. 하얀 치마저고리 차림으로 무대에 오른 소프라노 김천애는 앵콜 곡으로 〈봉선화〉를 불렀습니다. 당시 현장에 있던 조선인 유학생들은 뜨거운 박수를 보냈고, 무대 뒤로 찾아가 김천애를 끌어안고 눈물을 흘리는 교포들도 있었습니다. 하지만 일제 강점기 〈아리랑〉과 함께 우리 민족을 상징하는 노래였던 〈봉선화〉를 만든 홍난파도 〈봉선화〉를 불러 큰 박수를 받았던 김천애도 '친일인명사전'에 그 이름이 올라가 있다는 사실은 우리에게 많은 생각거리를 던져줍니다.

#커튼콜

우리는 살아가면서 많은 선택의 순간에 놓이게 됩니다. 그 선택이 사소한 것들과 관련된 것일 수도 있지만, 인생의 길을 바꾸어놓을 결정적인 선택일 수도 있습니다. 그럴 때 우리는 어떤 기준을 가지고 선택해야 할까요? 친일파와 독립운동가는 같은 시대, 같은 공간에서 서로 다른 선택을 했던 사람들입니다. 선택의 갈림길에서 개인과 공동체 어느 것을 더 중요하게 여기느냐에 따라 그들의 선택은 달라졌습니다. 여러분이 당시를 살았다면 어떤 선택을 내렸을 것 같습니까?

스물네 번째 무대

〈자전거〉

_ 어두운 시절 한 줄기 빛이 되었던 자전거 왕

이 무대는 중학교 역사 교과서 VI. 근·현대 사회의 전개 〉 1. 국민 국가의 수립, 고등학교 한국사 교과서 III. 일제의 식민지 지배와 민족 운동의 전개 〉 4. 사회·문화의 변화와 사회 운동 부분을 함께 보면 좋아요!

따르릉 따르릉 비켜나세요

자전거가 나갑니다 따르르르릉

저기 가는 저 사람 조심하세요

어물어물 하다가는 큰일 납니다.

따르릉 따르릉 이 자전거는

울 아버지 장에 갔다 돌아오실 때

꼬부랑 꼬부랑 고개를 넘어

비탈길로 스르르르 타고 온다오.

여러분은 자전거 타는 것을 좋아하나요? 자전거 하면 가장 먼저 떠오르는 이 노래, 초등학생 시절 선생님의 반주에 맞추어 불러보았던 〈자전거〉는 일제 강점기인 1920년 말에 만들어진 노래입니다. 지금까지도 어린이들이 즐겨 부르는 대표적인 동요죠. 이 노래를 작사한 목일신은 어릴 적부터 동시를 지어 여러 차례 신문사 공모전에 당선되었던 인물이었습니다. 목일신의 아버지는 미국 선교사로부터 받은 자전거를 타고 각지의 교회를 다니며 일을 보았는데, 쉬는 날이면 아들 목일신에게도 자전거를 타게 해주었다고 합니다. 어느 날 아버지의 자전거를 타고 학교에 갔다가 집에 돌아온 목일신은 자전거를 주제로 동시를 지어 한 잡지에 발표하였고, 이듬해 그의 동시는 우리에게 익숙한 노래 〈자전거〉로 만들어져 세상에 나오게 되었습니다.

누군가에게 어린 시절 보조 바퀴 달린 네발자전거를 동생에게 물려주고 처음으로 두발자전거 타기에 성공했던 짜릿한 순간의 기억이 자전거에 배어 있다면, 작사가 목일신에게는 자전거를 타고 일을 다니셨던 아버지에 대한 추억이 남아 있었나 봅니다. 그런데 자전거에는 일제 강점기 우리 민족에게 한 줄기 빛과 같은 존재였던 사람의 이야기가 담겨 있기도 해요.

우리나라에 처음으로 자전거가 들어온 정확한 시기는 밝혀지지 않았습니다. 다만 우리나라에서 외교 고문으로 활동하던 독일인 묄렌도르프의 수행원이 1883년 자전거를 처음 소개했다는 기록, 주한 미국 공사관에서 근무하던 해군 장교가 1884년 자전거를 타고 서울 거리를 누볐다는 기록, 서재필이 1896년 자전거를 타고 독립문 건설 현장에 갔다는 기록 등을 통해 개항 이후 서양 문물이 우리나라에 도입되던 1880년대에 자전거도 우리나라에 들어왔을 것으로 추측할 뿐입니다.

그동안 사람이 타는 것이라고는 말이나 소가 끄는 수레, 가마꾼이 메고 다니는 가마밖에 보지 못했던 사람들은 소나 가마꾼 없이 두 바퀴로 움직이는 자전거를 신기해하며 '자행거自行車'라 부르기도 했습니다. 스스로 움직이는 차라는 뜻이죠.

개화파이자 독립협회 회장을 지냈던 윤치호는 자전거를 탈 때 하인 두 사람을 마치 가마꾼처럼 자전거 앞뒤로 세워 데리고 다녔다고 합니다. 당시 자전거는 값비싼 수입품으로 윤치호는 자전거를 타고 가다가 진흙 길을 만나면 자전거에 흙이라도 묻을세라 얼른 자전거에서 내려 진흙 길을 피해 걸어갔고, 그의 하인들은 자전거를 조심스럽게 들어 올려 옮겨주었다고 합니다. 윤치호가 자전거를 타고 달리면 보조를 맞춰 함께 달리다가, 진흙 길을 만나면 자전거를 들어 옮겨야 했던 하인들은 고생이 이만저만 아니었을 것 같습니다. 당시 사람들은 윤치호가 자전거를 타고 쌩쌩 나아가는 모습을 보면서 그가 축지법을 쓴다고 놀라워했습니다. 어떤 사람들은 서양에서 들어온 새로운 이동 수단을 탄 이에게 동경 어린 시선을 보냈지만, 또 어떤 이들은 점잖지 못하다며 손가락질하기도 했어요. 하지만 점차 시간이 지나면서 자전거는 빠른 이동 수단으로 자리잡게 됩니다. 1908년 11월 13일 자 황성신문에는 군부(軍部, 군사 행정을 담당하는 부서)에서 긴급한 일에 사용하기 위해 자전거 2대를 배치하였다는 기사가 실렸습니다.

시간이 흐르면서 일반인을 상대로 자전거를 판매하는 상점들도 생겼는데요. 자전거 판매상들은 홍보를 위해 아마추어 자전거 경기를 열기도 했습니다. 빠른 속도로 치고 나가는 박진감 넘치는 자전거 경기는 사람들에게 재미있는 볼거리였고, 점차 경기의 규모가 커지면서 전국적인 자전거 경주 대회가 열렸습니다. 그리고 자전거 경주 대회를 통해 일제 강점기 우리 민족의 설움을 씻어주는 최고의 인기 스타가 등장했습니다.

전주에서는 예정과 같이 지난 16일에 호남 자전거 대회를 하였는데 그 전날에는 날이 흐려서 매우 걱정을 하였으나 당일은 다행히 화창하여 수만의 군중은 이른 아침부터 자전거 운동장으로 모였다. 참가한 선수는 조선 자전거에 유명한 경성의 엄복동과 평양의 강경 등 각 도와 호남 각지에서 많이 모였고, 일본에서까지 선수들이 참여하였다. 총 칠십여 명의 선수는 월계관을 차지하기 위해 활발하고 용맹스러운 자태를 서로 자랑하였다. 오전에는 예선 경주를 하고, 오후에는 우승기 쟁탈 경주를 하였는데 군중의 인기는 심지어 일본 사람까지도 엄복동 군과 전주의 김

기문 군에게로 몰렸고, 경기가 시작되자 관객은 더욱 엄군과 김 군을 응원하였는데 불행히 김군은 중도에서 중지를 하고, 마흔 네 바퀴째 돌 때 엄군까지 넘어지면서 군중은 아연실색하여 어 쩔 줄을 모르더니 그래도 조선에 첫째가는 엄군은 그대로 떨어 지지 아니하고 다시 힘을 내어 쫓아가서 남보다 두 바퀴 혹은 세 바퀴를 앞서 명예의 우승기를 수만 관객의 환호 속에 영광스럽 게 받게 되었다. 이와 같이 당일의 자전거 경기 대회는 크게 성 황을 이루었으며, 더욱이 우승기는 전부 조선 사람이 차지하고 일본 사람은 한 명뿐이라더라. (1920. 5. 21. 동아일보 기사)

경기 도중 넘어졌지만, 다시 일어나 남들보다 앞서나가 결국 우승까지 차지하는 어마어마한 실력을 보여준 엄복동은 자전거 경 주 대회가 탄생시킨 당대 최고의 스타였습니다. 당시 일미상회라는 자전거 판매상에서 점원으로 일하고 있던 엄복동은 1913년 3월 '육 군기념제 자전거경주연합대회'에 출전하여 처음으로 우승을 차지 하였고, 그해 4월 매일신보사와 경성일보사 주최로 인천, 용산, 평 양에서 차례로 열린 '전조선자전차경기대회'에서 연달아 우승을 거 머쥐며 '스타 탄생'을 알렸습니다. '전조선자전차경기대회'를 주최 한 두 신문사는 대회를 대대적으로 홍보하였습니다. 대회 참석을 위해 일본 도쿄, 오사카 등에서 건너온 7명의 일본인 선수에 대한 환영 행렬까지 벌이면서요. 서울에 살고 있던 일본인들은 자국의 선수들을 적극적으로 후원하였고, 이에 분위기는 자연스럽게 조선인과 일본인의 대결 구도로 흘러갔습니다. 엄복동은 이 경기에 참여하여 일본인 선수들을 제치고 당당히 우승을 차지해 일제 강점기 우리 민족에게 기쁨과 통쾌함을 안겨주는 스타로 떠오른 것입니다.

이후에도 엄복동이 출전한 자전거 경주는 조선인과 일본인의 대결의 장이 되곤 했고, 그때마다 엄복동은 우승을 거머쥐어 사람들을 환호하게 했습니다. 사람들은 그를 '자전거왕'으로 불렀는데요. 단순히 스포츠 스타가 아니라 식민지 조선인의 설움을 잠시나마 잊게 해주는 희망의 아이콘과도 같았습니다.

1920년 5월, 경복궁에서는 중국인, 일본인, 조선인 선수가 함께 참여한 가운데 시민대운동회 자전거 경주가 열렸습니다. 너도나도 엄복동의 경기를 직접 보겠다며 몰려든 바람에 경기장은 예외 없이 북적였어요. 엄복동은 경기 중반까지 선수들 중간 무리에 끼어서 달리다가 중반 이후 엉덩이를 치켜올려 속도를 높이고 무서운 속도로 치고 나가는 그만의 독특한 경기 운영 방법으로 유명했습니다. 이날도 엄복동이 엉덩이를 치켜들며 앞으로 치고 나갈 준비를 하자 관객들은 환호성을 질렀어요. 엄복동 역시 관객들의 기대에 부응하듯 경기에 참여한 선수들을 모두 따돌렸고 이제 일본 선수 한 명과 맞대결을 벌이게 되었습니다. 이 한 명의 선수만 제치면 우승은 엄복동의 것이 되는 거죠. 결국 맞대결을 벌이던 일본인 선수는 엄복동에게 몇 바퀴 뒤처지게 되었고, 우승은 엄복동의 것이 확실해 보였습니다.

그런데 이게 무슨 일인가요. 갑자기 심판석에서 경기 중지 명령을 내린 겁니다. 뜻밖의 상황에 경기장에는 잠시 침묵이 흘렀지만, 이내 상황을 판단한 군중들은 수군거리기 시작하였고, 엄복동은 화가 나서 우승기가 있는 곳으로 달려가 깃대를 들고 꺾어버렸습니다. 이 모든 것이 일본인 선수에게 우승을 주기 위한 교활한 작전이라고 항의하면서요. 심판석의 일본인들은 엄복동이 난동을 부린다며 붙잡고 구타하였고, 이 모습을 지켜본 사람들이 운동장으로 몰려나가 항의하며 큰 소동이 벌어졌습니다. 경찰이 출동해 군중들을 해산시켰고, 경기는 중단되고 말았죠. 이러한 사건이 벌어진 것은 경기마다 우승을 차지하며 우리 민족의 자존심을 세워준 엄복동을 경계하던 분위기가 반영된 것이었습니다.

이후 경기에서도 종종 엄복동의 우승을 경계하는 일본인 선수들의 방해 작전이 있었고, 이로 인해 엄복동이 크게 다치는 일까지 벌어졌습니다. 하지만 엄복동의 인기는 더욱더 높아졌습니다. 그가 점원으로 일하던 일미상회는 영국 자전거 회사에서 만든 자전거를 들여와 엄복동을 후원하기도 했답니다.

이 자전거는 1910년~1914년 사이에 영국 러쥐社(Rudge-Whitworth)에서 만든 제품입니다. 엠블럼의 7자리 숫자(1065274)로 보아 특별히 제작된 경주용 자전거로 추정됩니다. 엄복동 선수가 사용하다 후배 선수에게 물려준 이 자전거는 체육 유물로는 처음으로 2010년 8월 등록문화재 제466호로 지정되었습니다. (문화재청)

1923년에는 아시아 각국의 유명 선수가 모두 모인 경기가 중국 대련에서 열렸습니다. 무려 운동장을 70바퀴나 돌아야 하는 힘든 경기에서 우승을 차지한 엄복동은 이제 아시아 최고의 자전거 선수로 이름을 날리게 되었습니다. 이렇게 엄복동이 승승장구하자 일본인들은 그를 회유하기 시작했습니다. 일왕에 대한 충성을 강요하기 위한 목적으로 1925년부터 개최되었던 조선신궁경기대회에 출전할 것을 요구한 것입니다. 하지만 엄복동은 일본인들이 주최하는 경기에는 출전하지 않았고, 1926년 서울 장충단에서 열린 대회를 끝으로 은퇴를 선언합니다.

은퇴한 후에도 그의 인기는 식지 않았습니다. 대회가 열릴 때마다 주최 측은 항상 엄복동을 초청하였고, 그는 특별 선수로 경기에 참여하여 사람들의 환호성을 받았답니다. 그의 이야기는 2019년 영화로 제작되었고, 가수 비가 주인공 엄복동 역할을 맡아 화제가 되기도 했습니다.

일제 강점기 우리나라 사람들에게 희망과 용기를 주었던 엄복동. 하지만 그는 그리 안락한 삶을 살지는 못했습니다. 해방 이후 생활고를 겪으며 여러 일을 전전하다가 6·25 전쟁 당시 피난길에 세상을 떠나고 말았습니다. 지금은 그가 타다가 후배에게 물려준 자전거만 남아 사람들에게 '자전거왕'으로 불리던 그의 흔적을 느끼게 할 뿐입니다.

커튼콜

스포츠는 예나 지금이나 사람들에게 인기 있는 분야입니다. 즐길거리를 제공하기도 하지만, 시대적 배경에 따라 특별한 의미를 담아내기도 합니다. 역사 속에서 스포츠가 어떤 의미를 지니는지, 어떤 기능을 했는지 찾아볼까요?

6막
해방 이후의 노래

스물다섯 번째 무대

〈귀국선〉

_ 해방의 감격을 안고 돌아온 사람들

이 무대는 중학교 역사 교과서 Ⅵ. 근·현대 사회의 전개 〉 1. 국민 국가의 수립, 고등학교 한국사 교과서 Ⅳ. 대한민국의 발전 〉 1. 8·15 광복과 대한민국 정부 수립 부분을 함께 보면 좋아요!

마침내 그날이 왔습니다. 1945년 8월 15일 정오, 일본의 라디오 방송에서는 천황의 목소리가 흘러나왔습니다. 천황은 '그동안 최선을 다했으나 전쟁 상황이 일본에 유리하지 않고, 전쟁으로 인해 고통받는 신민들을 가엾게 여겨 연합국의 제안을 수락한다'고 말했습니다. 약 4분 30초간 흘러나온 이 담화에서 그는 여러 가지 표현을 빙빙 돌려가며 전쟁을 끝내겠다고 말했지만, 실제로는 항복 선언에 지나지 않았습니다. 여기서 연합국의 제안이란 포츠담 선언ᵎ을 말하는 것인데요. 그동안 일본 정부의 거짓 선동에 홀려 전쟁에서 일본이 계속 승리하고 있는 줄로 알고 있었던 일본인 중에는 놀라고 당황하여 눈물을 흘리는 사람도 있었습니다. 많은 사람을 고통으로

♩♪

몰아넣었던 전쟁이 끝났다는 사실에 안도하는 사람도 있었고요.

이 방송은 같은 날 우리나라에도 동시에 전달되었습니다. 방송 전 '중대 발표가 있으니 조선인들은 경청하라'는 내용의 벽보가 붙었기에 사람들은 방송이 예고된 시간 라디오에 귀를 기울이고 있었습니다. 그러나 라디오를 통해 흘러나온 천황의 항복 선언을 그 자리에서 바로 이해한 사람은 드물었습니다. 당시 우리나라에서 일본어를 이해하는 사람은 10명 중 2~3명뿐이었거든요. 방송을 듣고 무슨 내용인지 온전히 이해할 만한 사람이 드물었던 겁니다. 게다가 방송의 잡음도 매우 심했고, 어려운 한자어까지 섞여 있었기에 일본어를 할 줄 아는 사람들도 단번에 방송의 핵심을 알아듣기는 힘들었습니다. 그토록 기다려왔던 광복의 순간이었는데도 사람들은 곧바로 광복의 기쁨을 누리지는 못했던 것입니다.

하지만 라디오 방송 후 우리나라에 살고 있던 일본인들의 심상치 않은 움직임과 함께, 오후부터 마포 형무소와 서대문 형무소에 수감되었던 사람들이 풀려나기 시작하고, 전쟁 기간 내 이루어지던 식량 배급이 중단되는 등 평소와 다른 움직임이 일어나는 것을 본 사람들은 뭔가 상황이 달라졌음을 직감했습니다. 8월 16일 신문을 통해 일본이 항복했다는 사실이 보도되었고, 그제야 사람들은 거리로 뛰어나와 태극기를 흔들며 그토록 기다리던 광복의 기쁨을 누렸습니다.

광복의 소식과 함께 일제 강점기 조국을 떠났던 사람들도 속속 고향을 찾아 귀국하기 시작했습니다. 독립운동을 위해, 생계를 유지하기 위해, 일제의 징용·징병 등 여러 가지 이유로 중국, 일본, 동남아, 러시아, 미국, 멕시코 등으로 떠났던 사람들이 꿈에 그리

♩

우리나라 최초의 공식적인 이민 국가는 미국이었습니다. 한국인이 미국 땅에 처음 발을 디딘 것은 1883년으로 민영익을 대표로 구성된 외교 사절단 8명이 샌프란시스코를 거쳐 워싱턴에 도착했습니다. 이듬해 갑신정변 등 국내의 정치적 이유로 서광범, 서재필, 박영효가 미국으로 망명하였고, 미국에 처음으로 한국 공관이 설치된 1887년 이후 미국 유학생도 증가하였습니다. 1902년에는 한국인들을 태운 집단 이민선이 인천항을 출발하여 1903년 하와이의 호놀룰루항에 도착하였습니다. 이 배에 타고 있던 사람들은 하와이 사탕수수 농장에서 일할 노동자들이었습니다. 하와이 사탕수수 농장에서는 값싼 노동력을 찾고 있었고, 당시 조선에서 하와이 이민 노동자를 모집할 때 선교사들이 큰 활약을 하였습니다. 이로 인해 초기 이민자들 중에는 기독교인이 많았습니다. 1903년을 시작으로 1905년까지 하와이에 도착한 이민 노동자들은 대부분 가정을 꾸리지 않은 성인 남성이었습니다. 당시 미국에는 백인과 아시아인 사이의 결혼이 법으로 금지되어 있었기 때문에 이민 노동자 중에는 결혼을 위해 다시 조선으로 돌아가는 사람도 있었지만, 남아 있는 사람들은 자신의 사진을 조선에 보내 아내를 구하기도 했습니다. 이때 남자의 사진을 보고 결혼을 위해 하와이로 건너온 여성들을 '사진 부인'이라고 부르기도 했습니다.

던 조국으로 돌아오기 시작한 것입니다. 일제 강점기 우리나라 사람들의 이주가 가장 많이 이루어진 곳은 바로 일본과 중국이었습니다. 먼저 일본으로 떠났던 사람들의 이야기를 해볼까요. 일제 강점기 이전에도 조선인이 일본으로 건너가는 경우가 있었지만, 1910년 한일 병합조약 체결 이후 일본으로 건너가는 사람의 수는 꾸준하게 증가했는데요. 초기엔 유학을 떠나는 학생들의 비중이 컸지만 1910년대부터는 취업을 목적으로 건너가는 10대~40대 남성들이 주를 이루었습니다. 왜 그랬을까요?

일제의 무단통치와 토지 조사 사업 등으로 사람들은 대대로 일구던 농토와 터전을 잃었습니다. 생계가 막막해진 그들에게 남은 것이라고는 노동력뿐이었죠. 그러니 가족을 남겨둔 채 부산釜山과 일본의 시모노세키[下關]를 오가는 관부關釜 연락선에 몸을 싣고 일본으로 떠난 남성들이 많았던 것입니다. 당시 일본은 산업화 과정에서 부족한 노동력을 충당하기 위해 방적공장, 조선소, 제철소 등에서 조선인 노동자를 고용했습니다. 하지만 일본으로 건너간 조선인들의 삶은 녹록치 않았어요.

조선인들은 대부분 일본 각지의 탄광, 철도, 도로, 하천, 발전소 공사장의 일용직 노동자로 일했는데요. 특히 위험하거나 불결한 작업을 도맡아야 했습니다. 더욱이 식민지인이라는 낙인까지 찍힌 터라 조선인들은 일본인에 비해 절반도 안 되는 임금을 받으며 차별과 멸시에 시달려야 했습니다. 심지어 일본인들은 조선인들을 불결하게 여겨 집이나 방을 빌려주려 하지 않았어요.

그런 고난 속에서 일본으로 건너간 사람들은 조선인 마을을 만들어 그 속에서 서로 도우며 마음의 안식을 취했습니다. 어렵사리 자리를 잡은 다음엔 가족을 일본으로 데려와 정착했고요. 이렇게 하여 1930년대 일본에 거주하는 조선인의 숫자는 계속 증가하게 됩니다. 그러다가 1940년을 전후해서는 일제가 중·일 전쟁, 태평양 전쟁을 도발하는 바람에 전선이 확대되었는데요. 이에 일본은 전쟁 수행에 필요한 인력을 충당하기 위해 조선인을 징용합니다. 자국의 군수 공장과 탄광 등에서 강제 노동을 시키려고 말이에요.

그렇게 시간이 지날수록 일본 내 조선인의 숫자는 늘어나 광복 직전 일본에는 약 240만 명의 조선인이 있었다고 합니다. 이들은 자신의 선택으로, 혹은 일제의 강제징용 때문에 일본으로 건너와 온갖 차별과 멸시 속에 어렵게 삶을 이어가던 사람들이었습니다. 그런데 바로 이들에게도 8월 15일 일제의 패망과 광복의 소식이 전해진 것입니다. 고향으로 돌아갈 날만을 그리고 있던 사람들은 벅찬 가슴과 기대 속에 시모노세키항으로 몰려들었습니다. 그러나 일본 정부는 조선 및 해외 각지에 퍼져 있는 자국민을 다시 일본으로 철수시키는 데 몰두해 있을 뿐, 일본 내에 있는 조선인의 귀국에는 큰 관심을 두지 않았습니다.

그러던 중 사건이 하나 발생합니다. 항복 사흘 뒤인 8월 18일, 일본 정부는 일본 내 조선인들이 폭동을 일으키는 것을 막기 위해 조선인 노동자를 부산으로 송환하라는 명령을 일본 해군에 내렸는데요. 이 명령에 따라 일본에 강제 징용되었던 7,000여 명의 조선인을 태운 일본 해군 군함 우키시마호가 8월 21일, 일본 북동쪽의 아오모리현의 오미나토항을 출발하였습니다. 그동안 강제 노역을 하며 노예와 같은 삶을 살았던 조선인 노동자들은 꿈에 그리던 고향 땅으로 돌아가 가족들을 만날 수 있다는 희망과 기쁨으로 배에 몸을 실었습니다.

하지만 부산을 향해 항해하던 배는 24일, 돌연 방향을 돌리더니 일본 중부 동해 연안의 마이즈루항으로 들어갔습니다. 배 안에서 무슨 일인지 영문을 모르고 상황을 지켜보던 조선인들 사이에서 불안한 눈빛이 오가는 가운데 별안간 '쾅' 하는 폭음이 들렸고, 두 동강이 난 배는 그대로 바다로 침몰해버려요. 이것이 바로 지금까지도 그 원인을 정확히 밝히지 못한 우키시마호 사건입니다.

일본의 주장에 따르면 우키시마호가 기존 항로를 벗어나 방향을 바꾼 것은 미군의 지시에 따른 것이며, 배가 침몰한 것은 미군이 설치한 기뢰 때문이라고 합니다. 자신들의 잘못이 아니라는 거죠. 하지만 당시 정황을 보았을 때 우키시마호에 탄 일본 해군 장교들이 배가 부산으로 들어갔을 때 발생할지 모르는 보복이 두려워 일부러 자폭한 것이라는 해석이 더욱 설득력을 얻고 있습니다. 이 사건을 목격한 현지 주민들은 사망자가 1,000명이 넘고, 실종자도 수천 명이라고 증언하였습니다. 고향 땅을 밟을 기대에 부풀어 일본

해군 군함에 올랐던 조선인 수천 명이 바다에서 죽거나 실종되었음에도 지금까지 일본은 진상 조사를 할 생각도, 공식적으로 사과할 생각도 하지 않습니다. 참으로 기가 막힌 일이죠.

1946년 일본 정부가 공식적으로 일본 내 조선인들을 귀환시키는 작업을 추진하기 전까지, 조선인들은 각자 크고 작은 어선 등을 마련하여 목숨을 걸고 험한 파도를 헤치며 고향으로 돌아왔습니다. 하지만 그마저도 배를 구할 수 있었던 사람들의 이야기일 뿐 고향으로 돌아가도 생활 기반이 없고, 돌아가는 데 필요한 돈을 마련하지 못한 사람들은 귀국을 포기할 수밖에 없었지요.

한편 중국에 있던 우리나라 사람들도 광복의 소식과 함께 귀국 움직임을 시작합니다. 독립운동을 위해, 생계를 위해 압록강을 건너, 두만강을 건너 중국으로 만주로 이주했던 사람들이었죠. 그들은 추위와 배고픔을 견디고 얼어붙은 땅을 일궈가며 힘겨운 삶을 살아가는 중에도 마을을 만들고, 학교를 지어 아이들을 가르쳤습니다. 그 과정에서 안타까운 일도 발생합니다.

1931년 중국 길림성 장춘현의 만보산 지역에서 조선인 농민들이 농사를 짓기 위해 수로水路를 만드는 과정에서 인근의 중국 농민들과 갈등이 발생하였는데요. 이 과정에서 만주의 일본 영사관 경찰이 항의하는 중국인 농민들을 무자비하게 진압하여 큰 피해가 발생했습니다. 일명 '만보산 사건'입니다. 이 사건은 진실이 가려진 채 당시 만주 침략의 구실을 찾고 있던 일제에 의해 악의적으로 과장 보도되었습니다. 국내의 우리나라 사람들은 '중국 관헌에 의해 조선인들이 탄압받았다'는 진실이 왜곡된 기사를 사실로 받아들이게 됩니다. 그래서 국내에 거주하는 중국인들을 배척하고 폭력을 휘두르기도 했죠. '만보산 사건'은 일제가 자신들의 침략 정책을 위해 일부러 조선인과 중국인의 갈등을 부추긴 슬픈 사건이었던 것입니다.

그렇게 힘겹게 중국 내에서의 삶을 이어가던 조선인들에게도 광복의 소식은 전해졌습니다. 일본 패망 이후 동아시아에서의 전후 처리를 하고 있던 연합군총사령부와 중국 정부는 상해를 조선인의 귀환을 위한 주요 항구로 지정했습니다. 상해는 1919년 대한민국 임시 정부가 수립된 이후 많은 조선인이 거주하고 있었는 데다 다수의 사람을 수송할 수 있는 기반을 갖추고 있었기 때문입니다.

많은 사람이 고향으로 돌아가기 위해 상해에 몰려들었습니다. 이때 상해에서 공식적으로 처음 귀환한 사람들이 있었는데요, 바로 김구 주석과 김규식 부주석을 비롯한 임시 정부 요인이었습니다. 그동안 중국 상해에 자리 잡은 이후 일제의 감시를 피해 여러 곳을 이동하며 독립운동의 구심점이 되어왔던 임시 정부의 요인들은 조국으로 돌아가 독립된 새로운 국가를 건설하겠다는 희망을 품고 있었습니다.

하지만 그들의 귀국 과정은 순탄하지 못했습니다. 사실 우리나라에 찾아온 광복은 수많은 독립운동가의 헌신과 함께 일제가 연합국에 무조건 항복을 선언함으로써 이루어진 것이잖아요? 따라서 광복 후 우리나라에 대한 처리는 연합국, 특히 미국과 소련의 정치적 입장에 좌우될 운명이었습니다. 이러한 상황에서 미국은 임시정부 요인에게 '정부 자격'이 아닌 '개인 자격'으로 귀국할 것을 요구하였고, 그마저도 요인 29명이 모두 함께 돌아오지 못한 채 11월 23일과 12월 1일 1진과 2진으로 나누어 귀국할 수 있었습니다.

그렇게 임시정부 요인이 귀국한 이후 1946년 1월이 되어서야 상해에 있던 한인 2천여 명이 미군 수송선 2척을 나누어 타고 1월 31일 인천항에 도착했습니다. 이후 3월에는 3일에 걸쳐 귀환선이 부산항에 도착하여 총 5천여 명의 한인이 귀국하지요. 이 중에는 일본군 위안부로 중국에 끌려갔던 여성 200여 명도 포함되어 있었습니다. 3월 11일에는 강제 징병으로 중·일 전쟁에 동원된 군인 일부가 귀국했습니다. 이후 1949년 10월 9일 마지막 귀환선이 부산에 도착하면서 중국 상해를 중심으로 하는 귀환이 마무리되었는데요. 이렇게 고국으로 돌아온 사람들의 수는 250~300만 명 정도로 추정됩니다. 고향으로 다시 돌아온 사람들, 그리고 오랫동안 그들이 다시 돌아오기만을 기다렸을 가족들은 눈물을 흘리며 재회의 기쁨을 누렸을 것입니다.

당시 해외 각지에서 국내로 돌아온 사람들과 그들을 맞이하는 사람들의 기쁨을 담은 노래가 바로 〈귀국선〉입니다.

돌아오네 돌아오네 고국산천 찾아서

얼마나 그렸던가 무궁화꽃을

얼마나 외쳤던가 태극 깃발을

갈매기야 웃어라 파도야 춤춰라

귀국선 뱃머리에 희망은 크다

돌아오네 돌아오네 부모 형제 찾아서

몇 번을 울었던가 타국 살이에

몇 번을 불렀던가 고향 노래를

칠성 별아 빛나라 달빛도 흘러라

귀국선 고동 소리 건설은 크다

돌아오네 돌아오네 백의동포 찾아서

얼마나 싸웠던가 우리 해방을

얼마나 찾았던가 우리 독립을

흰 구름아 날아라 바람은 불어라

귀국선 파도 위에 새 날은 크다

트로트 리듬으로 만들어져 1945년 발표된 〈귀국선〉은 노래의 작사가가 부산 항구에서 직접 본 귀국선의 모습을 보고 만들었다고 합니다. 노래는 흥행에도 성공하여 크게 유행했는데요. 광복의 기쁨과 함께 귀국하여 가족들과 재회하고, 얼싸안고 눈물을 흘렸을 사람들의 마음에 많은 사람이 공감했다는 뜻일 것입니다.

#커튼콜

일제 강점기 많은 사람이 일본, 중국, 미국 이외에 여러 지역으로 이주하였습니다. 얼마 전 홍범도 장군의 유해가 카자흐스탄에서 귀환하기도 하였죠. 당시 사람들은 어떤 이유로, 어느 나라로 이주했던 것일까요? 그곳에서 어떤 삶을 살았을까요?

스물여섯 번째 무대

〈가거라 삼팔선〉

_ 또 다른 전쟁의 시작, 한반도가 둘로 갈라진 이유

이 무대는 중학교 역사 교과서 VI. 근·현대 사회의 전개 〉1. 국민 국가의 수립, 고등학교 한국사 교과서 IV. 대한민국의 발전 〉1. 8·15 광복과 대한민국 정부 수립 부분을 함께 보면 좋아요!

"왜적의 항복 소식은 내게 기쁜 소식이라기보다는 하늘이 무너지고 땅이 꺼지는 일이었다."

이게 대체 무슨 말인가요? 우리 민족이 그토록 기다리던 광복의 소식이 전혀 기쁘지 않았다니, 조금 충격적이네요. 혹시 친일파 인물이 저런 말을 했을까요? 아닙니다. 이 말은 김구가 쓴 《백범일지》에 실려 있는 내용입니다. 대한민국 임시 정부를 이끌며 한평생 나라의 독립을 위한 길을 걸었던 김구는 왜 그토록 기다리던 광복의 순간에 저런 말을 했을까요? 얼핏 들으면 도저히 이해할 수 없는 저 말 속에는 사실 당시 국제 정세 속에서 우리나라가 처하게 될 운명을 직감한 김구의 선견지명이 담겨 있었습니다.

3·1 운동 직후 1919년 상하이에 수립된 대한민국 임시 정부는 1932년 이후 중국 여러 지역으로 옮겨 다니다가 1940년 중국 충칭에 정착하였습니다. 그곳에서 대한민국 임시 정부의 직속 부대인 한국광복군을 창설하였고, 이듬해 일본의 진주만 기습으로 태평양 전쟁이 발발하자 대한민국 임시 정부는 일본을 상대로 선전포고를 하게 되지요. 한국광복군은 연합국과 함께 중국·인도·미얀마 등에서 일본군과 싸웠습니다. 하지만 한국광복군이 더욱 중요하게 생각한 활동은 바로 국내 진공 작전이었어요. 기회를 보아 국내로 들어가서 일제의 주요 식민 통치 시설을 파괴하고 일제를 한반도에서 몰아내 광복을 이루고자 했던 것입니다. 이를 위해 한국광복군 대원들은 미군 전략 특수 공작대(OSS)에서 군사 훈련을 받았고, 국내 진공 작전을 성공시켜 우리 손으로 일본을 몰아내고 광복을 맞이하는 희망찬 꿈을 꾸고 있었습니다. 하지만 1945년 8월 6일과 9일 일본 히로시마, 나가사키에 원자 폭탄이 떨어진 후 일제가 연합국에 무조건 항복하면서 국내 진공 작전은 실행에 옮겨지지 못했습니다. 우리 손으로 직접 광복을 이룩하고자 했던 그 계획이 산산이 부서지는 순간, 김구는 우리나라의 운명을 예감하며 절망했던 것입니다. 김구가 예측했던 우리나라의 운명은 어떤 것이었을까요?

1945년 8월 15일 일본의 무조건 항복과 함께 광복이 찾아오자 그동안 나라 안팎에서 독립운동에 힘썼던 이들을 비롯한 많은 사람이 새로운 나라를 만들기 위해 각기 정치 활동을 시작했습니다.

하지만 우리 손으로 새로운 나라를 만들겠다는 희망찬 꿈은 우리의 뜻대로 실현되지 않았습니다. 우리의 힘으로만 이루어진 광복이 아니었기에 새 나라를 건설하는 것도 온전히 우리 힘으로만 할 수 있는 상황이 아니었던 것입니다. 자본주의의 중심 세력이었던 미국과 공산주의의 중심 세력이었던 소련은 제2차 세계대전을 일으킨 독일과 이탈리아, 그리고 일본을 제압하기 위해 하나의 팀이 되어 전쟁에 참여했습니다. 하지만, 전쟁이 끝나갈 무렵에는 전쟁 이후의 국제 질서를 각기 자신에게 유리하게 만들어나갈 구상에 몰두해 있었습니다. 미국은 자본주의의 확대를, 소련은 공산주의의 확대를 꿈꾸는 상황 속에 우리나라의 운명도 국제 상황이라는 거대한 파도 속에 출렁일 수밖에 없었습니다.

소련은 제2차 세계대전 막바지에 미국의 제안으로 일본을 상대로 한 전쟁에 참여합니다. 그들은 1945년 8월 만주를 휩쓸고 한반도로 들어와 무서운 속도로 남쪽으로 밀고 내려왔어요. 그러자 미국은 한반도에서 소련의 영향력이 커지는 것을 막기 위해 소련에 제안을 하나 내놓습니다. 북위 38도선을 기준으로 삼아 38도선 북쪽에서는 소련이, 남쪽에서는 미국이 일본군의 항복과 무장 해제를 담당하자고 말입니다. 하지만 누가 알았을까요? 소련의 영향력이 커지는 것을 막고, 미국과 소련이 군사적 업무를 분담하기 위해 우리의 의사와는 상관없이 그어놓은 군사 분계선이 우리나라를 분단국가로 만들어버린 운명의 선이 될 것이란 사실을요.

38도선을 기준으로 남과 북에서 일본군을 무장 해제시킨 미국과 소련은 곧 사회 안정과 질서 유지, 나아가 장차 정부 수립을 지원한다는 명분으로 남과 북에 각기 군사 정부를 수립하였습니다. 그렇게 미군정과 소군정이 시작된 거예요. 처음 미국군과 소련군이 우리나라에 들어올 때만 하더라도 대다수는 크게 의심하지 않았습니다. 그들이 일본군을 무장 해제시키고 우리를 일본으로부터 해방시켜줄 거라고 생각했거든요. 의심은커녕 미국군과 소련군을 환영하기까지 했답니다. 그런데 미군정과 소군정을 수립한다니요? 너무나 뜻밖의 상황에 사람들은 할 말을 잃었습니다.

본격적으로 미군정과 소군정이 시작되면서 38도선 남과 북에는 각기 자유 민주주의 체제, 사회주의 체제가 들어왔고, 이제 사람들은 그 아래에서 삶을 이어가야 했습니다. 그렇게 뜨거운 여름 광복을 맞이한 후 혼란스러운 상황 속에 가을이 가고, 겨울이 찾아왔을 때 소련의 모스크바에서 우리나라의 운명을 가르는 중요한 회의가 열렸습니다. 1945년 12월, 모스크바에 미국·영국·소련 세 나라의 외무장관이 모여 장차 한반도에 자주적인 독립 국가를 세우기 위한 전 단계로 먼저 민주적인 임시 정부를 구성하고, 미국·영국·중국·소련 등 4개 국가가 최장 5년 동안 신탁 통치할 것을 결정한 것입니다. 이러한 내용은 대서특필되어 국내에 보도되었는데요, 이때 다른 내용보다 특히 '신탁 통치' 실시 부분이 크게 부각되었습니다.

이 소식을 접한 사람들은 당혹스러움을 감출 수 없었습니다. '신탁 통치'는 스스로 나라를 다스릴 능력이 없다고 판단될 경우 다른 나라가 대신 통치하는 것인데, 이것은 우리나라 사람들의 자존심을 짓밟는 것이나 다름이 없었으니까요. 이제 막 일제 강점기에서 벗어난 우리 민족에게 또다시 다른 나라의 지배를 받는다는 것은 도저히 받아들일 수 없는 일이었습니다. 이에 사람들은 거리로 나와 신탁 통치 반대 운동을 전개합니다. 김구를 비롯한 임시 정부 출신 인사들은 우리나라의 즉시 독립을 주장하며 신탁 통치 반대 운동에 앞장섰습니다. 하지만 시간이 지나면서 사람들 사이에 의견이 갈라지기 시작합니다.

우선 사회주의 계열의 좌익 정치 세력이 다른 목소리를 냈습니다. 모스크바 3국 외상 회의의 결정 내용을 받아들이자고 말이에요. 이들은 '신탁 통치'에 주목하기보다는 회의의 결정 사항 중 '민주적인 임시 정부 구성' 부분에 좀 더 무게를 실었던 것입니다. 민주적인 임시 정부를 먼저 구성한 다음 자주적인 독립 국가를 수립하는 절차로 나아가자는 판단이었죠. 이에 대해 자유 민주주의 계열의 우익 정치 세력은 좌익이 '신탁 통치'를 수용하려 한다고 비난하였고, 일부에서는 신탁 통치를 찬성하는 사람은 매국노, 신탁 통치를 반대하는 사람은 애국자라는 인식이 퍼지기도 했습니다. 그 사이 친일파들은 신탁 통치 반대를 주장하면서 슬그머니 애국자로 둔갑하여 과거 자신들의 잘못을 덮어버리려 했습니다.

모스크바 3국 외상 회의 결정 내용과 신탁 통치를 둘러싼 정치 세력 간의 극한 대립이 이어지는 가운데 1946년 3월 서울에서 모스크바 3국 외상 회의의 결정 내용을 실천하기 위한 제1차 미·소 공동 위원회가 열렸습니다. 그러나 한반도에 세워질 민주적인 임시 정부에 어떤 사람들을 참여시킬 것인가를 둘러싸고 미국과 소련의 의견이 엇갈렸습니다. 소련은 모스크바 3국 외상 회의 결정을 지지하는 정당과 사회단체만 임시 정부 구성에 참여시키자고 주장했는데요. 그렇게 되면 임시 정부에 사회주의의 좌익 세력만 참여하게 될 것을 우려한 미국은 의사 표시의 자유를 내세우며 모든 정당과 사회단체가 참여해야 한다고 주장했습니다. 미국과 소련 모두 장차 한반도 안에 자신들에게 우호적인 정부가 세워지기를 계산하고 있던 터라 두 국가의 의견 차이는 쉽게 좁혀지지 않았습니다. 결국 많은 사람의 관심 속에 시작된 회의는 결론 없이 무기한 휴회에 들어갑니다.

상황이 이렇게 되자 38도선을 중심으로 남과 북이 각기 제 갈 길을 가자는 주장마저 나왔습니다. 미국과 소련의 의견 대립, 좌·우 정치 세력 간의 갈등 속에 나라가 분단될 위기에 처한 거예요. 해방의 기쁨을 온전히 누리기도 전에 엄청난 위기를 맞은 것입니다. 이때 좌우 합작 위원회가 구성되었는데요. 좌익과 우익이 서로 협력하여 나라가 분단되는 상황만은 막아야 한다는 사람들이 뜻을 모은 것입니다. 하지만 기대를 모았던 좌우 합작 위원회는 제대로 활동하지 못했습니다. 두 정치 세력 간의 입장 차를 좁히지 못했을뿐더러 심지어 좌익 세력의 여운형이 암살당하는 일까지 벌어졌거든요.

국내 정치 세력의 심각한 갈등 상황에 더해 세계적인 냉전✦ 분위기 속에 1947년 5월에 다시 열린 미·소 공동 위원회 역시 성과 없이 끝나고 말았습니다. 미국과 소련의 입장이 평행선을 달리는 가운데 미국은 한반도 문제를 국제 연합(UN)에 올려 해결하고자 했습니다. 국제 연합은 남북한 총선거를 실시하여 한반도에 하나의 정부를 세우기로 결정하고, 그 과정을 돕기 위해 유엔 한국 임시 위원단을 우리나라에 보냈습니다. 하지만 당시 국제 연합은 미국의 영향을 많이 받고 있었기에, 소련은 이 결정에 반대하였고, 결국 국제 연합은 선거가 가능한 지역 즉 38도선 이남에서만 총선거를 실시하여 정부를 수립하기로 결정합니다.

냉전(Cold war)이란 무기를 사용하여 대결하는 전쟁(Hot war)에 대비하여 사용되는 개념으로 미국의 대통령 고문이었던 버나드 바크루가 1947년 의회에서 처음 사용한 개념입니다. 1945년 제2차 세계대전이 끝나자 소련은 공산주의의 영향력을 확대하기 위해 동유럽 지역에 대한 공산화를 진행하였습니다. 이에 미국과 영국은 유럽 전체가 공산화되는 것을 막기 위해 서유럽에 대한 경제적 지원을 실시하였는데, 이것을 마셜 플랜이라고 합니다. 마셜 플랜에 따라 미국의 지원을 받은 서유럽 국가들은 미국의 영향력 아래 놓이게 되었고, 소련은 동유럽 국가에 공산주의 정권을 성립시켰습니다. 이를 시작으로 전 세계는 미국을 중심으로 한 자본주의 진영과 소련을 중심으로 한 공산주의 진영으로 나뉘었고, 서로 무기는 겨누지 않았지만, 정치·경제·외교 등 각 분야에서 첨예한 대립 구도가 형성됩니다.

이 결정으로 38도선을 사이에 둔 남과 북의 분단은 눈앞의 현실로 다가왔습니다. 미국과 소련의 임시 군사 분계선으로서 한반도의 허리를 가르고 있던 38도선이 남북의 분단선으로 굳어진 거예요. 이로써 남과 북에는 각기 자본주의와 공산주의 체계가 확고하게 자리잡아 가게 됩니다. 이후 공산주의 체제에서 탄압받던 지주, 자본가, 기독교인들이 38도선 남쪽으로 내려오고, 남쪽의 공산주의자들 역시 탄압을 피해 38도선 북쪽으로 건너갔습니다. 이런 혼란스러운 시대적 분위기를 담고 탄생한 노래가 바로 1948년에 발표된 〈가거라 삼팔선〉입니다. 일제의 강압에서 벗어난 후 자유의 공기를 충분히 만끽할 새도 없이 우리나라의 운명이 냉전과 미·소 간의 대립이라는 시대적 상황 속에 갇혀버린 억울하고 답답한 현실을 노래한 것이지요.

아 산이 막혀 못 오시나요
아 물이 막혀 못 오시나요
다 같은 고향 땅을 가고 오련만
남북이 가로막혀 원한 천 리길
꿈마다 너를 찾아 꿈마다 너를 찾아
삼팔선을 탄한다.

아 꽃 필 때나 오시려느냐

아 눈 올 때나 오시려느냐

보따리 등에 메고 넘던 고갯길

산새도 나와 함께 울고 넘었지

자유여 너를 위해 자유여 너를 위해

이 목숨을 바친다

아 어느 때나 터지려느냐 아 어느 때나 없어지려나

삼팔선 세 글자를 누가 지어서

이다지 고개마다 눈물이던가

손 모아 비나이다 손모아 비나이다

삼팔선아 가거라

우리의 의지와는 상관없이 그어진 38도선, 그리고 이것이 결국 나라를 둘로 가르는 선이 될 것이라는 암울한 시대적 분위기 속에서 이 노래를 실은 음반은 3만 장이나 팔려 많은 사람의 호응을 얻었습니다.

눈앞으로 다가온 분단의 위기 속에 김구는 단독정부 수립 반대 운동을 전개하였고, 북쪽의 정치 지도자들에게 편지를 보냈습니다. 통일 정부 구성을 위해 한자리에 모여 논의할 것을 제안하는 내용이었죠. 1948년 4월 김구와 김규식은 38도선을 넘어 평양으로 갔습니다. 그곳에서 북한 정치 지도자들과 회의를 열어 미군과 소련군이 물러간 후 총선거를 실시해 통일 정부를 수립하기로 합의하였습니다. 하지만 합의 내용은 지켜지지 않았고, 1948년 5월 10일 남한만의 단독 선거가 치러졌어요. 이 선거는 우리 역사상 최초의 민주주의 선거로 기록되었습니다.

이 선거에서 선출된 국회의원들은 헌법을 제정하고, 나라의 이름을 대한민국으로 하였습니다. 1948년 7월 20일에는 국회의원 간접 선거를 통해 이승만을 대한민국 제1대 대통령으로 선출하였습니다. 그 후 1948년 8월 15일 역사적인 대한민국 정부 수립을 국내외에 공식 선포하였습니다. 광복 이후 정확히 3년 만의 일이었습니다. 그토록 바라던 광복과 함께 우리의 의지와는 상관없이 전개된 여러 상황을 거치며 드디어 정부를 수립했지만, 그것은 반쪽의 성공이었습니다. 1948년 9월에는 북쪽에 조선 민주주의 인민 공화국이 수립되면서 우리 민족의 분단이 기정사실이 되었기 때문입니다.

#커튼콜

제2차 세계대전 이후 시작된 냉전은 비단 우리나라뿐만 아니라 세계 여러 나라의 운명을 결정하는 큰 요인으로 작용하였습니다. 그리고 1989년 12월 미국과 소련의 대표가 정상 회담을 갖고, 공식적으로 냉전이 끝났음을 선언할 때까지 냉전 상황은 많은 나라의 역사에 영향을 미쳤습니다. 냉전 상황이 각 나라의 역사에 어떤 영향을 미쳤는지 조사해봅시다.

스물일곱 번째 무대

〈단장의 미아리 고개〉

_ 창자가 끊어지는 고통을 아십니까?

이 무대는 중학교 역사 교과서 Ⅵ. 근·현대 사회의 전개 〉 1. 국민 국가의 수립, 고등학교 한국사 교과서 Ⅳ. 대한민국의 발전 〉 2. 6·25 전쟁과 남북 분단의 고착 부분을 함께 보면 좋아요!

나이 지긋한 어르신들만의 노래라고 여겨졌던 트로트. 과거에는 '뽕짝'으로 폄하되기도 했던 노래인 트로트가 최근 젊은 사람들 사이에서도 인기를 끌고 있습니다. 한 방송사의 트로트 오디션 프로그램이 선풍적인 인기를 끌면서 여러 방송사가 앞다투어 트로트 가수들을 내세운 프로그램을 만들고 있잖아요. 덕분에 최근 몇 년간은 TV 채널을 어디로 돌리든 쉽게 트로트를 들을 수 있었습니다. 트로트 열풍이라고 할 만하죠? 이런 트로트 열풍을 몰고 온 가수 중에 1956년에 발표된 〈단장의 미아리 고개〉를 열창하여 많은 사람의 심금을 울린 사람이 있습니다. 특히 노래 중간에 독백을 하며 '부디 살아만 돌아오세요 네, 여보' 하며 목 놓아 노래 부르는 모습

을 보고 있으면 마치 그녀가 노래의 주인공이라도 된 것 같은 착각
이 들 정도였어요. 듣는 사람의 마음까지 울리면서요.

미아리 눈물고개

임이 넘던 이별 고개

화약 연기 앞을 가려

눈 못 뜨고 헤매일 때

당신은 철사 줄로

두 손 꽁꽁 묶인 채로

뒤돌아보고 또 돌아보고

맨발로 절며 절며

끌려가신 이 고개여

한 많은 미아리 고개

여보 당신은 지금 어디서

무얼 하고 계세요

어린 용구는 오늘 밤도

아빠를 그리다가

이제 막 잠이 들었어요

동지섣달 기나긴 밤

북풍한설 몰아칠 때

당신은 감옥살이

얼마나 고생을 하고 계세요

십 년이 가도 백 년이 가도

부디 살아만 돌아오세요

네 여보

그런데 〈단장의 미아리 고개〉 가사를 살펴보면 내용이 뭔가 심상치 않습니다. 화약 연기가 앞을 가리는 가운데 손은 철삿줄로 꽁꽁 묶이고, 맨발을 절뚝이며 고개 너머 끌려가는 사람은 대체 무슨 잘못을 저질렀기에 그런 험한 꼴을 당해야 했을까요? 그 뿐 아닙니다. 남편이 어디로 끌려갔는지 알지 못하는 아내는 그가 제발 살아서 돌아오기만을 기다리며 잠 못 이루고 있습니다. 매서운 겨울바람을 맞으며 고생할 남편 생각에 눈물이 멈추지 않습니다. 이 노래는 대체 어떤 사연을 품고 있는 걸까요? 남자는 어디로 끌려갔을까요? 시간을 거슬러 노래가 만들어진 1950년대로 들어가봅시다.

때는 1950년 6월 25일 평화로운 일요일 새벽, 암호명 '폭풍'을 내건 북한군이 38도선을 넘어 기습 남침을 하면서 전쟁이 시작되었습니다. 당시는 지금과 달리 군 시설이 제대로 갖추어지지 않아 필수 인력을 뺀 나머지 군인들은 토요일 오전이 되면 외박을 나갔다가 일요일 오후에 돌아왔는데요. 북한군은 이 상황을 노려 일요일 새벽에 기습 공격을 시작한 것입니다. 많은 군인이 외박을 나가 있는 상태에서 전쟁이 발발하자 국군은 재빠르게 대응하지 못했습니다. 이 뿐 아니었어요. 1948년 38도선 남과 북에 각각의 정부가 세워진 이래 북한의 김일성 정권은 소련의 지원 아래 남한의 이승만 정부를 무너뜨리고 남한을 공산화하기 위한 계획을 세우고 있었습니다. 소련으로부터 각종 무기를 지원받아 차근차근 전쟁 준비를 해오던 차였죠. 북한군은 전쟁을 일으킨 지 단 3일 만에 남한의 수도 서울을 점령합니다.

제2차 세계대전이 끝난 지 얼마 안 된 시점에서 터진 전쟁 소식은 국제 사회를 충격에 빠뜨렸습니다. 국제 연합(UN)은 급히 안전 보장 이사회를 소집하여 북한군에게 공격을 중지하고 38도선 이북으로 철수할 것을 요구했어요. 하지만 북한은 이를 수용하지 않았습니다. 결국 국제 연합(UN)이 만들어진 이래 처음으로 유엔군을 파병하기로 결정합니다. 1950년 7월 미국은 유엔군의 이름으로 가장 먼저 지상군을 파견하였습니다. 그러고는 우리 국군과 함께 북한군

6·25 전쟁이 발발하자 국제 연합(UN) 회원국들은 각국의 상황에 따라 전쟁에 참여했습니다. 프랑스, 영국, 네덜란드, 벨기에, 룩셈부르크, 미국, 캐나다, 필리핀, 태국, 뉴질랜드, 호주, 콜롬비아, 남아프리카공화국, 에티오피아, 터키, 그리스는 전투 부대를 보내 직접 전쟁에 참여했고, 스웨덴, 인도, 덴마크, 노르웨이, 이탈리아, 독일은 의료 지원 부대를 파견했어요. 이외에도 40여 개국이 물자를 지원하는 등 국제 연합(UN) 회원국들은 북한의 침략 행위를 비판하고, 대한민국을 도와 평화를 회복하기 위해 노력했습니다.

에 맞섰으나 전쟁 시작과 동시에 무서운 속도로 남쪽으로 밀고 내려온 북한군을 상대로 전세를 역전시키기란 쉬운 일이 아니었어요. 국군과 유엔군은 낙동강 부근까지 후퇴를 거듭할 수밖에 없었습니다.

그렇게 악화해가던 상황을 반전시킨 것이 바로 1950년 9월 15일의 인천 상륙 작전이었어요. 맥아더 장군의 지휘 아래 인천 상륙 작전을 성공으로 이끈 국군과 유엔군은 인천에 이어 서울을 탈환하였고, 인천 상륙 작전의 성공 소식이 전해지자 남쪽의 낙동강 전선에서도 국군과 유엔군이 북한군을 밀어내며 승기를 잡기 시작합니다. 인천 상륙 작전으로 보급로가 끊기고, 사기마저 떨어진 북한군의 전선이 무너지기 시작하면서 국군과 유엔군은 인천 상륙 작전 약 보름 만에 38도선 남쪽을 모두 회복하였습니다. 국군은 기세를 몰아 38도선 북쪽으로 진격할 것을 결정하였고, 유엔군도 이에 협조하기로 하였습니다.

상황을 지켜보던 중국과 소련은 유엔군의 북진에 대해 강력하게 반발했습니다. 특히 중국은 유엔군이 38도선을 넘어오면 자신들도 전쟁에 직접 개입하겠다고 선언하지요. 중국과 소련은 유엔군과 국군이 북진하여 자신들과 같은 체제인 북한 정부가 무너지는 것을 우려하고 있었던 것입니다. 특히 중국의 경우 북한이 무너지면 중국도 위험해질 수 있다고 판단하고 있었어요. 중국과 소련의 반발 속에 국군과 유엔군은 38도선을 넘어 북진 작전을 전개하였고,

북한의 수도인 평양을 점령합니다. 이에 1950년 10월 북한을 지원하기 위해 중국군이 투입되었고, 소련 등 공산주의 국가들이 직·간접적으로 북한을 지원하면서 이제 전쟁은 한반도를 넘어 미국을 중심으로 한 자본주의 진영과 소련을 중심으로 한 공산주의 진영의 대립으로 확대되었습니다.

북진 당시 유엔군 사령관이었던 맥아더는 1950년 12월 25일까지 압록강으로 진격하여 전쟁을 끝내려고 구상하고 있었는데요. 예상을 뛰어넘는 엄청난 수의 중국군이 펼친 인해전술과 혹독한 겨울 추위 앞에 국군과 유엔군은 악전고투를 할 수밖에 없었습니다. 특히 추운 겨울밤 나팔과 피리를 불며 공격해오는 대규모의 중국군은 그 자체가 공포였습니다. 압록강을 향해 진격하던 국군과 유엔군은 결국 남쪽으로 후퇴할 수밖에 없었고, 1951년 1월 4일에는 다시 서울을 빼앗깁니다. 1951년 3월 국군과 유엔군의 반격으로 서울을 되찾고 뒤이어 38도선을 회복하지만, 이제 전쟁은 38도선 부근에서 밀고 밀리는 교착상태에 빠지고 맙니다.

결국 소련이 휴전을 제안하면서 유엔군과 공산군 간의 휴전을 위한 회담이 열렸습니다. 하지만 남북한 간의 경계선 설정 문제, 포로 교환 문제 등을 둘러싼 두 진영 간의 의견 차이로 인해 휴전은 쉽게 이루어지지 않았습니다. 게다가 이승만 대통령이 휴전에 반대하면서 휴전 회담은 난관에 부딪혀요. 휴전 회담이 이루어지는 한편 38도선 부근에서는 조금이라도 더 많은 지역을 확보하기 위한 치열한 전투가 벌어졌습니다.

우여곡절 끝에 약 2년에 걸친 휴전 회담은 끝이 났습니다. 1953년 7월 27일 양쪽 군대 주둔 지역을 경계로 휴전선이 그어지면서 1,129일간의 전쟁은 휴전 상태로 들어갔고, 지금도 끝나지 않은 전쟁으로 남아 있습니다.

한반도를 붉게 물들이기 위한 북한 김일성의 야심으로 일어난 전쟁, 그 1,129일간 전쟁의 소용돌이 속에 가장 큰 고통을 겪은 것은 평범한 사람들이었습니다. 전쟁이 터졌을 때 나라에서는 "서울 시민 여러분, 안심하고 서울을 지키십시오, 적은 패주하고 있습니다"라는 방송을 내보내어 시민들을 안심시켰고, 이승만 대통령은 라디오 방송을 통해 "유엔이 우리를 돕기로 결정하고, 군사 물자를 날라 오고 있으니 국민은 고생이 되더라도 굳게 참고 있으라"고 말했습니다. 하지만 대통령은 이미 서울을 빠져나가 대전으로 내려간 상황이었죠. 방송 내용을 믿고 있던 서울 시민들은 6월 27일 북한군이 서울의 북쪽 미아리 고개까지 쳐들어오자 부랴부랴 짐을 싸서 남쪽으로 가는 피난 행렬에 올라야 했습니다. 그런데 이게 웬일인가요? 북한군이 한강을 넘어 남쪽으로 진격할 것을 우려한 국군이 6월 28일 새벽 아무런 예고 없이 한강 철교를 폭파해버린 것입니다. 이로 인해 한강 철교를 건너던 수백 명의 피난민이 그대로 목숨을 잃었고, 한강 북쪽에는 아직 많은 사람들이 피난을 떠나지 못한 채 남아 있었습니다. 한강 철교를 건너 피난을 가려던 서울 북쪽의 사람들은 오도 가도 못하는 상황에 놓였고, 대다수의 서울 시민들은 서울에 남아 북한군을 맞이할 수밖에 없었습니다.

그렇게 서울에 남겨진 사람들은 국군과 유엔군이 서울을 다시 탈환할 때까지 북한 인민군의 통치 아래 생존을 위한 삶을 살아가야만 했습니다. 북한군은 점령 지역에 '전시 동원령'을 공포하여 의용군을 모집하였는데, 처음에는 지원을 받아 군인을 모집했습니다. 하지만 더 많은 병력이 필요해지자 17세에서 37세까지의 남성을 군인으로 동원하였고, 심지어는 집을 수색해 청년들을 붙잡아가기도 했습니다. 인민군을 지원한다는 명목으로 각종 물자를 걷어가기도 했습니다. 인민군 통치에 협조하지 않으면 목숨을 잃을 수도 있는 상황이었죠. 하지만 목숨을 부지하기 위해 인민군의 통치에 따랐던 사람들은 인천 상륙 작전으로 국군과 유엔군이 서울을 다시 탈환했을 때 '빨갱이'로 낙인찍히게 됩니다. 그것은 곧 국민으로서의 권리뿐 아니라 한 인간으로서의 권리를 누릴 수 없다는 것을 뜻했습니다.

국군과 유엔군에 밀려 북쪽으로 퇴각하던 북한군은 남한사람들을 강제로 납치해 북쪽으로 끌고 가기도 했습니다. 북한 체제 유지에 필요한 인적 자원을 확보하기 위해 유명 정치인, 공무원, 언론인, 교육자 등을 끌고 갔는데 이때 끌려간 사람 중에는 무고한 민간인들, 특히 젊은 청년들이 다수 포함되어 있었습니다. 그들은 어디로 가는지도 모른 채 북한군에 끌려갔고, 남아있는 가족들과 영영

생이별을 하게 되었습니다.

　예고도 없이 닥친 갑작스러운 상황에서 영문도 모르고 이별해야 했던 당시 사람들은 마치 몸 안의 내장이 끊어지는 듯한 고통을 겪어야 했습니다. 글 앞부분에 소개한 〈단장의 미아리 고개〉는 이런 배경에서 탄생한 노래였습니다. 단장斷腸이란 너무도 슬퍼 창자가 끊어지는 듯한 고통을 뜻하는 말이고, 미아리 고개는 현재 서울시 성북구 돈암동에서 길음동으로 넘어가는 길에 있던 고개인데요. 북한군은 이 미아리 고개를 넘어 사람들을 끌고 북쪽으로 올라갔던 것입니다. 전쟁 중 북한으로 끌려간 사람들은 전쟁이 끝난 후에도 돌아오지 못했고, 남겨진 가족은 슬픔을 안고 평생을 살아가야 했습니다.

　전쟁 중에 가족과 헤어지거나 목숨을 잃는 경우는 너무나 많았습니다. 피난길에 올랐다가 혼잡한 틈바구니에서 가족을 놓치는 경우도 있고, 폭격에 의해 가족을 잃은 사람도 많았습니다. 심지어 국군과 유엔군, 북한군과 중국군은 각기 적군과 내통했다고 판단되는 사람들과 적군이 활동하는 지역의 주민들을 대규모로 학살했습니다. 어린아이와 노인도 예외는 아니었어요. 가족을 잃고 혼자 남겨진 아이들은 전쟁고아가 되었고, 수많은 전쟁고아는 운이 좋은 경우 보육원에 들어가거나 해외로 입양되었습니다. 그렇지 못한 아이들은 거리에서 구걸로 목숨을 부지해야 했습니다.

　그렇게 전쟁은 군인뿐 아니라 아무런 죄 없는 평범한 사람들

♩

6·25 전쟁은 우리나라의 비극적인 역사이기에 전쟁 중의 다양한 사건들을 다룬 영화들도 많이 제작되었습니다. 〈태극기 휘날리며〉(2004), 〈포화 속으로〉(2010), 〈고지전〉(2011), 〈국제시장〉(2014), 〈인천상륙작전〉(2016) 등이 6·25 전쟁을 다룬 대표적인 영화입니다. 또한 2017년 개봉한 영화 〈아일라〉는 전쟁 중 부모를 잃고 홀로 남겨진 5살의 전쟁고아 소녀와 그 소녀를 돌봐주었던 터키에서 온 파병 군인 간의 실화를 그린 영화입니다. 전쟁이 끝나고 터키로 돌아간 군인과 한국에 남겨진 소녀는 수십 년의 세월이 지나 재회하는데요, 이 이야기는 다큐멘터리로도 제작되어 많은 사람에게 감동을 주었습니다. 〈아일라〉는 전쟁의 비극 속에서도 사람을 향한 따뜻한 마음과 시선을 느낄 수 있는 영화입니다.

의 삶을 송두리째 바꿔놓았습니다. 수많은 사람의 목숨을 앗아가고, 집과 각종 시설을 파괴해버린 전쟁, 그 전쟁이 남긴 가장 큰 상처는 남한과 북한, 한 민족 간에 생긴 뿌리 깊은 적대감이었습니다. 그리고 6·25 전쟁 끝에 남겨진 휴전선은 우리나라의 분단을 더욱 확고하게 만드는 상징이 되었지요.

#커튼콜

오랜 역사 속에서 하나의 민족으로 살아왔던 사람들은 광복 이후 38도선, 6·25 전쟁 이후 휴전선이 만들어지며 서로 갈라져 살아가게 되었습니다. 많은 사람이 이제는 휴전 상태인 전쟁을 멈추고 평화 시대로 가야 한다고 말합니다. 한반도의 통일에 대해서 여러분은 어떻게 생각하나요?

스물여덟 번째 무대

〈여수야화〉

_ 이 노래를 왜 부르면 안 되나요?

이 무대는 중학교 역사 교과서 VI. 근·현대 사회의 전개 〉 3. 민주주의의 발전, 고등학교
한국사 교과서 IV. 대한민국의 발전 〉 3. 4·19혁명과 민주주의의 발전 부분을 함께 보면
좋아요!

우연히 어떤 노래를 들었는데 온종일 그 노래가 머릿속을 떠나지
않고 같은 소절을 반복해서 흥얼거렸던 경험, 누구나 한 번쯤 있을
겁니다. 중독성 강한 멜로디나 반복되는 가사를 담고 있는 노래들
은 '수능 금지곡'이라는 재미있는 꼬리표가 붙기도 하는데요. 대학
수학능력시험처럼 중요한 시험을 앞둔 수험생들이 그 노래를 들으
면 자꾸만 생각나는 바람에 집중력이 떨어져 시험을 망칠 수도 있
다며 붙인 이름이랍니다. 물론 '수능 금지곡'이라는 꼬리표 덕에 그
노래들은 오히려 더욱더 화제가 되었지만요. 그런데 과거에는 마음
대로 부를 수도, 들을 수도 없는 진짜 '금지곡'이 있었답니다.

　우리나라에서 특정한 노래를 퍼뜨리거나 부르는 것을 금지하

기 시작한 것은 일제 강점기부터였습니다. 일제는 '치안 유지'를 명분으로 1912년 「경찰범 처벌규칙」(조선총독부령 제40호)을 제정하였습니다. 이 법 속에는 '불온한 연설을 하거나 불온한 문서·도서·시가詩歌를 게시·반포·낭독 또는 큰 소리로 부르는 자'는 경찰서 유치장에 가두거나 과태료를 내도록 한다는 내용이 포함되어 있었는데요. 여기서 '불온한' 것이란 바로 일제의 식민 통치에 저항하고, 민족정신을 드러내는 것이었습니다. 한마디로 독립 의식을 키우는 모든 문서, 도서, 노래를 금지한다는 것이죠.

이후 우리나라에 축음기 보급이 확대되고, 레코드판 등 음반이 유통되면서 이에 대한 검열과 통제의 필요성을 느낀 일제는 1933년 「축음기레코드취체규칙」(조선총독부령 제47호)을 제정합니다. 이 법의 핵심 내용은 '레코드의 제조, 수입, 판매를 업으로 하는 자는 관할 도지사에 신고하고, 레코드를 이용한 연주도 신고해야 한다. 치안을 방해하거나 풍속을 어지럽힐 우려가 있을 때는 레코드의 제조, 판매, 연주를 금지할 수 있다'라는 것이었습니다. 음반을 만들고, 유통하는 전 과정을 법의 통제 아래 두고, 한 걸음 나아가 대중가요를 검열하겠다는 것이었습니다. 이 법에서 단속 대상이 되는 '치안을 방해'하거나 '풍속을 어지럽히는' 것 역시 우리 민족의 독립 의식, 애국 의식이었습니다. 이렇게 법으로 통제되었던 금지곡 중 가장 대표적인 것이 바로 〈아리랑〉이었죠.

삶의 애환을 달래주는 노래마저 마음대로 듣고, 부를 수 없도록 하여 사회를 통제하고자 했던 금지곡의 역사. 하지만 그 역사는 일제 강점기가 끝나고 광복이 찾아와도 계속되었습니다. 대한민국 정부가 수립된 이후에도 정치 상황에 따라 사람들이 부를 수 없는 노래가 생겨났기 때문입니다. 과연 어떤 노래들이 금지곡이 되었던 것일까요? 광복 이후 첫 번째 금지곡이 된 노래를 먼저 들어봅시다.

무너진 여수항에 우는 물새야
우리 집 선돌아범 어디로 갔나
창 없는 빈집 속에 달빛이 새어들면
철없는 새끼들은 웃고만 있네

가슴을 파고드는 저녁 바람이
북청 간 딸 소식을 전해 주려므나
애미는 이 모양이 되었다만은
우리 딸 살림살이 흐벅지더냐

왜놈이 물러갈 땐 조용하더니
오늘엔 식구끼리 싸움은 왜 하나요
의견이 안 맞으면 따지고 살지
우리 집 태운 사람 얼굴 좀 보자

당대의 인기가수 남인수가 부른 이 노래는 1949년 발표된 〈여수야화麗水夜話〉입니다. 이 노래는 왜 금지곡이 되었을까요? 혹시 눈치챈 사람이 있나요? 얼핏 보아도 세 번째 단 가사가 심상치 않죠. 사실 이 노래는 1948년 10월 19일에 발생한 '여순 사건'을 배경으로 만들어진 노래였습니다. 광복 이후 대한민국 정부가 수립될 때까지 많은 우여곡절이 있었다는 것은 우리가 이미 앞에서 살펴보았습니다.

정부 수립 과정에서 좌익과 우익의 이념 대립이 치열했던 가운데 1948년 4월 3일 제주도에서 단독정부 수립에 반대하는 봉기가 발생했습니다. 이를 제주 4·3 사건이라고 하는데요. 군과 경찰은 봉기를 강경하게 진압하였고, 이 과정에서 수많은 제주 주민이 무고한 희생을 당했습니다. 봉기에 참여한 사람들은 군과 경찰의 강경 진압에 맞서 한라산에 올라가 저항하였고, 1948년 8월 15일 대한민국 정부가 수립된 이후에도 제주에서의 저항은 계속되었습니다.

이를 정권에 대한 도전으로 인식한 이승만 정부는 전라남도 여수에 주둔한 국군 제14연대를 제주도로 파견하여 4·3 사건을 진압하고자 했습니다. 하지만 제14연대의 좌익 성향 군인들은 같은 민족에게 총부리를 겨눌 수 없다며 제주 출동 명령에 반발했습니다. 결국 그들은 반란을 일으켜 친일파 처단과 남북통일을 주장하며 여수와 순천 지역을 장악하였습니다. 이승만 정부는 여수와 순천 지역에 계엄령을 선포하고 반란군을 진압했는데요 이 사건을

'여수·순천 10·19 사건'이라고 합니다.

제주 4·3 사건과 마찬가지로 여수·순천 10·19 사건 당시에도 반란군을 진압한다는 명목으로 여수와 순천 지역의 수많은 민간인이 죽거나 다쳤습니다. 광복 이후 첫 번째 금지곡이었던 〈여수야화〉는 여수·순천 10·19 사건으로 집과 가족을 잃은 슬픔과 사회에 대한 답답함을 담은 노래였습니다. 일제 강점기가 끝나고 평화롭게 살 수 있을 것이라 생각했지만, 정부 수립까지의 험난한 과정을 지나 정부 수립 이후에도 여전히 좌익과 우익의 갈등 상황은 끝나지 않았습니다. 〈여수야화〉는 바로 그때 그 상황을 노래한 것입니다. 이에 이승만 정부는 '노래의 가사가 불순'하고, '민심에 악영향을 초래할 우려가 있다'라는 이유로 〈여수야화〉가 발표된 지 약 한 달 만에 금지곡으로 지정합니다.

여수·순천 10·19사건 이후 이승만 정부는 국가보안법을 제정하여 강력한 반공 정책을 실시했는데요. 이러한 분위기 속에서 제주 4·3 사건, 여수·순천 10·19 사건으로 마을이 불타고, 가족을 잃었거나 다친 사람들은 자신들이 입은 피해나 억울함을 입에 담기조차 어려워지게 됩니다. '빨갱이'로 낙인찍혀 남은 가족들까지 고통 속에 살게 될까봐 자신들이 입은 피해를 감추고, 억울한 심정을 꽁꽁 감추고 살아야만 했죠.

이승만 대통령 재위 시기에는 이승만과 자유당의 정권 연장 행태를 비판하는 노래들이 불리기도 했습니다. 1948년 대한민국의 제주 4·3 사건과 여수·순천 10·19 사건은 국가 폭력에 의해 죄 없는 민간인이 피해를 입은 대표적인 사건으로 그 피해자들은 오랜 시간 억울함을 가슴 속에 품고 살아갈 수밖에 없었습니다. 비록 늦었지만 2000년에 '제주 4·3사건 진상규명 및 희생자 명예회복에 관한 특별법'이 제정되었고, 2021년에는 '여수·순천 10·19사건 진상규명 및 희생자 명예회복에 관한 특별법'이 통과되어 사건의 피해자들이 조금이나마 한을 풀 수 있는 길이 열렸습니다.

제1대 대통령으로 선출된 이승만은 1952년 첫 번째 헌법 개정을 실시했는데요. 이때의 헌법 개정은 국회의원의 간접선거에 의한 대통령 선출 방식을 국민의 직접선거에 의한 대통령 선출 방식으로 바꾸는 것이 핵심이었습니다. 6·25 전쟁 중 임시 수도였던 부산에서 반대 여론을 무릅쓰면서까지 무리하게 밀어붙인 헌법 개정의 배경에는 이승만의 자유당 정권 연장이라는 욕망이 담겨 있었습니다. 당시 국회의원 중에는 이승만 정권에 반대 목소리를 내는 사람들이 많았기에 국회의원에 의한 간접선거로는 이승만이 다시 대통령으로 당선되는 것이 어려울 것이라는 판단 아래, 자유당 정권이 제2대 대통령 선거에 앞서 헌법 개정을 밀어붙인 것이니까요.

이로써 우리나라 최초로 직선제 대통령 선거가 치러졌고, 이승만은 결국 제2대 대통령으로 당선됩니다. 하지만 그것으로 끝이 아니었어요. 1954년에는 두 번째 개헌이 이루어집니다. 당시 헌법에 대통령은 두 번까지만 할 수 있도록 규정되어 있었기에 이승만은 1956년에 치러질 제3대 대통령 선거에 출마할 수 없었습니다. 따라서 두 번째 개헌에서는 초대 대통령 이승만에 한해서 3선 제한(세 번 연속 당선될 수 없도록 한 제한)을 없애는 것을 주요 내용으로 한 헌법 개정을 시도했던 것입니다. 이승만에 대한 3선 제한을 없애는 것은 특정인에게만 대통령의 지위를 영구적으로 보장하는 것이었기에 국회 내부에서도 반발이 심했습니다. 하지만 이승만과 자유당 정권은 '사사오입'♩이라는 획기적인 계산법으로 헌법 개정안을 통과시켰고, 개정된 헌법에 의해 이승만은 1956년 제3대 대통령 선거에 출마하게 되지요.

당시 야당이었던 민주당에서는 신익희 후보가 출마하였고, '못살겠다, 갈아보자'를 외치며 자유당의 실정과 독재, 부정부패를 공격했습니다. 이에 자유당에서는 '구관이 명관이다' '갈아봤자 별수 없다' 등의 구호로 맞섰죠. 민주당과 자유당의 선거전이 갈수록 뜨

♩ 당시 헌법 개정을 위해서는 국회의원 재적인원 203명의 3분의 2인 136명의 찬성표가 필요했습니다. 개헌안에 대한 표결 결과 203명 중 202명이 참석하여 찬성 135표, 반대 60표, 기권 7표가 나왔으므로 1표 차이로 개헌이 부결되었습니다. 하지만 자유당에서는 203명의 3분의 2는 135.3333…명인데, 소수점 이하의 숫자는 사람 1명으로 취급될 수 없으므로 숫자 4 이하는 버리고, 숫자 5 이상은 올린다는 반올림, 즉 사사오입의 논리를 내세워 소수점 아래 숫자를 버린 135명만 찬성하면 개헌안이 통과될 수 있다고 주장하였습니다. 이 논리에 반대하는 야당 의원들은 국회에서 퇴장해버렸고, 결국 자유당의 논리에 따라 개헌안은 통과되었습니다. 결국 첫 번째와 두 번째 개헌은 모두 이승만과 자유당의 정권 유지를 위한 개헌이었습니다.

거워지는 가운데 5월 3일 토요일 서울의 한강 백사장에서 열린 신익희 후보의 선거 유세장에는 무려 30만 명의 인파가 몰렸습니다. 국민의 정권 교체 열망을 느낀 신익희 후보는 기세를 몰아 지방에서도 민주당 지지 여론을 조성하기 위해 호남선 야간열차에 몸을 싣고 전라도 익산으로 향했습니다. 하지만 신익희 후보는 기차 안에서 뇌출혈로 쓰러졌고, 황급히 병원으로 옮겨졌지만, 병원에 도착하기 전 그는 세상을 떠나게 됩니다. 선거를 불과 10일 앞둔 날이었습니다. 신익희 후보의 연설을 듣기 위해 아침부터 익산역 광장에 모여있던 군중들은 후보의 사망 소식에 크게 놀랍니다. 너무나 당황하여 집으로 발걸음을 옮기지 못한 채 부슬비 속에 눈물을 흘리며 슬퍼하는 사람도 있었습니다.

신익희 후보를 추모하는 사람들은 〈비 나리는 호남선〉이라는 대중가요를 부르기 시작했습니다.

목이 메인 이별가를 불러야 옳으냐
돌아서서 피눈물을 흘려야 옳으냐
사랑이랑 이런가요 비 나리는 호남선에
헤어지던 그 인사가 야속도 하더란다

다시 못 올 그 날짜를 믿어야 옳으냐
속는 줄을 알면서도 속아야 옳으냐

죄도 많은 청춘이라 비 나리는 호남선에

떠나가는 열차마다 원수와 같더란다

심지어 사람들이 노래 가사를 '가련다 떠나련다 해공(신익희의
호) 선생 뒤를 따라, 가도 가도 끝이 없는 당선길은 몇 구비냐'라고
개사하여 불렀고, 이 노래를 만든 작곡가, 작사가, 가수는 경찰에 불
려가 추모곡을 만들고 불렀다는 이유로 고초를 겪기도 했습니다.
다행히 이 노래가 신익희 후보 사망 전에 이미 발표된 노래라는 것
이 밝혀지면서 노래를 만든 사람들이 더는 고초를 겪지 않았지만,
자유당 입장에서는 이 노래가 사람들의 입에서 입을 통해 퍼지는
것이 매우 신경 쓰였을 겁니다.

그렇게 강력한 라이벌이었던 민주당의 신익희 후보가 사망한
후 이승만은 제3대 대통령 선거에서 다시 대통령으로 당선되었습
니다. 이후 1960년 제4대 대통령 선거에 또다시 출마한 이승만은
3·15 부정 선거를 자행하였고, 결국 이에 저항하는 시민들의 힘을
보여준 4·19 혁명으로 대통령 자리에서 내려옵니다. 4·19 혁명으로
이승만과 자유당 정부의 독재 정치를 끝낸 국민들은 민주주의, 평
화 통일을 염원하며, 정권을 잡은 민주당에 큰 기대를 걸었습니다.
하지만 민주당은 국민의 염원에 부응할 만한 성과를 보여주지 못
했습니다. 이듬해인 1961년 5·16 군사 정변을 일으킨 박정희는 반공
과 경제 성장을 앞세워 군정을 실시하였고, 1963년 5대 대통령 선거

에서 대통령에 당선되었습니다.

6·25 전쟁 이후 전 세계의 최빈국이었던 대한민국을 경제적으로 풍요로운 나라로 만들겠다는 목표 아래 경제 개발 5개년 계획을 바탕으로 농업 중심 국가에서 수출 주도형의 공업 국가로 탈바꿈시킨 박정희 정부. 하지만 박정희 정부 역시 정권 연장을 위해 이승만 정부와 같은 과오를 저질렀습니다. 1971년 제7대 대통령 선거를 앞두고, 대통령의 연임을 횟수를 3회로 연장하는 내용의 헌법 개정을 실시한 박정희는 반대 여론을 누르고 3선에 성공하였습니다. 하지만 박정희 정부의 정권 연장에 반대하는 여론이 드세지자 1972년 일명 '유신 헌법'이라고 불리는 헌법 개정을 단행합니다. 헌법 개정의 명분은 '우리 민족의 지상 과제인 조국의 평화적 통일을 뒷받침하기 위하여 우리의 정치 체제를 개혁한다'는 것이었어요. 하지만 이는 눈속임에 불과했습니다. 박정희의 장기 집권을 위해 국민의 기본권을 침해하고, 국가 권력 구조상 대통령의 권한을 매우 크게 만들어 독재의 발판을 만든 데 지나지 않았으니까요.

유신 헌법 제53조에는 '대통령이 국가 안전 보장 또는 공공의 안녕 질서가 중대한 위협을 받거나 받을 우려가 있을 경우 국민의 자유와 권리를 잠정적으로 정지하는 긴급 조치를 할 수 있다'는 내용이 들어있었는데 바로 이 조항에 의거해 총 9번의 긴급 조치가 선포되기도 했습니다. 모두가 유신 헌법과 박정희 정부에 대한 비판을 억누르기 위한 것이었습니다.

그중 1975년 긴급조치 9호가 내려진 가운데 실시된 '공연 활동 정화 대책'은 1975년 한 해에만 무려 200곡의 금지곡을 탄생시켰습니다. 당시의 수많은 금지곡 중 대표적인 노래가 바로 양희은의 〈아침 이슬〉입니다. 노래에 등장하는 '태양은 묘지 위에 붉게 떠오르고'의 붉은 태양이 북한을 찬양한다는 오해를 샀고, '시련'과 '나 이제 가노라' 등의 가사가 박정희 정부에 반대하는 민주화 운동에서 주장되는 내용과 같다는 이유로 1975년 공식적으로 금지곡이 되었습니다. 하지만 이미 많은 사람에게 알려진 이 노래는 각종 시위 현장에서 많이 불렸고, 정부가 노래를 탄압할수록 오히려 노래의 인기와 생명력은 더욱더 강해졌습니다. 이외에도 박정희 정부 시절 금지되었던 노래 중 김추자의 〈거짓말이야〉는 노래 속에서 '거짓말이야'라는 가사가 반복되어 사회의 불신 풍조를 조장한다는 이유로, 신중현과 엽전들의 〈미인〉이라는 노래는 '한 번 보고, 두 번 보고, 자꾸만 보고 싶네'의 가사가 풍기 문란이라는 이유로 금지되었습니다. 배호의 〈0시의 이별〉은 자정 이후 통행금지 정책이 있었던 그 시절 0시에 이별하면 통행금지 위반이라는 이유로 금지되었습니다. 심지어 이금희의 〈키다리 미스터 김〉은 키가 작은 박정희 대통령의 마음을 다치게 할 수 있다는 이유로 금지곡이 되는 웃픈 사연이 담긴 노래입니다.

　당시의 금지곡들은 이제는 자유롭게 마음껏 부르고 들어도 되는 노래가 되었습니다. 그 옛날 그 노래가 금지곡이었던 사연을 둘러보면서 어떤 생각이 들었나요? 결국 한 개인의 정치 권력 연장을 위해 대중의 일상에 함께한 노래마저 탄압했다는 건데, 왠지 서글프면서도 웃음이 픽 나옵니다. 이런 여러 상황을 통해 역사의 의미와 현재 우리가 누리고 있는 민주주의에 대해서도 다시 한번 돌아보면 참 좋겠습니다.

#커튼콜

지금 우리가 누리고 있는 자유, 평등, 민주주의는 많은 사람의 노력으로 이루어진 것입니다. 우리나라가 진정한 민주주의 국가가 되는 과정에서 있었던 여러 민주화 운동에 대해서 조사해봅시다.

지금까지 함께 감상한 총 28회의 무대, 즐겁게 감상했나요? 노래를 따라 역사 여행을 다녀온 소감이 어떤가요? 우리는 각 무대에 올라온 시, 노래를 통해 과거 특정 시대의 분위기와 그 시대를 살아갔던 사람들의 생각과 감정을 읽을 수 있었습니다. 우리가 함께 살펴본 무대를 다시 돌아보니 시와 노래 속에 기쁜 감정이 담겨 있기도 하지만, 슬프고 힘든 감정, 비판 의식이 더 많이 담겨 있었던 것 같습니다.

골품제라는 철저한 신분제 사회 속에서 자신의 능력을 마음껏 펼치지 못해 좌절했던 최치원도, 임진왜란 당시 일본에 끌려가 고향을 그리며 노래를 불렀던 조선인 도공들도, 탐관오리의 수탈에 힘겹게 생활했던 농민들도, 독립운동을 위해 두만강을 건너갔던 남편이 죽었다는 소식을 들었던 부인도, 6·25 전쟁 때 북으로 끌려간 남편을 그리워했던 부인의 심정도 모두 시와 노래 속에 담겼습니다.

이를 통해 우리는 과거 사람들이 남긴 시와 노래는 그 자체로서도 의미가 있지만, 시와 노래를 더 잘 이해하려면 그것들이 탄생한 시대적 배경을 면밀히 살펴보아야 한다는 것을 알 수 있습니다. 시와 노래 속에도 역사가 담겨 있는 것이죠.

그런 맥락에서 현재를 살아가는 우리가 좋아하고, 자주 듣는 지금의 대중가요를 잘 살펴보면 지금 우리 사회의 분위기, 사람들의 생각, 감정 등을 알 수 있지 않을까요? 아이돌 그룹 BTS가 10대를 중심으로 전 세계적인 인기를 끌었던 것도 그들의 노래가 젊은 세대들이 공통으로 생각하는 고민과 혼란스러움을 노래 가사에 담아 공감을 끌어내고, 위로를 받을 수 있도록 했기 때문이 아닐까요? BTS가 2016년에 발표한 〈불타오르네〉의 가사 일부를 살펴봅시다.

> 그냥 살아도 돼 우린 젊기에
> 그 말하는 넌 뭔 수저길래
> 수저 수저거려 난 사람인데 (So what)
> 니 멋대로 살아 어차피 니 꺼야
> 애쓰지 좀 말어 져도 괜찮아

손을 들어 소리 질러 Burn it up
불타오르네

노래는 날로 심화하는 빈부격차 속에 가정의 경제 수준에 따라 사람들을 금수저, 은수저, 흙수저로 구분하는 사회 분위기를 비판하고 있습니다. 이런 사회 분위기에 반감을 가진 사람들은 이 노래 가사에 깊이 공감했을테죠.

사실 노래 한 곡으로 갑자기 사회 분위기가 바뀌진 않습니다. 하지만 적어도 노래를 듣는 사람들은 가사 내용에 공감하며 위로와 용기를 얻겠지요. 그리고 노래 가사가 꼬집은 사회 문제에 공감한 사람들을 중심으로 이를 해결하기 위한 노력도 등장할 테고요. 그것이 바로 노래의 힘 아닐까요?

여러분은 어떤 노래를 즐겨 듣나요? 그 노래의 가사 속에는 어떤 의미가 담겨 있나요? 그 노래 속에 우리 사회의 모습이 담겨 있지는 않나요?

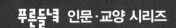

푸른들녘 인문·교양 시리즈

인문·교양의 다양한 주제들을 폭넓고 섬세하게 바라보는 〈푸른들녘 인문·교양〉 시리즈. 일상에서 만나는 다양한 주제들을 통해 사람의 이야기를 들여다본다. '앎이 녹아든 삶'을 지향하는 이 시리즈는 주변의 구체적인 사물과 현상에서 출발하여 문화·정치·경제·철학·사회·예술·역사 등 다방면의 영역으로 생각을 확대할 수 있도록 구성되었다. 독특하고 풍미 넘치는 인문·교양의 향연으로 여러분을 초대한다.

2014 한국출판문화산업진흥원 청소년 권장도서 | 2014 대한출판문화협회 청소년 교양도서

001 옷장에서 나온 인문학

이민정 지음 | 240쪽

옷장 속에는 우리가 미처 눈치 채지 못한 인문학과 사회학적
지식이 가득 들어 있다. 옷은 세계 곳곳에서 벌어지는 사건과
사람의 이야기를 담은 이 세상의 축소판이다. 패스트패션, 명
품, 부르카, 모피 등등 다양한 옷을 통해 인문학을 만나자.

2014 한국출판문화산업진흥원 청소년 권장도서 | 2015 세종우수도서

002 집에 들어온 인문학

서윤영 지음 | 248쪽

집은 사회의 흐름을 은밀하게 주도하는 보이지 않는 손이다.
단독주택과 아파트, 원룸과 고시원까지, 겉으로 드러나지 않
는 집의 속사정을 꼼꼼히 들여다보면 어느덧 우리 옆에 와 있
는 인문학의 세계에 성큼 들어서게 될 것이다.

2014 한국출판문화산업진흥원 청소년 권장도서

003 책상을 떠난 철학

이현영 · 장기혁 · 신아연 지음 | 256쪽

철학은 거창한 게 아니다. 책을 통해서만 즐길 수 있는 박제
된 사상도 아니다. 언제 어디서나 부딪힐 수 있는 다양한 고
민에 질문을 던지고, 이에 대한 답을 스스로 찾아가는 과정이
바로 철학이다. 이 책은 그 여정에 함께할 믿음직한 나침반이
다.

2015 세종우수도서

004 우리말 밭다리걸기

나윤정 · 김주동 지음 | 240쪽

우리말을 정확하게 사용하는 사람은 얼마나 될까? 이 책은
일상에서 실수하기 쉬운 잘못들을 꼭 집어내어 바른 쓰임과
연결해주고, 까다로운 어법과 맞춤법을 깨알 같은 재미로 분
석해주는 대한민국 사람을 위한 교양 필독서다.

2014 한국출판문화산업진흥원 청소년 권장도서

005 내 친구 톨스토이

박홍규 지음 | 344쪽

톨스토이는 누구보다 삐딱한 반항아였고, 솔직하고 인간적이
며 자유로웠던 사람이다. 자유·자연·자치의 삶을 온몸으로 추
구했던 거인이다. 시대의 오류와 통념에 정면으로 맞선 반항
아 톨스토이의 진짜 삶과 문학을 만나보자.

006 걸리버를 따라서, 스위프트를 찾아서

박홍규 지음 | 348쪽

인간과 문명 비판의 정수를 느끼고 싶다면 《걸리버 여행기》
를 벗하라! 그러나 《걸리버 여행기》를 제대로 이해하고 싶다
면 이 책을 읽어라! 18세기에 쓰인 《걸리버 여행기》가 21세기
오늘을 살아가는 우리에게 어떻게 적용되는지 따라가보자.

007 까칠한 정치, 우직한 법을 만나다

승지홍 지음 | 440쪽

"법과 정치에 관련된 여러 내용들이 어떤 식으로 연결망을 이루는지, 일상과 어떻게 관계를 맺고 있는지 알려주는 교양서! 정치 기사와 뉴스가 쉽게 이해되고, 법정 드라마 감상이 만만해지는 인문 교양 지식의 종합선물세트!

008/009 청년을 위한 세계사 강의 1, 2

모지현 지음 | 각 권 450쪽 내외

역사는 인류가 지금까지 움직여온 법칙을 보여주고 흘러갈 방향을 예측하게 해주는 지혜의 보고(寶庫)다. 인류 문명의 시원 서아시아에서 시작하여 분쟁 지역 현대 서아시아로 돌아오는 신개념 한 바퀴 세계사를 읽는다.

010 망치를 든 철학자 니체
vs. 불꽃을 품은 철학자 포이어바흐

강대석 지음 | 184쪽

유물론의 아버지 포이어바흐와 실존주의 선구자 니체가 한 판 붙는다면? 박제된 세상을 겨냥한 철학자들의 돌직구와 섹시한 그들의 뇌구조 커밍아웃! 무릉도원의 실제 무대인 중국 장가계에서 펼쳐지는 까칠하고 직설적인 철학 공개토론에 참석해보자!

011 맨 처음 성性 인문학

박홍규 · 최재목 · 김경천 지음 | 328쪽

대학에서 인문학을 가르치는 교수와 현장에서 청소년 성 문
제를 다루었던 변호사가 한마음으로 집필한 책. 동서양 사상
사와 법률 이야기를 바탕으로 누구나 알지만 아무도 몰랐던
성 이야기를 흥미롭게 풀어낸 독보적인 책이다.

012 가거라 용감하게, 아들아!

박홍규 지음 | 384쪽

지식인의 초상 루쉰의 삶과 문학을 깊이 파보는 책. 문학 교
과서에 소개된 루쉰, 중국사에 등장하는 루쉰의 모습은 반쪽
에 불과하다. 지식인 루쉰의 삶과 작품을 온전히 이해하고 싶
다면 이 책을 먼저 읽어라!!

013 태초에 행동이 있었다

박홍규 지음 | 400쪽

인생아 내가 간다, 길을 비켜라! 각자의 운명은 스스로 개척
하는 것! 근대 소설의 효시, 머뭇거리는 청춘에게 거울이 되
어줄 유쾌한 고전, 흔들리는 사회에 명쾌한 방향을 제시해줄
지혜로운 키잡이 세르반테스의 『돈키호테』를 함께 읽는다!

014 세상과 통하는 철학

이현영 · 장기혁 · 신아연 지음 | 256쪽

요즘 우리나라를 '헬 조선'이라 일컫고 청년들을 'N포 세대'라 부르는데, 어떻게 살아야 되는 걸까? 과학 기술이 발달하면 우리는 정말 더 행복한 삶을 살 수 있을까? 가장 실용적인 학문인 철학에 다가서는 즐거운 여정에 참여해보자.

015 명언 철학사

강대석 지음 | 400쪽

21세기를 살아갈 청년들이 반드시 읽어야 할 교양 철학사. 철학 고수가 엄선한 사상가 62명의 명언을 통해 서양 철학사의 흐름과 논점, 쟁점을 한눈에 꿰뚫어본다. 철학 및 인문학 초보자들에게 흥미롭고 유용한 인문학 나침반이 될 것이다.

016 청와대는 건물 이름이 아니다

정승원 지음 | 272쪽

재미와 쓸모를 동시에 잡은 기호학 입문서. 언어로 대표되는 기호는 직접적인 의미 외에 비유적이고 간접적인 의미를 내포한다. 따라서 기호가 사용되는 현상의 숨은 뜻과 상징성, 진의를 이해하려면 일상적으로 통용되는 기호의 참뜻을 알아야 한다.

017 내가 사랑한 수학자들

박형주 지음 | 208쪽

20세기에 활약했던 다양한 개성을 지닌 수학자들을 통해 '인간의 얼굴을 한 수학'을 그린 책. 그들이 수학을 기반으로 어떻게 과학기술을 발전시켰는지, 인류사의 흐름을 어떻게 긍정적으로 변화시켰는지 보여주는 교양 필독서다.

018 루소와 볼테르 인류의 진보적 혁명을 논하다

강대석 지음 | 232쪽

볼테르와 루소의 논쟁을 토대로 "무엇이 인류의 행복을 증진할까?", "인간의 불평등은 어디서 기원하는가?", "참된 신앙이란 무엇인가?", "교육의 본질은 무엇인가?", "역사를 연구하는 데 철학이 꼭 필요한가?" 등의 문제에 대한 답을 찾는다.

019 제우스는 죽었다 그리스로마 신화 파격적으로 읽기

박홍규 지음 | 416쪽

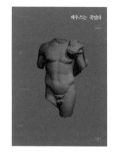

그리스 신화에 등장하는 시기와 질투, 폭력과 독재, 파괴와 침략, 지배와 피지배 구조, 이방의 존재들을 괴물로 치부하여 처단하는 행태에 의문을 품고 출발, 종래의 무분별한 수용을 비판하면서 신화에 담긴 3중 차별 구조를 들춰보는 새로운 시도.

020 존재의 제자리 찾기 청춘을 위한 현상학 강의

박영규 지음 | 200쪽

현상학은 세상의 존재에 대해 섬세히 들여다보는 학문이다. 어려운 용어로 가득한 것 같지만 실은 어떤 삶의 태도를 갖추고 어떻게 사유해야 할지 알려주는 학문이다. 이 책을 통해 존재에 다가서고 세상을 이해하는 길을 찾아보자.

2018 세종우수도서(교양부문)

021 코르셋과 고래뼈

이민정 지음 | 312쪽

한 시대를 특징 짓는 패션 아이템과 그에 얽힌 다양한 이야기를 풀어낸다. 생태와 인간, 사회 시스템의 변화, 신체 특정 부위의 노출, 미의 기준, 여성의 지위에 대한 인식, 인종 혹은 계급의 문제 등을 복식 아이템과 연결하여 흥미롭게 다뤘다.

2018 세종우수도서

022 불편한 인권

박홍규 지음 | 456쪽

저자가 성장 과정에서 겪었던 인권탄압 경험을 바탕으로 인류의 인권이 증진되어온 과정을 시대별로 살핀다. 대한민국의 헌법을 세세하게 들여다보며, 우리가 과연 제대로 된 인권을 보장받고 살아가고 있는지 탐구한다.

023 노트의 품격

이재영 지음 | 272쪽

'역사가 기억하는 위대함, 한 인간이 성취하는 비범함'이란 결국 '개인과 사회에 대한 깊은 성찰'에서 비롯된다는 것, 그리고 그 바탕에는 지속적이며 내밀한 글쓰기 있었음을 보여주는 책.

024 검은물잠자리는 사랑을 그린다

송국 지음, 장신희 그림 | 280쪽

곤충의 생태를 생태화와 생태시로 소개하고, '곤충의 일생'을 통해 곤충의 생태가 인간의 삶과 어떤 지점에서 비교되는지 탐색한다.

2019 한국출판문화산업진흥원 9월의 추천도서 | 2019 책따세 여름방학 추천도서
025 헌법수업 말랑하고 정의로운 영혼을 위한

신주영 지음 | 324쪽

'대중이 이해하기 쉬운 언어'로 법의 생태를 설명해온 가슴 따뜻한 20년차 변호사 신주영이 청소년들을 대상으로 헌법을 이야기한다. 우리에게 가장 중요한 권리, 즉 '인간을 인간으로서 살게 해주는 데, 인간을 인간답게 살게 해주는 데' 반드시 요구되는 인간의 존엄성과 기본권을 명시해놓은 '법 중의 법'으로서의 헌법을 강조한다.

026 **아동인권** 존중받고 존중하는 영혼을 위한

김희진 지음 | 240쪽

아동과 관련된 사회적 이슈를 아동 중심의 관점으로 접근하고 아동을 위한 방향성을 모색한다. 소년사법, 청소년 참정권 등 뜨거운 화두가 되고 있는 주제에 대해서도 '아동 최상의 이익'이라는 일관된 원칙에 입각하여 논지를 전개한 책.

027 **카뮈와 사르트르** 반항과 자유를 역설하다

강대석 지음 | 224쪽

카뮈와 사르트르는 공산주의자들과 협력하기도 했고 맑스주의를 비판하기도 했다. 그러므로 이들의 공통된 이념과 상반된 이념이 무엇이며 이들의 철학과 맑스주의가 어떤 관계에 있는가를 규명하는 것은 현대 철학을 이해하는 데 매우 중요한 열쇠가 될 것이다.

028 **스코 박사의 과학으로 읽는 역사유물 탐험기**

스코박사(권태균) 지음 | 272쪽

우리 역사 유물 열네 가지에 숨어 있는 과학의 비밀을 풀어낸 융합 교양서. 문화유산을 탄생시킨 과학적 원리에 대해 '왜?'라고 묻고 '어떻게?'를 탐구한 성과를 모은 이 책은 인문학의 창으로 탐구하던 역사를 과학이라는 정밀한 도구로 분석한 신선한 작업이다.

2015 우수출판콘텐츠 지원사업 선정작

029 케미가 기가 막혀

이희나 지음 | 264쪽

실험 결과를 알기 쉽게 풀어 설명하고 왜 그런 현상이 일어나
는지, 실생활에서 어떻게 활용할 수 있는지, 친밀한 예를 곁
들여 화학 원리의 이해를 돕는다. 힉생뿐 아니라 평소 과학에
관심이 많았던 독자들의 교양서로도 충분히 활용할 수 있다.

2021 세종우수도서

030 조기의 한국사

정명섭 지음 | 308쪽

크기도 맛도 평범했던 조기가 위로는 왕의 사랑을, 아래로는
백성의 애정을 듬뿍 받았던 이유를 밝히고, 바다 위에 장이
설 정도로 수확이 왕성했던 그때 그 시절의 이야기를 중심으
로 조기에 얽힌 생태, 역사, 문화를 둘러본다.

031 스파이더맨 내게 화학을 알려줘

닥터 스코 지음 | 256쪽

현실 거미줄의 특성과 영화 속 스파이더맨 거미줄의 특성 비
교, 현실 거미줄의 특장을 찾아내어 기능을 업그레이드한 특
수 섬유 소개, 거미줄이 이슬방울에 녹지 않는 이유, 거미가
다리털을 문질러서 전기를 발생하여 먹이를 잡는 이야기 등
가능한 한 많은 의문을 던지고 그 해답을 찾아간다.

032 엑스맨 주식회사 (분권 개정판 출간)

과학자 닥터스코, 수의사 김덕근 지음 | 360쪽

엑스맨 시리즈의 히어로의 초능력에 얽힌 과학적인 사실들을 파헤친다. 전자기를 지배하는 매그니토, 타인의 생각을 읽어 내는 프로페서엑스(X), 뛰어난 피부 재생 능력을 자랑하는 울버린, 은신과 변신으로 상대방을 혼란스럽게 만드는 미스틱 등의 능력을 살피다 보면 놀라운 무기들이 과학 이론으로 설명 가능하다는 것을 알게 될 것이다.

033 슬기로운 게임생활

조형근 지음 | 288쪽

게임에 푹 빠진 청소년, 게임 때문에 자녀와의 관계가 나빠진 부모, 지난 밤 게임의 흔적으로 엎드려 자는 학생을 보며 한숨 짓는 교사, 이 모두를 위한 디지털 시대의 게임×공부 지침서. 프로게이머로 활약했던 조형근 선수가 본인의 경험담을 바탕으로 10대 청소년들에게 게임과 학교공부를 동시에 정복할 수 있는 노하우를 들려준다.

034 슬기로운 뉴스 읽기

강병철 지음 | 304쪽

하나의 기사가 어떤 경로를 거쳐 가짜뉴스로 둔갑하는지, 그것을 만들고 퍼뜨리는 사람은 누구인지, 선량한 일반 시민들은 그것들을 어떻게 읽고 이해하며 판독해야 하는지 꼼꼼하게 짚어준다. 범람하는 기사들 속에서 진짜와 가짜를 구별해낼 수 있는 지혜와 정보, 기사를 읽을 때 중시해야 할 점, 한눈에 가짜임을 알 수 있는 팁 등을 얻을 수 있다.

035 내 친구 존 스튜어트 밀

박홍규 지음 | 264쪽

한국인에게 잘 알려진 철학자 존 스튜어트 밀의 자서전을 모두 10개의 장으로 나누어 그의 사상과 삶을 안내한다. 특히 그가 자신의 고유한 사상을 세워간 근본 철학은 무엇인지, 젊은 시절 어떠한 고뇌를 통해 성장했는지, 어떤 사람들과 지적으로 교류했는지 등을 소개한다.

036 엑스맨, 내게 물리의 비밀을 알려줘

과학자 닥터 스코 지음 | 236쪽

'엑스맨 주식회사'의 개정증보판. 히어로 다섯 명의 초능력에 얽힌 비밀, 그들의 능력에서 유추해볼 수 있는 과학적인 사실들을 물리학 편으로 모았다. 현재 중고등학교 과학교과 과정에서 어떤 부분과 연결되는지를 밝힌 '교과연계' 페이지를 덧붙여 학교공부에 직접적인 도움이 되도록 새롭게 구성했다.

2022 세종우수도서, 2022 학교도서관저널 추천도서

037 슬기로운 언어생활

김보미 지음 | 280쪽

〈슬기로운 게임생활〉, 〈슬기로운 뉴스 읽기〉에 이어 청소년들의 언어생활을 꼼꼼하고 상냥하게 짚어본 책이다. 언어가 시간의 흐름에 따라 변하는 이유, 언어의 규칙을 지키지 않을 때 발생하는 일들, 모국어를 제대로 구사하려면 어떻게 노력해야 하는지, 우리가 사용하는 말과 문자가 서로 잘 통하는 '언어'로 쓰이고 있는지 등을 흥미롭고 실용적인 사례와 함께 보여준다.

038　슬기로운 영어공부

루나티처 지음 | 336쪽

〈슬기로운 영어공부〉는 '영어'에 덧입혀진 여러 오해—수능 때문에 해야 하는 외국어, 1등급을 받아야 하는 교과목, 직장에서 승진하는 데 필요한 과목, 돈을 들인 만큼 효과가 나온다는 공부—를 불식하고 어떻게 하면 영어를 즐겁게 공부하고 영어가 열어주는 세계에 신나게 진입할 수 있는지 안내한다.

039　곤충박사와 함께 떠나는 기후변화 나비여행

송국 지음 | 312쪽

나비 10종이 기후변화에 어떻게 대응하는지 각각의 생태를 따라가며 풀어낸 나비여행기. 기후위기는 날씨나 계절감의 차이처럼 사소한 변화로만 생각될 수 있지만 실은 지구상 모든 생명체의 존재 여부를 결정하는 매우 중요한 자연조건이다. 천천히 진행되다가 어느 날 갑자기 낯선 현상으로 나타나는 기후위기의 전모와 그 결과를 알고 싶은 분들에게 이 책을 권한다.